HORST TROCKEL

Die Rechtswidrigkeit klinischer Sektionen

NEUE KÖLNER RECHTSWISSENSCHAFTLICHE ABHANDLUNGEN

HERAUSGEGEBEN VON
DER RECHTSWISSENSCHAFTLICHEN FAKULTÄT
DER UNIVERSITÄT ZU KÖLN

HEFT 10

Berlin 1957

WALTER DE GRUYTER & CO.

vormals G. J. Göschen'sche Verlagshandlung · J. Guttentag, Verlagsbuchhandlung
Georg Reimer · Karl J. Trübner · Veit & Comp.

Die Rechtswidrigkeit klinischer Sektionen

Eine Frage der Rechtswissenschaft und der Medizin

Von

Dr. Horst Trockel

Dortmund

Berlin 1957

WALTER DE GRUYTER & CO.

vormals G. J. Göschen'sche Verlagshandlung · J. Guttentag, Verlagsbuchhandlung
Georg Reimer · Karl J. Trübner · Veit & Comp.

Archiv-Nr. 27 08 57/10
Satz und Druck: I/10/1+ Walter de Gruyter & Co., Trebbin Kr. Luckenwalde

5000/59/57

Inhaltsverzeichnis

Literaturverzeichnis

Anschütz, Gerhard, Die Verfassung des Deutschen Reichs vom 11. August 1919, Ein Kommentar für Wissenschaft und Praxis, 14. Aufl., Berlin 1932.

Bauer, Hans Georg, Die Behandlung des menschlichen Leichnams im geltenden deutschen Recht, Leipz. jur. Diss. 1929.

Becherer, Zur Frage des Schadensersatzanspruches bei widerrechtlicher klinischer Leichensektion, in Der Krankenhausarzt, 5. Jahrg. 1931/32, S. 72 f.

Becker, Walter G., Der Umfang des Rechts öffentlicher Krankenanstalten zur Obduktion von Leichen, in Juristische Rundschau 1951, S. 328 ff.

Behr, Erich, Die Sachbeschädigung im geltenden Strafrecht und nach den neueren Deutschen Strafgesetzentwürfen, Tüb. jur. Diss. 1932.

Berblinger, Das Recht zur klinischen Leichensektion, in Die Medizinische Welt, 6. Jahrg. 1932, S. 571.

Berg, Schwierigkeiten bei der ärztlichen Leichenschau, in Klinische Wochenschrift, 5. Jahrg. 1926, S. 1806 f.

Berger, Fritz, Das Recht des Arztes zur Leichenobduktion, Hall. jur. Diss. 1932.

Bericht über den Verfassungskonvent auf Herrenchiemsee vom 10. bis 23. 8. 1948, München 1948.

Biermann, Das Sachenrecht des BGB, Kommentar, Berlin 1898.

v. Blume, Wilhelm, Fragen des Totenrechts, in Archiv für die civilistische Praxis, Bd. 112, 1914, S. 367 ff.

Bode, Kurt, Zur Frage der Strafbarkeit und Zulässigkeit klinischer Sektionen, in Zentralblatt für Allgemeine Pathologie und Pathologische Anatomie, Bd. 86, 1950, S. 369 ff.

Boemke, Friedrich, Prosektur und Krankenhaus, in Der Krankenhausarzt, 25. Jahrg. 1952, S. 150 ff.

Bohne, Gotthold, Das Recht zur klinischen Leichensektion, in Festgabe für Richard Schmidt, Bd. 1, Straf- und Prozeßrecht, 1932, S. 105 ff.

— Unfug, grober, in Handwörterbuch der Rechtswissenschaft, Bd. 6, 1929, S. 167 f.

Brechenmacher, Karlmann, Der strafrechtliche Schutz der Toten und das Andenken an die Toten, Tüb. jur. Diss. 1948.

Brunner, Theorie und Praxis im Leichenrecht, in Neue Juristische Wochenschrift, 6. Jahrg. 1953, S. 1173 f.

Cadenat, F.-M., A propos du décret sur les autopsies, in Bulletin de l'Académie de Médecine, Bd. 131, 1947, S. 662 ff.

Chiari, Hans, Die Leichenerscheinungen und die Leichenbeschau, in Handbuch der Ärztlichen Sachverständigen-Tätigkeit, herausg. v. Paul Dittrich, Bd. 2, Wien u. Leipzig 1913, S. 1 ff.

Coing, Helmut, Allgemeine Rechtsgrundsätze in der Rechtsprechung des Reichsgerichts zum Begriff der „guten Sitten" (§ 138, § 826 BGB), in Neue Juristische Wochenschrift, 1. Jahrg. 1947/48, S. 213 ff.

Coing, Helmut, Das Grundrecht der Menschenwürde, der strafrechtliche Schutz der Menschlichkeit und das Pesönlichkeitsrecht des bürgerlichen Rechts, in Süddeutsche Juristen-Zeitung, 2. Jahrg. 1947, Sp. 641 ff.

— Die obersten Grundsätze des Rechts, Heidelberg 1947.

Cosack, Konrad, Lehrbuch des bürgerlichen Rechts, Bd. 1, 1. Aufl., Jena 1922.

Crome, Carl, System des deutschen bürgerlichen Rechts, Bd. 1, Allgemeiner Teil, Tübingen u. Leipzig 1900.

Crusen, Georg, Der strafrechtliche Schutz des Rechtsgutes der Pietät, Abhandlungen des kriminalistischen Seminars, herausg. v. Franz von Liszt, Bd. 2, Heft 1, Berlin 1890.

Dalcke, Albert, Strafrecht und Strafverfahren, 35. Aufl., Berlin und München 1950.

v. Dassel, Beitrag zu der Frage des Rechts an einem Leichnam und des Rechts, über die Beerdigung und Ausgrabung einer Leiche zu bestimmen, in Das Recht, 12. Jahrg. 1908, Sp. 410 ff.

Der Arzt des öffentlichen Gesundheitsdienstes, 1952, herausg. v. Federhen, Hünerbein und Pürckhauer, Stuttgart 1952.

Dessau, S., Darf eine Versicherungsgesellschaft eine Leiche ausgraben lassen?, in Die Medizinische Welt, 2. Jahrg. 1928, S. 1724.

— Ist die Entfernung von Teilen einer Leiche gegen den Willen der Angehörigen des Verstorbenen strafbar?, in Die Medizinische Welt, 2. Jahrg. 1928, S. 1584 f.

Dietrich, A., Die Aufgaben des Pathologen für die praktische Medizin, in Der Krankenhausarzt, 25. Jahrg. 1952, S. 147 ff.

Dietz, Rolf, Erbrecht, Ein Grundriß, Bonn 1949.

Dix, Die Sektionsbefugnis der Krankenanstalten, in Zeitschrift für das gesamte Krankenhauswesen, 25. Jahrg. 1929, S. 607 ff.

Dotterweich, Georg, Die Rechtsverhältnisse an Goldplomben in den Kieferknochen beerdigter Leichen, in Juristische Rundschau 1953, S. 174 f.

Dreising, Die ärztliche Leichenschau eine Notwendigkeit, in Zeitschrift für Medizinalbeamte, 33. Jahrg. 1920, S. 134 ff.

Drews-Wacke, Allgemeines Polizeirecht, 6. Aufl. 1952.

Ebermayer, Der Arzt im Recht, Rechtliches Handbuch für Ärzte, Leipzig 1930.

Ebermayer-Lobe-Rosenberg, Reichs-Strafgesetzbuch, (Leipziger Kommentar),
Bd. 1, 7. Aufl., Berlin 1954,
Bd. 2, 6. u. 7. Aufl., Berlin 1951.

Eichmann, Eduard — Mörsdorf, Klaus, Lehrbuch des Kirchenrechts auf Grund des Codex Juris Canonici, Bd. 3, Prozeß- und Strafrecht, 6. Aufl., Paderborn 1950.

Eisler, Rudolf — Roretz, Karl, Wörterbuch der philosophischen Begriffe, Bd. 2, 4. Aufl., Berlin 1929.

Enneccerus-Lehmann, Lehrbuch des Bürgerlichen Rechts, Recht der Schuldverhältnisse, 13. Bearb., Tübingen 1950.

— Nipperdey, Lehrbuch des Bürgerlichen Rechts, Allgemeiner Teil, 14. Aufl.,
1. Halbb., Tübingen 1952,
2. Halbb., Tübingen 1954.

Erbs, Georg, Handkommentar zur Strafprozeßordnung, Frankfurt/Main u. Bonn 1950.

Erman, Walter, Handkommentar zum Bürgerlichen Gesetzbuch, herausg. v. Erman, Münster/Westf. 1952.

Esser, Josef, Lehrbuch des Schuldrechts, 1. Aufl., Karlsruhe 1949.

Fischer, Bernhard, Der Sektionskurs, Kurze Anleitung zur pathologisch-anatomischen Untersuchung menschlicher Leichen, Wiesbaden 1919.

Fischer, Walther, Unerlaubte Leichensektionen?, in Zentralblatt für Allgemeine Pathologie und Pathologische Anatomie, Bd. 86, 1950, S. 417 ff.

— Vorschriften für das Verfahren bei der gerichtlichen Untersuchung menschlicher Leichen, in Zentralblatt für Allgemeine Pathologie und Pathologische Anatomie, Bd. 78, 1942, S. 284 ff.

Frank, Reinhard, Das Strafgesetzbuch für das Deutsche Reich, Kommentar, 18. Aufl., Tübingen 1931.

Franzen, Wilhelm, Lehrkommentar zum preußischen Polizeiverwaltungsgesetz, Greifswald 1932.

Friese, Der rechtliche Stand des Sektionswesens, in Der Öffentliche Gesundheitsdienst, 3. Jahrg. 1937/38, Teilausg. A, S. 443 ff.

— Zur Frage der ärztlichen Leichenschau, in Der Öffentliche Gesundheitsdienst, 3. Jahrg. 1937/38, Teilausg. A, S. 405 ff.

Gareis, Karl, Über Rechtsverhältnisse an Begräbnisstätten, in Seufferts Blätter für Rechtsanwendung, Bd. 70, 1905, S. 308 ff.

Gebauer, Zur Frage der Zulässigkeit ärztlicher Experimente, Wien 1949.

Gerland, Heinrich B., Deutsches Reichsstrafrecht, Ein Lehrbuch, 2. Aufl., Berlin u. Leipzig 1932.

v. Gierke, Julius, Bürgerliches Recht, Sachenrecht, 3. Aufl., Berlin, Göttingen, Heidelberg 1948.

v. Gierke, Otto, Deutsches Privatrecht, Bd. 2, Sachenrecht, Leipzig 1905.

Giese, Friedrich, Allgemeines Staatsrecht, Ein Grundriß, Tübingen 1948.

— Grundgesetz für die Bundesrepublik Deutschland, Kommentar, Frankfurt/Main 1949.

Gräff, S., Zur Frage des Rechts der Leichenöffnung, in Zentralblatt für Allgemeine Pathologie und Pathologische Anatomie, Bd. 88, 1952, S. 183 f.

Grimm, Jacob und Wilhelm, Deutsches Wörterbuch, Bd. 8, Leipzig 1893.

Gross, Hans, Kriminalistische Tätigkeit und Stellung des Arztes, Wien u. Leipzig 1908.

Gruber, Georg B., Denkschrift über Wesen und Notwendigkeit von Leichenöffnungen in pathologischen Instituten und Krankenhaus-Prosekturen, in Der Krankenhausarzt, 25. Jahrg. 1952, S. 156 ff.

— Leichenöffnung und Pietät, in Zentralblatt für Allgemeine Pathologie und Pathologische Anatomie, Bd. 86, 1950, S. 421 ff.

— Über die Einführung von polizeilichen Leichenöffnungen, in Verhandlungen der Deutschen Pathologischen Gesellschaft, 18. Tagung, Jena 1921, S. 104 ff.

— Über Wesen und Wert von Krankenhaus-Prosekturen, in Der Krankenhausarzt, 25. Jahrg. 1952, S. 153 ff.

H a b e r d a , Albin, Behördliche Obduktionen, in Handbuch der Ärztlichen Sachverständigen-Tätigkeit, herausg. v. Paul Dittrich, Bd. 2, Wien u. Leipzig 1913, S. 345 ff.

— Die Totenbeschau, Aus den internationalen Fortbildungskursen der Wiener medizinischen Fakultät, Heft 26, Wien 1924.

H a t s c h e k , Julius, Deutsches und Preußisches Staatsrecht, 2 Bände, 2. Aufl., Berlin 1930.

H a u f f e , Die Aufgaben der Leichenschau, in Münchener Medizinische Wochenschrift, 68. Jahrg. 1921, S. 153.

H a u p t m a n n , Zur Frage der Leichenöffnungen, in Psychiatrisch-Neurologische Wochenschrift, 32. Jahrg. 1930, S. 421 ff.

H e g e m a n n , Heinrich, Der Leichnam im Rechtssystem, unter kurzer Berücksichtigung der geschichtlichen Entwicklung dieses Rechtsgebietes, Erl. jur. Diss. 1912.

H e l l e r , Arnold, Über die Nothwendigkeit der gesetzlichen Einführung von Verwaltungs-Sectionen, in Vierteljahrsschrift für gerichtliche Medicin und öffentliches Sanitätswesen, 3. Folge, Bd. 13, 1897, S. 387 ff.

v. H i p p e l , Ernst, Das richterliche Prüfungsrecht, in Handbuch des Deutschen Staatsrechts, Bd. 2, 1932, S. 546 ff.

v. H i p p e l , Fritz, Gustav Radbruch als rechtsphilosophischer Denker, in Süddeutsche Juristen-Zeitung, 5. Jahrg. 1950, Sp. 465 ff. u. 574 ff.

H o f f m a n n , Hans Rudolf, Die klinische Leichenöffnung als rechtliche und ärztlich-ethische Frage, in Der Öffentliche Gesundheitsdienst, 12. Jahrg. 1950/51, S. 20 ff.

H o f f m a n n , K. F., Das Gold im Munde der Toten und die zahnärztliche Leichenschau, in Deutsche Zeitschrift für die gesamte Gerichtliche Medizin, Bd. 18, 1932, S. 96 ff.

H o f m a n n - H a b e r d a , Lehrbuch der gerichtlichen Medizin, 11. Aufl., Berlin u. Wien 1927.

H ü b n e r , A. und W a r n e y e r , Otto, Haftpflichtfälle aus der ärztlichen Praxis in juristischer Beleuchtung, Berlin 1939.

H ü b n e r , O., Verwaltungssektionen in der öffentlichen Gesundheitspflege, in Der Öffentliche Gesundheitsdienst, 11. Jahrg. 1949/50, S. 312 ff.

H ü b n e r , O. und G ü t h e r t , H., Erfahrungsbericht über die Verwaltungssektionen am Pathologischen Institut Jena in Thüringen 1922—1942, in Virchow's Archiv für pathologische Anatomie und Physiologie und für klinische Medizin, Bd. 312, 1944, S. 421 ff.

I p s e n , Carl, Das Leichenwesen, in Das Österreichische Sanitätswesen, 29. Jahrg. 1917, S. 847 ff.

J e l l i n e k , Walter, Verwaltungsrecht, 3. Aufl., Offenburg 1948.

J e r u s a l e m , Franz W., Die Grundrechte des Bonner Grundgesetzes und ihre Durchsetzung in der Rechtsprechung, in Süddeutsche Juristen-Zeitung, 5. Jahrg. 1950, Sp. 1 ff.

J o a c h i m , Heinrich und K o r n , Alfred, Grundriß des Deutschen Ärzterechts, Jena 1914.

J o h n s e n , Karl, Das Privatrecht der Leiche, Zugleich ein kritischer Beitrag zur Lehre vom Recht am eigenen Körper, Glückstadt 1912.

J o s e f , Eugen, Ein Recht der Anatomie auf Menschenleichen, in Leipziger Zeitschrift für Deutsches Recht, 23. Jahrg. 1929, Sp. 175 ff.

— Praktische Fragen des Totenrechts, in Gruchots Beiträge zur Erläuterung des deutschen Rechts, Bd. 65, 1921, S. 304 ff.

Kemmer, Franz, Das Recht am Leichnam, in Deutsche Zeitschrift für die gesamte Gerichtliche Medizin, Bd. 18, 1932, S. 432 ff.

Klinge, Fritz, Der Sektionskurs und was dazu gehört, Stuttgart 1948.

Kohler, Josef, Studien aus dem Strafrecht, Bd. 1, Mannheim 1890.

Kohlrausch-Lange, Strafgesetzbuch, Kommentar, 39. u. 40. Aufl., Berlin 1950.

Kommentar zum Bonner Grundgesetz (Bonner Kommentar), Hamburg 1950.

Kühlewein, Gibt es einen übergesetzlichen Notstand im Zivilrecht?, in Leipziger Zeitschrift für Deutsches Recht, 27. Jahrg. 1933, Sp. 621 ff.

Lehmann, Heinrich, Allgemeiner Teil des Bürgerlichen Gesetzbuches, 8. Aufl., Berlin 1954.

Leroux, R., Cavaillon, A. et Sautter-Duval, H., Une modification importante des dispositions réglementaires régissant les autopsies: le décret du 20 octobre 1947, in Bulletin de l'Académie de Médecine, Bd. 131, 1947, S. 652 ff.

Liertz, Werner und Paffrath, Hans, Handbuch des Arztrechts, Düsseldorf 1938.

v. Liszt-Schmidt, Lehrbuch des Deutschen Strafrechts, 25. Aufl., Berlin u. Leipzig 1927.

Lustig, Walter, Gesetz und Recht im Krankenhaus, Handbücherei für das gesamte Krankenhauswesen, Bd. 7, Berlin 1930.

Madisson, H., Einige kritische Bemerkungen zur Art und Weise des Sezierens von Leichen, in Deutsche Zeitschrift für die gesamte Gerichtliche Medizin, Bd. 7, 1926, S. 471 ff.

v. Mangoldt, Hermann, Das Bonner Grundgesetz, Kommentar, Berlin u. Frankfurt/Main 1953.

— Grundrechte und Grundsatzfragen des Bonner Grundgesetzes, in Archiv des Öffentlichen Rechts, Bd. 75, 1949, S. 273 ff.

Martini, Paul, Kliniker und Prosektur, in Der Krankenhausarzt, 25. Jahrg. 1952, S. 145 f.

Matzdorff, Die Errichtung von Bezirksprosekturen, in Zentralblatt für Allgemeine Pathologie und Pathologische Anatomie, Bd. 73, 1939, S. 115 ff.

Maurach, Reinhart, Deutsches Strafrecht, Besonderer Teil, Hannover u. Darmstadt 1952.

Meixner, Karl, Die Kriminalistischen Gesichtspunkte bei der Leichenschau und Leichenöffnung, in Deutsche Zeitschrift für die gesamte Gerichtliche Medizin, Bd. 32, 1939/40, S. 267 ff.

Merkel, E., Der Leichenraub, Eine historische und dogmatische Studie, Leipzig 1904.

Merkel, Über die Notwendigkeit der Einführung von Verwaltungssektionen und deren Durchführbarkeit, in Deutsche Zeitschrift für die gesamte Gerichtliche Medizin, Bd. 28, 1937, S. 1 ff.

Mezger, Edmund, Strafrecht, Besonderer Teil, Ein Studienbuch, 3. Aufl., München u. Berlin 1952.

— Strafrecht, ein Lehrbuch, 3. Aufl., Berlin u. München 1949.

Molitoris, Hans, Über die Notwendigkeit und Einführung von Verwaltungssektionen, in Deutsche Zeitschrift für die gesamte Gerichtliche Medizin, Bd. 1, 1922, S. 1 ff.

Mühlmann-Bommel, Strafgesetzbuch, Kommentar, Regensburg 1949.

Mugdan, Benno, Die gesamten Materialien zum Bürgerlichen Gesetzbuch für das Deutsche Reich,
Bd. 1, Einführungsgesetz und Allgemeiner Teil, Berlin 1899,
Bd. 3, Sachenrecht, Berlin 1899.

Nauwerck, C., Sektionstechnik für Studierende und Ärzte, 6. Aufl., Jena 1921.

Nawiasky, Hans, Die Grundgedanken des Grundgesetzes für die Bundesrepublik Deutschland, Stuttgart u. Köln 1950.

— Positives und überpositives Recht, in Juristenzeitung, 9. Jahrg. 1954, S. 717 ff.

v. Neureiter, F., Die „Vorschriften für das Verfahren bei der gerichtlichen Untersuchung menschlicher Leichen" vom März 1941, in Deutsche Zeitschrift für die gesamte Gerichtliche Medizin, Bd. 35, 1942, S. 49 ff.

v. Neureiter, F. und Straßmann, Georg, Über die Notwendigkeit der Einführung von Verwaltungsobduktionen mit Berücksichtigung des Interesses der Rechtspflege, in Deutsche Zeitschrift für die gesamte Gerichtliche Medizin, Bd. 1, 1922, S. 12 ff.

Niethammer, Emil, Lehrbuch des Besonderen Teils des Strafrechts, Tübingen 1950.

Nippe, Die kriminalistischen Gesichtspunkte der gerichtlichen Sektion, in Deutsche Zeitschrift für die gesamte Gerichtliche Medizin, Bd. 18, 1932, S. 103 ff.

— Die Verwaltungssektion, in Zeitschrift für Medizinalbeamte und Krankenhausärzte, 1925, S. 111 ff.

Nipperdey, Hans-Carl, Die Würde des Menschen, in Handbuch der Theorie und Praxis der Grundrechte, herausg. v. Franz L. Neumann, Hans-Carl Nipperdey, Ulrich Scheuner, Bd. 2, Die Freiheitsrechte in Deutschland, 1954, S. 1 ff.

Oertmann, Paul, Aneignung von Bestandteilen einer Leiche, in Leipziger Zeitschrift für Deutsches Recht, 19. Jahrg. 1925, Sp. 511 ff.

— Kommentar zum Bürgerlichen Gesetzbuch, Allgemeiner Teil, 3. Aufl., Berlin 1926.

v. Ohlshausen, Justus, Kommentar zum Strafgesetzbuch für das Deutsche Reich,
§§ 1—246: 12. Aufl., Berlin 1942,
ab § 247: 11. Aufl., Berlin 1927.

Opitz, Kurt, Rechte und Pflichten der Ärzte und Zahnärzte, Berlin 1926.

Oppenheimer, Ludwig, Ein Recht der Anatomie auf Menschenleichen?, in Leipziger Zeitschrift für Deutsches Recht, 22. Jahrg. 1928, Sp. 1534 ff.

Palandt, Otto, Bürgerliches Gesetzbuch, Kommentar, herausg. v. Palandt, 14. Aufl., München u. Berlin 1955.

Parlamentarischer Rat, Verhandlungen des Hauptausschusses, Bonn 1948/49, S. 1 ff.

Peters, Hans, Lehrbuch der Verwaltung, Berlin, Göttingen, Heidelberg 1949.

Peterssen, Werner, Die Reform des Leichenschau- und Sektionsrechts, Eine rechtsvergleichende Untersuchung, Rechtsvergleichende Untersuchungen zur gesamten Strafrechtswissenschaft, Heft 2, Bonn 1935.

Peterssen, W. — Schmitz, W., Über das Recht zur Sektion, in Die Medizinische Welt, 11. Jahrg. 1937, S. 1791 ff.

Philipsborn, Alexander, Das Recht auf Leichensektionen in Krankenanstalten, in Juristische Wochenschrift, 59. Jahrg. 1930, S. 1552 ff.

— Kranker und Krankenhaus im Recht, Stuttgart 1930.

— Leichenschau und Leichensektion, in Die Medizinische Welt, 7. Jahrg. 1933, S. 821 f.

Pietrusky, F., Vorschläge für die Verbesserung der Aufklärung gewaltsamer Todesfälle, in Deutsche Zeitschrift für die gesamte Gerichtliche Medizin, Bd. 26, 1936, S. 16 ff.

Planck, Kommentar zum Bürgerlichen Gesetzbuch, Bd. 1, Allgemeiner Teil, 4. Aufl., Berlin 1913.

Poetter, Zur Feststellung und Statistik der Todesursachen, Genügt die heute ausgeführte Leichenschau?, in Klinische Wochenschrift, 9. Jahrg. 1930, S. 1879 f.

Ponsold, Albert, Lehrbuch der gerichtlichen Medizin, einschließlich der ärztlichen Rechtskunde, ärztlichen Standeskunde sowie der Versicherungsmedizin, Stuttgart 1950.

Poppelreuter, W., Die planmäßige Gestaltung der Obduktion Kriegshirnverletzter, in Zeitschrift für die gesamte Neurologie und Psychiatrie, Bd. 153, 1935, S. 27 ff.

Puppe, Die Vorschriften über das Verfahren der Gerichtsärzte bei den gerichtlichen Untersuchungen menschlicher Leichen (vom 13. Mai 1922), in Klinische Wochenschrift, 2. Jahrg. 1923, S. 2179 ff.

Rabl, Rudolf, Die Wertung der Sektionen im Wandel der Zeiten, Eine kulturgeschichtliche Betrachtung, in Virchow's Archiv für Pathologische Anatomie und Physiologie und für klinische Medizin, Bd. 321, 1952, S. 142 ff.

Radbruch, Gustav, Gesetzliches Unrecht und übergesetzliches Recht, in Süddeutsche Juristen-Zeitung, 1. Jahrg. 1946, Sp. 105 ff.

— Rechtsphilosophie, 3. Aufl., Leipzig 1932.

— Vorschule der Rechtsphilosophie, Willsbach u. Heidelberg 1947.

Rapmund, O. und Dietrich, E., Ärztliche Rechts- und Gesetzeskunde, 2 Bände, 2. Aufl., Leipzig 1913.

Reichsgerichtsräte, Das Bürgerliche Gesetzbuch, Kommentar,
Bd. 1, 9. Aufl., Berlin 1939,
Bd. 2, 10. Aufl., Berlin 1953,
Bd. 3, 10. Aufl., Berlin 1954.

Rein, W., Grundriß der Ethik, 3. Aufl., Osterwieck/Harz u. Leipzig 1910.

Reuter, Karl, Erfahrungen über Verwaltungssektionen in Hamburg, in Deutsche Zeitschrift für die gesamte Gerichtliche Medizin, Bd. 1, 1922, S. 17 ff.

Rössle, Robert, Sektionstechnik, 6. Aufl., Berlin u. Göttingen 1947.

— Technik der Obduktionen mit Einschluß der Maßmethoden an Leichenorganen, in Handbuch der biologischen Arbeitsmethoden, herausg. v. Abderhalden, Abt. VIII, Teil I, II, Berlin u. Wien 1935, S. 1093 ff.

— Zur Frage der Verwaltungssektionen, in Virchow's Archiv für Pathologische Anatomie und Physiologie und für klinische Medizin, Bd. 296, 1936, S. 535 ff.

Runft, Walter, Der grobe Unfug im geltenden und im kommenden Deutschen Strafgesetzbuch, Würzb. jur. Diss. 1936.

Sandheim, Kann testamentarisch die Leichenverbrennung angeordnet werden?, in Das Recht, 9. Jahrg. 1905, Sp. 43.

Scheuner, Ulrich, Der Verfassungsschutz im Bonner Grundgesetz, in Festgabe für Erich Kaufmann, 1950, S. 313 ff.

Schläger, Das Recht am menschlichen Körper, in Medizinische Klinik, 27. Jahrg. 1931, S. 793 f.

— Krankenhaus, Arzt und Kranker, in Deutsches Ärzteblatt, 71. Jahrg. 1941, S. 417 ff.

Schlenker, Wolf, Der strafrechtliche Schutz der Leiche, Erl. jur. Diss. 1934.

Schmidt, Eberhard, Rechtsfragen zur inneren Leichenschau in den Pathologischen Instituten von Krankenanstalten, in Der Krankenhausarzt, 25. Jahrg. 1952, S. 209 ff.

Schmitt, Carl, Inhalt und Bedeutung des zweiten Hauptteils der Reichsverfassung, in Handbuch des Deutschen Staatsrechts, Bd. 2, 1932, S. 572 ff.

Schmitz, Wilhelm, Leichenschau und ärztliches Berufsgeheimnis, in Deutsches Ärzteblatt, Bd. 60, 1933, S. 125 ff.

Schneller, Fritz, Inwieweit kann und muß den infolge Fehlens einer gesetzlichen Regelung der Leichenschau auf hygienischem und medizinalstatistischem Gebiet bestehenden Mißständen abgeholfen werden?, in Veröffentlichungen aus dem Gebiete der Medizinalverwaltung, Bd. 23, 1927, S. 743 ff.

Schorn, Die Behandlung des Leichenfrevels im geltenden und kommenden Strafrecht, in Deutsche Zeitschrift für die gesamte Gerichtliche Medizin, Bd. 14, 1930, S. 363 ff.

Schönke, Adolf, Einführung in die Rechtswissenschaft, 2. u. 3. Aufl., Karlsruhe 1947.

Schönke-Schröder, Strafgesetzbuch, Kommentar, 7. Aufl., München u. Berlin 1954.

Schrader, G., Zur Einführung von Verwaltungssektionen, in Der Öffentliche Gesundheitsdienst, 4. Jahrg. 1938/39, Teilausg. A, S. 793 ff.

Schreuer, Der menschliche Körper und die Persönlichkeitsrechte, in Festgabe der Bonner Juristischen Fakultät für Karl Bergbohm, Bonn 1919, S. 242 ff.

Schwarz, Otto, Kommentar zum Strafgesetzbuch, 18. Aufl., München u. Berlin 1955.

v. Schwerin, Das Recht am Leichnam, in Seufferts Blätter für Rechtsanwendung, Bd. 70, 1905, S. 653 ff.

Seesemann, Heinrich, Ist eine heimliche Leichensektion strafbar?, in Ärztliches Vereinsblatt für Deutschland, Bd. 25, 1928, Sp. 721 f.

— Macht eine heimliche Leichensektion schadensersatzpflichtig?, in Ärztliches Vereinsblatt für Deutschland, Bd. 26, 1929, Sp. 299 ff.

Siegmund, H., Die Notwendigkeit der Einführung von Verwaltungssektionen und deren Durchführung, in Medizinische Klinik, 32. Jahrg. 1936, S. 1738 ff.

Simon, G., Über Leichenöffnungen in Krankenhäusern, in Zeitschrift für Medizinalbeamte und Krankenhausärzte, 1926, S. 339 ff.

Smend, Rudolf, Verfassung und Verfassungsrecht, München u. Leipzig 1928.

Soergel, Bürgerliches Gesetzbuch, Kommentar, begründet von Soergel, 8. Aufl.,
Bd. 1, Stuttgart u. Köln 1952,
Bd. 2, Stuttgart u. Köln 1952,
Bd. 3, Stuttgart u. Köln 1954.

Staemmler, M., Sektionen als öffentliche Aufgabe, in Deutsche Medizinische Wochenschrift, 62. Jahrg. 1936, S. 1800 ff.

v. Staudinger-Boehmer-Lehmann-Seybold, Kommentar zum Bürgerlichen Gesetzbuch, Erbrecht, Teil I, 11. Aufl., Berlin 1954.

— Kober, Kommentar zum Bürgerlichen Gesetzbuch, Sachenrecht, Teil 1, 10. Aufl., München, Berlin u. Leipzig 1935.

— Kober-Engelmann-Geiler, Kommentar zum Bürgerlichen Gesetzbuch, Schuldrecht, Teil 3, 9. Aufl., München, Berlin u. Leipzig 1929.

— Riezler, Kommentar zum Bürgerlichen Gesetzbuch, Allgemeiner Teil, 10. Aufl., München, Berlin u. Leipzig 1936.

Stenographischer Bericht des Parlamentarischen Rates, Bd. 1, 9, Anl., Wuppertal-Vohwinkel 1949.

Straßmann, F., Lehrbuch der Gerichtlichen Medizin, 2. Aufl., Stuttgart 1931.

— Über die Notwendigkeit der Einführung von Verwaltungssektionen, in Deutsche Zeitschrift für die gesamte Gerichtliche Medizin, Bd. 1, 1922, S. 9 ff.

Striemer, Kann Leichenöffnung als Sachbeschädigung bestraft werden?, in Die Medizinische Welt, 3. Jahrg. 1929, S. 1373 ff.

Thoma, Richard, Das System der subjektiven öffentlichen Rechte und Pflichten, in Handbuch des Deutschen Staatsrechts, Bd. 2, 1932, S. 607 ff.

— Grundbegriffe und Grundsätze, in Handbuch des Deutschen Staatsrechts, Bd. 2, 1932, S. 108 ff.

Tietz, Walter, Der Schutz der Toten im Recht der Gegenwart, Ein Beitrag zum deutschen Totenrecht, in Strafrechtliche Abhandlungen, Heft 291, 1931.

v. Tuhr, Andreas, Der Allgemeine Teil des Deutschen Bürgerlichen Rechts, Bd. 1, Allgemeine Lehren und Personenrecht, Leipzig 1910.

Vendel, Karlheinz, Der übergesetzliche Notstand als Rechtfertigungsgrund im Bürgerlichen Recht, Kölner jur. Diss. 1953.

Virchow, Rudolf, Die Sections-Technik im Leichenhause des Charité-Krankenhauses, mit besonderer Rücksicht auf gerichtsärztliche Praxis, 4. Aufl., Berlin 1893.

Völkers, Vom Recht am Leichnam des Gefallenen, in Das Recht, 20. Jahrg. 1916, Sp. 250 f.

Walcher, Kurt, Bemerkungen zu den gerichtlichen Sektionsvorschriften des In- und Auslandes, in Deutsche Zeitschrift für die gesamte Gerichtliche Medizin, Bd. 24, 1935, S. 209 ff.

— Leitfaden der gerichtlichen Medizin für Ärzte und Medizinstudierende, München u. Berlin 1950.

Warneyer, Otto, Das Bürgerliche Gesetzbuch für das Deutsche Reich, Kommentar, 11. Aufl., Detmold, München, Berlin 1950.

— Zur Obduktionsfrage, in Der Chirurg, 3. Jahrg. 1931, S. 497 ff.

Wassermann, Rudolf, Vom Recht der Hinterbliebenen am Leichnam, in Die Medizinische Welt, 2. Jahrg. 1928, S. 1722 ff.

Weise, Das sächsische Anatomiegesetz, in Deutsche Juristen-Zeitung, 17. Jahrg. 1912, Sp. 1292 f.

Weiser, Fritz, Die Fürsorge für den Leichnam, Marb. jur. Diss. 1933.

Welzel, Hans, Das deutsche Strafrecht in seinen Grundzügen, 2. Aufl., Berlin 1949.

Wenzel, Karl, Die Leichenschau, Geltende Bestimmungen und Wünsche für eine Neuregelung, in Reichsgesundheitsblatt, 8. Jahrg. 1933, S. 66 ff.

Wieacker, Franz, Sachbegriff, Sacheinheit und Sachzuordnung, in Archiv für die civilistische Praxis, Bd. 148, 1943, S. 57 ff.

Winckelmann, Darf eine Versicherungsgesellschaft eine Leiche ausgraben lassen?, in Die Medizinische Welt, 2. Jahrg. 1928, S. 1839.

Wolf, Erik, Der Sachbegriff im Strafrecht, in Die Reichsgerichtspraxis im deutschen Rechtsleben, Festgabe der juristischen Fakultäten zum 50 jährigen Bestehen des Reichsgerichts, Bd. 5, 1929, S. 44 ff.

Wollenweber, Nathanael, Gerichtsärztliche Diagnostik an der Leiche, in Der Öffentliche Gesundheitsdienst, 4. Jahrg. 1938/39, Teilausg. A, S. 345 ff.

— Wie soll sich die heutige Gesellschaftsordnung zur Leichenöffnung stellen?, in Der Öffentliche Gesundheitsdienst, 13. Jahrg. 1951/52, S. 67 f.

Zangger, Heinrich, Medizin und Recht, Zürich 1920.

Das Streben der Ärzte nach Vornahme von Leichenöffnungen ist so alt wie die medizinische Wissenschaft selbst [1]). Es beruht auf der Erkenntnis, daß der Tod eines Menschen durch das Versagen eines lebenswichtigen Organs oder Organsystems ausgelöst wird, das seinerseits wieder in einer krankhaften Veränderung des Gewebes, des eigentlichen Trägers der Lebensfunktion, begründet ist. Häufig ist jedoch eine Untersuchung dieser Veränderungen nicht möglich, solange das Innere des menschlichen Körpers dem Auge des Arztes verschlossen ist. Trotz ihrer großen Vollendung haben daran auch die modernen diagnostischen Hilfsmittel nicht viel geändert; mit Hilfe von Röntgenstrahlen kann man zwar das Körperinnere sichtbar machen, jedoch nur in Form von Licht und Schatten, was in vielen Fällen zur Feststellung krankhafter Veränderungen nicht ausreicht. Der gleiche Mangel haftet der Untersuchung von flüssigen Körperbestandteilen, von Sekreten und Exkreten an.

Die Unvollkommenheit dieser Erkenntnismethoden sucht die medizinische Wissenschaft durch die Vornahme von Leichenöffnungen zu überwinden. Aus diesem Bemühen heraus entwickelte sich im neunzehnten Jahrhundert das Fach der pathologischen Anatomie, deren eigentlicher Gegenstand die Beschäftigung mit den krankhaften Veränderungen des Gewebes im menschlichen Körper ist [2]). Heute erblickt man in dieser Tätigkeit ärztlicherseits „das Gewissen" [3]), ja „das Fundament der Medizin" [4]). In Deutschland und vielen anderen europäischen und außereuropäischen Ländern [5]) wird daher die Öffnung möglichst vieler Leichen angestrebt. In den pathologischen Instituten und Prosekturen der Universitätskliniken und größeren Krankenhäusern stehen dafür besonders ausgebildete Ärzte — an ihrer Spitze jeweils ein Prosektor — zur Verfügung. Sie werden

---

[1]) Einen Überblick über die geschichtliche Entwicklung des Sektionswesens gibt Bohne in Festg. f. Rich. Schmidt, Bd. 1 (1932), S. 105 ff. Neuerdings untersucht Rabl in Virch. Arch., Bd. 321 (1952), S. 142 ff. die „Wertung der Sektionen im Wandel der Zeiten". Beiträge zur Geschichte des Sektionswesens finden sich auch bei G. B. Gruber in Der Krankenhausarzt, 25. Jahrg. 1952, S. 156; H. R. Hoffmann in Der Öffentl. Gesundheitsdienst, 12. Jahrg. 1950/51, S. 21 f. und Rössle in Virch. Arch., Bd. 296 (1936), S. 537. Vgl. auch den von Diepgen auf einer Sitzung des Med.-Naturwissenschaftl. Vereins Tübingen am 12. Mai 1941 gehaltenen Vortrag, der von Bock in Münch. Med. Wschr., 88. Jahrg. 1941, S. 1271 unter Angabe seines wesentlichen Inhalts besprochen wird.

[2]) Vgl. Rössle, Sektionstechnik, 6. Aufl. (1947), S. 1.

[3]) Rössle in Virch. Arch. Bd. 296 (1936), S. 537.

[4]) Dix in Zschr. f. d. ges. Krankenhauswesen, 25. Jahrg. 1929, S. 609.

[5]) Vgl. die Hinweise bei G. B. Gruber a. a. O. und Staemmler in Dtsch. Med. Wschr., 62. Jahrg. 1936, S. 1800.

häufig und unter mannigfacher Fragestellung auch von öffentlicher und privater Seite um die Vornahme von Leichenöffnungen ersucht.

Gleichwohl ist ihre Tätigkeit in Deutschland stark umstritten. Sie steht auf einem unsicheren Rechtsboden und hat schon des öfteren zu Zivil- und Strafprozessen Anlaß gegeben [6]). Gelegentlich wurden dabei sogar angesehene Forscher vor Gericht gebracht [7]). Trotz der seitens der medizinischen Wissenschaft und der Rechtslehre immer wieder erhobenen Forderung nach einer gesetzlichen Regelung ist es zu einer solchen bisher nicht gekommen. Dieser Mangel wird um so stärker empfunden, als weite Kreise der Bevölkerung der Vornahme einer Leichenöffnung ablehnend gegenüber stehen. Die Mißachtung dieser Einstellung hat nicht selten zu äußerst unliebsamen Vorfällen geführt, wenn die Angehörigen eines Verstorbenen die Öffnung dessen Leichnams verhindern wollten [8]).

Mit Recht wird dieser Zustand als unhaltbar bezeichnet. Er schadet dem Ansehen der medizinischen Wissenschaft und ist schon allein dadurch der öffentlichen Gesundheitspflege abträglich. Mit einem geordneten Gemeinschaftsleben ist er nicht zu vereinbaren. Daher ist auch nicht anzunehmen, daß der Staat den Ruf nach einer gesetzlichen Regelung auf die Dauer überhören wird. Solange es an einer solchen Regelung aber noch fehlt, muß versucht werden, auf der Grundlage des geltenden Rechts zu einer Lösung zu gelangen.

---

[6]) Nachweise bei Bohne, a. a. O. Fußn. 40 auf S. 117.

[7]) Vgl. Friese in Der Öffentl. Gesundheitsdienst, 3. Jahrg. 1937/38, Teilausg. A, S. 444 f.

[8]) Auch Schlägereien zwischen Angehörigen und Institutsdienern haben schon stattgefunden: Wollenweber in Der Öffentl. Gesundheitsdienst, 13. Jahrg. 1951/52, S. 68. Vgl. auch W. Fischer in Zentralbl. f. Allge. Path. u. Path. Anatomie, Bd. 86 (1950), S. 419 und H. R. Hoffmann a. a. O.

ERSTER TEIL

Wesen und Problematik klinischer Sektionen.

I.

Als klinische Sektionen oder Obduktionen [1]) bezeichnet man die hauptsächlich von den Universitätskliniken und größeren Krankenhäusern, welche über eingerichtete pathologische Institute oder Prosekturen verfügen, bei verstorbenen Patienten vorgenommenen pathologisch-anatomischen Leichenöffnungen. Zu den Patienten gehören auch Kinder, die gleich nach der Geburt gestorben sind. Vor oder während der Geburt gestorbene Leibesfrüchte sind ihnen gleichzustellen, sofern sie bereits entwickelt waren.

Nicht um eine Sektion und daher auch nicht um eine klinische handelt es sich, wenn bei der vor oder während ihrer Niederkunft gestorbenen schwangeren Patientin eines Krankenhauses zur Rettung des Kindes ein Kaiserschnitt gemacht wird [2]). Das gleiche gilt bezüglich der bei verstorbenen Patienten mit der Absicht der Transplantation getätigten Entnahme von Leichenteilen. Von einer pathologisch-anatomischen Sektion zu unterscheiden ist ferner die zum Zwecke der Demonstration sowie zur Erlangung der anatomischen Sektions- und Präpariertechnik vorgenommene Zergliederung menschlicher Leichen. Sie wird nicht in pathologischen, sondern in anatomischen Instituten ausgeführt [3]).

Klinische Sektionen erfolgen je nach den Umständen zwölf, zumeist aber vierundzwanzig Stunden nach Eintritt des Todes [4]). Sie

---

[1]) Die Bezeichnungen „Leichenöffnung", „Obduktion" und „Sektion" sind gleichbedeutend. Neuerdings verwenden G. B. Gruber in Der Krankenhausarzt, 25. Jahrg. 1952, S. 157 und Eberh. Schmidt ebd., S. 209 ff. auch den Ausdruck „Innere Leichenschau", den auch Bode in Zentralbl. f. Allg. Path. u. Path. Anatomie, Bd. 86 (1950), S. 372 empfiehlt. Die „Ordnung über das Verfahren bei der Behandlung der in den Göttinger Universitätskliniken Verstorbenen" vom 22. April 1933 (zit. nach Bode a. a. O.) spricht von „Innerer Untersuchung der Leiche".

[2]) Vgl. Rapmund und Dietrich, Ärztl. Rechts- u. Gesetzeskunde, 2. Aufl. (1913), S. 194.

[3]) Der Unterschied zwischen der pathologisch-anatomischen und der anatomischen Sektion eines Leichnams sowie der Unterschied zwischen den pathologischen und den anatomischen Instituten werden nicht selten übersehen. Nachweise bei Berger, Das Recht des Arztes zur Leichenobduktion, Hall. jur. Diss. 1932, Fußn. 7 auf S. 2. Vgl. auch Schorn in Dtsch. Ztschr. f. d. ges. Gerichtl. Med., Bd. 14 (1930), S. 372 f.

[4]) In einigen Ländern bestehen in dieser Hinsicht Beschränkungen. So gilt z. B. in den ehemals preuß. Gebieten noch ein Ministerialerlaß vom 6. Nov. 1811 (durch Erlaß v. 30. Juli 1832 auf die Rheinprovinz ausgedehnt;

umfassen in der Regel eine Öffnung von Kopf-, Brust- und Bauchhöhle, „auch wenn klinisch nicht in allen krankhafte Veränderungen zu erwarten sind. Fehlt nämlich der positive oder negative Befund eines Organs, etwa des Gehirns, so ist die Gesamtbeurteilung in Frage gestellt [5])." Aus diesem Grunde wird die Sektion auch nicht gern auf Operationsstellen beschränkt [6]), wenn der Tod nach einem chirurgischen Eingriff eingetreten ist. In besonderen Fällen wird sie sogar noch ausgedehnt, vor allem auf eine Untersuchung des Rückenmarks und der Extremitäten.

Eine einheitliche Sektionstechnik wird bei klinischen Sektionen nicht angewandt [7]). In Deutschland folgt man in der Regel den von

---

abgedruckt bei Brunner, Das Friedhofs- und Bestattungsrecht, Berlin 1927, S. 53; zit. nach Berger, a. a. O. S. 7 u. Fußn. 14 ebd.), wonach Leichen grundsätzlich erst 24 Stunden nach dem Tode seziert werden sollen. In Bayern bedroht Art. 60 Abs. 1 des Polizeistrafgesetzbuches vom 26. Dez. 1871 denjenigen mit Geld- oder Haftstrafe, der „zu einer Leichenöffnung schreitet, ehe die vorgeschriebene erste Leichenschau stattgefunden hat und Kennzeichen des erfolgten Todes eingetreten sind." Vgl. dazu Berger, a. a. O. S. 7 f. sowie Rapmund und Dietrich a. a. O. mit weiteren Angaben. Ob diese hauptsächlich zum Schutze Scheintoter erlassenen und vielfach als veraltet empfundenen Bestimmungen eingehalten werden, ist zweifelhaft.

[5]) Klinge, Der Sektionskurs, 1948, S. 120. Vgl. auch B. Fischer, Der Sektionskurs, 1919, S. 18 ff.; Nauwerck, Sektionstechnik, 6. Aufl. (1921), S. 27 und Rössle, Sektionstechnik, 6. Aufl. (1947), S. 2. Warum aber Walter G. Becker in JR 1951, S. 329 „Obduktionen nur mit dem Ziel, einzelne Organe, z. B. das Gehirn, zu rein wissenschaftlichen Untersuchungen zu erlangen", auch dann nicht zu den klinischen Sektionen rechnen will, wenn sie von Krankenhäusern an verstorbenen Patienten ausgeführt werden, ist nicht ersichtlich; der von Becker, a. a. O. Fußn. 4 gegebene Hinweis auf Bohne in Festg. f. Rich. Schmidt, Bd. 1 (1932), S. 126 f. stützt diese Ansicht nicht.

[6]) Rössle a. a. O. bezeichnet derartige Teilsektionen als ein „Unding". Vgl. auch Virchow, Die Sections-Technik im Leichenhause des Charité-Krankenhauses, 4. Aufl. (1893), S. 4.

[7]) Lediglich für die Vornahme sog. gerichtlicher Obduktionen (§§ 159, 87 ff. StPO; vgl. unten S. 12) ist die Anwendung bestimmter Verfahren in allen deutschen Ländern vorgeschrieben. In den ehemals preußischen Gebieten gelten noch die „Vorschriften über das Verfahren der Gerichtsärzte bei den gerichtlichen Untersuchungen menschlicher Leichen vom 31. Mai 1922" (abgedruckt in Volkswohlfahrt Nr. 12 v. 15. Juni 1922; zit. nach Walcher in Dtsch. Zschr. f. d. ges. Gerichtl. Med., Bd. 24 (1935), S. 209). Moderner sind die bayerischen „Vorschriften für das Verfahren bei der gerichtlichen Untersuchung von Leichen vom 17. Juli 1930" (abgedruckt bei Walcher, Leitf. d. gerichtl. Med., 1950, S. 209 ff.). Während die preußischen Vorschriften mehr der Virchow'schen Sektionsmethode (vgl. dazu unten S. 5 ff.) folgen und zur Eröffnung von Brust- und Bauchhöhle einen Längsschnitt vom Kinn bis zur Schambeifuge angeben, wird in Bayern in erster Linie die Befolgung der Zenker'schen Technik (vgl. dazu unten S. 5 ff.) verlangt. Die in den anderen Ländern geltenden Vorschriften sind vielfach den preußischen nachgebildet. Eine eingehende Übersicht über die in den deutschen und außerdeutschen Staaten geltenden Bestimmungen findet sich bei Walcher in Dtsch. Zschr. f. d. ges. Gerichtl. Med., Bd. 24 (1935), S. 209 ff. Zu den preußischen Vorschriften vgl. bes. Puppe in Klin. Wschr., 2. Jahrg. 1923, S. 2179 ff. Die bei Dahlke,

Virchow[8]) und Zenker[9]) entwickelten Methoden[10]). Diese unterscheiden sich weniger in der Art der Eröffnung der Körperhöhlen als vielmehr in der Behandlung der inneren Organe bei der Sektion. Während nach Virchow die Organe einzeln aus dem Leichnam entfernt und seziert werden, sucht das von Zenker erarbeitete Verfahren die natürlichen Zusammenhänge der Organe bei deren Herausnahme nach Möglichkeit zu erhalten. Es gibt jedoch noch eine Reihe weiterer Methoden, die meist entweder eine Fortentwicklung der von Virchow und Zenker vorgeschriebenen Verfahren darstellen oder aber ihre Verbindung anstreben, wie dies auch die von B. Fischer, Klinge, Nauwerck und Rössle beschriebenen Sektionstechniken tun. Alle Methoden stellen darauf ab, die Art der Vornahme einer Obduktion möglichst der Individualität des Einzelfalles anzupassen[11]). Dabei geht das Bestreben stets auch dahin, die bei einer Sektion an der Leiche entstehenden äußeren Verletzungen auf ein Mindestmaß zu beschränken. Beschmutzungen des Leichnams sollen ebenso vermieden werden wie jede Entstellung seiner äußeren Form[12]).

Darauf wird insbesondere bei der Sektion des Schädels geachtet. Um jede Entstellung zu vermeiden, wird der zur Eröffnung der Kopfhöhle dienende Schnitt so angelegt, daß er durch die hintere behaarte Kopfhaut führt und von vorn nicht sichtbar ist. Er beginnt und endet hinter den Ohren. Seine Bahn verläuft nach Klinge[13]) über den Wirbel des hinteren Scheitels; sie wird von B. Fischer[14])

---

35. Aufl. (1950), § 89 StPO Bem. 1 auf S. 750 und bei Erbs, Handkomm. z. StPO, 1950, § 89 Bem. II genannten „Vorschriften für das Verfahren bei der gerichtlichen Untersuchung menschlicher Leichen" (abgedruckt in Reichsgesundheitsbl. 1941, Beilage z. Nr. 36) galten (seit 1. April 1941) nur im ehem. Reichsgau Sudetenland, wo sie versuchsweise eingeführt worden waren. Eine Besprechung dieser Bestimmungen findet sich bei W. Fischer in Zentralbl. f. Allg. Path. u. Path. Anatomie, Bd. 78 (1942), S. 284 ff.; v. Neureiter in Dtsch. Zschr. f. d. ges. Gerichtl. Med., Bd. 35 (1942), S. 49 ff. und bei Walcher in Dtsch. Zschr. f. d. ges. Gerichtl. Med., Bd. 35 (1942), S. 295 ff.

[8]) Virchow, Die Sections-Technik im Leichenhause des Charité-Krankenhauses, 4. Aufl. (1893).

[9]) Hauser, Die Zenker'sche Sektionstechnik, 1913.

[10]) Eine eingehende Darstellung und Würdigung der verschiedenen Sektionsmethoden findet sich bei Rössle in Handb. d. biol. Arbeitsmethoden, hrsg. v. Abderhalden, Abtlg. VIII, Teil 1, II, 1935, S. 1093 ff., mit reichen Literaturangaben auf S. 1243 ff.

[11]) Virchow, a. a. O. S. 7; Rössle, Sektionstechnik, 6. Aufl. (1947), S. 42; B. Fischer, a. a. O. S. 20.

[12]) Hierauf wird vor allem hingewiesen von B. Fischer, a. a. O. S. 18 u. 116 und Rössle, a. a. O. S. 2.

[13]) a. a. O. S. 61. Ähnlich Nauwerck, Sektionstechnik für Studierende und Ärzte, 6. Aufl. (1921), S. 41 f., der den Sektionsschnitt „über die Scheitelhöhe" führt.

[14]) a. a. O. S. 26.

und Rössle[15]) etwas tiefer angegeben. Bei glatzköpfigen Leichen wird die Kopfhaut möglichst weit hinten gespalten und besondere Vorsicht angewandt. Alle Schnitte werden bis auf den Knochen geführt. Dann wird die Kopfschwarte nach vorn und hinten abpräpariert und das so frei gelegte Schädeldach in der Linie seines größten Umfanges abgesägt.

Bei der Eröffnung von Brust- und Bauchhöhle legt die Virchow'sche Sektionstechnik einen Längsschnitt vom Kinn bis zur Schambeinfuge an[16]). Bis zum Kehlkopf geführt, wird dieser Schnitt nach der Vorschrift B. Fischers[17]) heute noch vorwiegend bei Kindern angewandt. Bei Erwachsenen dagegen besteht häufig die Notwendigkeit, auch die Halsorgane und die Schädelbasis einer Sektion zugänglich zu machen. Dies erlaubt der nur bis zum Kehlkopf geführte Medianschnitt aber nicht in ausreichendem Maße. B. Fischer[18]) läßt daher bei Erwachsenen den zur Eröffnung von Brust- und Bauchhöhle dienenden Schnitt für den Regelfall bereits hinter dem Ohr am Warzenfortsatz beginnen, führt ihn über die Seite des Halses zum Brustbein und in Form eines handbreit über der Schambeinfuge gegabelten und zu den Schenkelbeugen auslaufenden Medianschnittes über die Mittellinie des Körpers. Die durch diesen Schnitt geschaffene gute Zugänglichkeit der Halsorgane und der Schädelbasis sucht Rössle[19]) dadurch zu erreichen, daß er zunächst einen ersten Hautschnitt von der linken Schulterhöhe dicht unterhalb des Schlüsselbeines quer über den Brustkorb symmetrisch auf die rechte Schulterhöhe macht. Der Medianschnitt steht dann als zweiter Schnitt senkrecht unter der Mitte dieses Schnittes und führt nach der Virchow'schen Methode über Brustbein und Bauchdecke bis zur Schambeinfuge. In ähnlicher Weise dient auch Klinge[20]) ein T-förmiger Hautschnitt zur Eröffnung von Brust- und Bauchhöhle, wobei jedoch der waagerechte Brustschnitt etwas höher als bei Rössle angegeben wird. Sowohl der bei B. Fischer als auch die von Rössle und Klinge vorgeschlagenen Medianschnitte vermeiden eine Durchschneidung des Nabels, um dessen Zusammenhang mit den Nabelgefäßen nicht zu zerstören. Rössle[21]) verbietet auch das Durchtrennen von genähten Operationswunden und empfiehlt, „sie zu umschneiden, um sie erst in unverändertem Zustande von innen zu besichtigen".

Sind im Anschluß an die Eröffnung von Brust- und Bauchhöhle alle inneren Organe aus dem Leichnam entfernt worden, so ist die Wir-

---

[15]) a. a. O. S. 25.
[16]) Vgl. Virchow, a. a. O. S. 52, 63, 72 u. 83; ebenso Nauwerck, a. a. O. S. 98.
[17]) a. a. O. S. 52 u. 54.
[18]) a. a. O. S. 54.
[19]) a. a. O. S. 5.
[20]) a. a. O. S. 32.
[21]) a. a. O. S. 5. Ebenso Nauwerck, a. a. O. S. 143.

belsäule zugänglich und eine etwa wünschenswerte Sektion des Rükkenmarks kann von vorn erfolgen. Sie geschieht immer von vorn, wenn sie mit der Herausnahme eines Teiles der Wirbelsäule verbunden werden muß. Dies ist jedoch nur selten notwendig. In der Regel genügt eine Eröffnung des Wirbelkanals. Da sich dessen hintere Wand aber bequemer entfernen läßt als die vordere, wird die Sektion des Rückenmarks gewöhnlich von hinten vorgenommen [22]). In diesem Fall kann die Wirbelsäule durch einen Schnitt vom Nakken über die Dornfortsätze zum Kreuzbein unmittelbar freigelegt werden.

Die Extremitäten werden regelmäßig nicht in die Sektion einbegriffen [23]). Eine andere Übung besteht nur bei Foeten, Neugeborenen und Säuglingen, bei denen „Besonderheiten im Körperbau wie in der Fragestellung auch noch eine Reihe sonstiger Abweichungen vom normalen Verfahren bedingen" [24]). In allen Fällen wird aber angestrebt, Zahl und Ausdehnung der Hautschnitte nach Möglichkeit zu beschränken und jede Entstellung zu vermeiden.

Die Sektion eines Leichnams als solche reicht jedoch gewöhnlich zur Auffindung und Deutung pathologisch-anatomischer Veränderungen nicht aus. Sie bedarf fast immer der „Ergänzung durch histologische, in vielen Fällen aber auch noch durch bakteriologische, serologische und chemische Untersuchungen" [25]).

Die bei der Sektion und den sie ergänzenden Untersuchungen erhobenen Befunde werden in einem Sektionsprotokoll niedergelegt, das mit einer zusammenfassenden Diagnose abschließt [26]).

Nach jeder Sektion wird der geöffnete Leichnam sorgfältig instand gesetzt [27]). Es wird dabei insbesondere auch darauf geachtet, daß in den Körperhöhlen keine Flüssigkeit zurückbleibt, die nach dem Schließen der Sektionsschnitte aus diesen austreten könnte. Um derartige Vorkommnisse zu vermeiden, empfiehlt B. Fischer [28]) sogar, ein seziertes Gehirn nicht in die Schädelhöhle zurückzulegen, sondern diese entweder freizulassen oder mit Holzwolle, Watte und ähnlichem auszufüllen. Derartiges aufsaugendes Füllmaterial findet auch sonst Verwendung, vor allem dann, wenn nach Beendigung der Sektion einzelne Organe wegen wichtiger pathologischer Veränderungen

---

[22]) Vgl. dazu bes. Nauwerck, a. a. O. S. 33.

[23]) B. Fischer, a. a. O. S. 102. Abweichend offenbar Rössle, a. a. O. S. 23.

[24]) B. Fischer, a. a. O. S. 106. Zur Sektion von Neugeborenen vgl. bes. Nauwerck, a. a. O. S. 173 ff.

[25]) B. Fischer, a. a. O. S. 1.

[26]) Über das Sektionsprotokoll vgl. im einzelnen Rössle in Handb. d. biol. Arbeitsmethoden, hrsg. v. Abderhalden, Abtlg. VIII, Teil 1, II, 1935, S. 1100f.

[27]) Über die Instandsetzung der Leiche nach vollendeter Sektion vgl. bes. Rössle, a. a. O. S. 1216 ff.; B. Fischer, a. a. O. S. 116 ff. und Nauwerck, a. a. O. S. 195 ff., mit reichen Literaturangaben auf S. 313 ff.

[28]) a. a. O. S. 116.

zum Zwecke der Konservierung zurückbehalten und nicht wieder in den Leichnam hineingelegt werden, wie es bisweilen geschieht [29]). Herausgenommene Knochen, insbesondere ein etwa entfernter Teil der Wirbelsäule, werden durch eingekeilte oder sonstwie befestigte Holzstücke ersetzt [30]). Ein Zurücklegen in den Leichnam wird hier auch dann nicht vorgeschrieben, wenn eine Aufbewahrung nicht in Frage kommt [31]). Im übrigen werden alle Organe zur Einschränkung der Fäulnis und zur Beseitigung des Leichengeruches sorgfältig von Blut, Kot usw. gereinigt und nach einer Empfehlung B. Fischers [32]) eventuell noch mit Karbolkalk oder Salizylsäure bestreut, ehe sie der Leiche wieder eingefügt werden. Sodann werden die Hautschnitte durch eine fortlaufende Naht wieder verschlossen. Besondere Sorgfalt wird dabei auf die Instandsetzung des Schädels verwandt. Die Schädelkapsel wird allgemein noch besonders befestigt [33]), ehe die Kopfschwarte zurückgeschlagen und die Haut vernäht wird. Eine abschließende Herstellung der Frisur dient dem Ziele, diese Naht zu verdecken. Zu der etwa wünschenswerten Verhüllung auch der anderen Nähte empfehlen B. Fischer [34]) und Nauwerck [35]) die Verwendung eines Heftpflasterstreifens.

Die Vornahme klinischer Sektionen dient in erster Linie dem Interesse der medizinischen Wissenschaft [36]). Durch die pathologisch-anatomische Erforschung der Auswirkung von Krankheiten auf den menschlichen Körper und seine Organe kann der Kreis der diagnostischen und therapeutischen Möglichkeiten erweitert und die Grundlage für die Verhütung von Gesundheitsstörungen geschaffen werden. Auch ist es an Hand der Ergebnisse von Leichenöffnungen möglich, die am Krankenbett gestellten Diagnosen sowie die ange-

---

[29]) Manche Präperate wissenschaftlicher oder Lehrsammlungen entstammen klinischen Sektionen. In der Literatur wird darauf freilich nur selten hingewiesen; vgl. etwa Hübner und Güthert in Virch. Arch. Bd. 312 (1944), S. 433; B. Fischer, a. a. O. S. 7 u. 19; Rössle, a. a. O. S. 1219 ff. und Wollenweber in Der Öffentl. Gesundheitsdienst, 13. Jahrg. 1950/51, S. 68.

[30]) Vgl. dazu B. Fischer, a. a. O. S. 118; Klinge, a. a. O. S. 107 und bes. Nauwerck, a. a. O. S. 196.

[31]) B. Fischer a. a. O.; Klinge a. a. O.

[32]) a. a. O. Vgl. auch Rössle, a. a. O. S. 1218 f.

[33]) F. Fischer, a. a. O. S. 27 u. 117 läßt zu diesem Zweck beim Absägen des Schädeldaches an der Hinterhauptschuppe einen dreieckigen Vorsprung stehen, der ein Abrutschen des wieder aufgesetzten Schädeldaches verhindern und eine besondere Fixierung überflüssig machen soll.

[34]) a. a. O. S. 118.

[35]) a. a. O. S. 198.

[36]) Vgl. dazu vor allem Bohne in Festg. f. Rich. Schmidt, Bd. 1 (1932), S. 117 ff.; Boemke in Der Krankenhausarzt, 25. Jahrg. 1952, S. 151; Dix in Zschr. f. d. ges. Krankenhauswesen, 25. Jahrg. 1929, S. 608; G. B. Gruber, a. a. O. S. 156 f.; Martini in Der Krankenhausarzt, 25. Jahrg. 1952, S. 146; Siegmund in Med. Klinik, 32. Jahrg. 1936, S. 1738 f. und Staemmler in Dtsch. Med. Wschr., 62. Jahrg. 1936, S. 1800.

wandten medikamentösen, chirurgischen und sonstigen therapeutischen Maßnahmen zu überprüfen [37]). Den behandelnden Ärzten wird dadurch Gelegenheit zu einer Selbstkontrolle gegeben, aus der sie Rückschlüsse für ihr zukünftiges Handeln zu ziehen vermögen, was im Interesse der Kranken gerade auch bei jungen Ärzten von Bedeutung ist. Im Rahmen des wissenschaftlichen Unterrichts nimmt die pathologische Anatomie einen festen Platz ein.

Damit ist ihre Bedeutung jedoch noch keineswegs erschöpft. Sie tritt besonders hervor, wenn durch die mit der Vornahme klinischer Sektionen verbundene Kontrolle von Diagnose und Therapie klinisch nicht erkannte infektionöse und seuchenhafte Erkrankungen aufgedeckt werden, bei denen im öffentlichen Interesse rechtzeitig hygienische Maßnahmen ergriffen werden müssen [38]). Auch an Feststellungen über das Vorkommen und die Art gewerblicher Krankheiten ist die öffentliche Gesundheitspflege stark interessiert [39]).

Der soziale Wert klinischer Sektionen geht aber noch weiter. Durch die in immer stärkerem Maße an den Tod eines Menschen und die Ursache seines Ablebens geknüpften Folgen [40]) ist mit ihnen vielfach ein Interesse öffentlicher und privater Versicherungsträger [41]) sowie der Angehörigen eines Verstorbenen verbunden. Auch für gesundheitliche Überlegungen im Familienkreise können sie wichtig sein, wenn die Feststellung erblicher oder ansteckender Krankheiten in Frage kommt [42]).

Entsprechend ihrer Bedeutung für die medizinische Wissenschaft sowie das öffentliche und private Leben werden in den Universitätskliniken und größeren Krankenhäusern, die über ein pathologisches Institut oder eine Prosektur verfügen, grundsätzlich die Leichen aller verstorbenen Patienten geöffnet. Ausnahmen hiervon werden häufig — aber auch beim Fehlen einer gesetzlichen Ermächtigung keineswegs immer [43]) — dann gemacht, wenn der Verstorbene zu seinen

---

[37]) Vgl. Dix a. a. O.; G. B. Gruber, a. a. O. S. 157 und Matzdorf in Zentralbl.. f. Allg. Path. u. Path. Anatomie, Bd. 73 (1939), S. 115.

[38]) Hierauf wird bes. hingewiesen von Bohne, a. a. O. S. 119; G. B. Gruber a. a. O. und Dietrich in Der Krankenhausarzt, 25. Jahrg. 1952, S. 148.

[39]) Vgl. Dietrich a. a. O. und Matzdorf, a. a. O. S. 116.

[40]) Vgl. Molitoris in Dtsch. Zschr. f. d. ges. Gerichtl. Med., Bd. 1 (1922), S. 3 und Zangger, Medizin und Recht, 1920, S. 123 f.

[41]) Bes. Kemmer in Dtsch. Zschr. f. d. ges. Gerichtl. Med., Bd. 18, (1932), S. 434, mißt dem Leichnam als „Beweismittel" für die Erben Bedeutung zu. Er weist (a. a. O. Fußn. 1 auf S. 435) darauf hin, daß Versicherungsgesellschaften „in ihren Satzungen meist eine Klausel haben, daß bei fraglichem Todeseintritt durch Unfall (erhöhte Versicherungssumme!) die Gesellschaft die Sektion verlangen dürfe". Vgl. dazu auch Dessau in Die Med. Welt, 2. Jahrg. 1928, S. 1724.

[42]) Ausführl. Hinweise bei Bohne, a. a. O. S. 120; Dix a. a. O.; G. B. Gruber a. a. O. und Kemmer, a. a. O. S. 435.

[43]) Dies wird auch seitens der med. Wissenschaft erörtert. Vgl. etwa B. Fischer, a. a. O. S. 7 sowie neuerdings W. Fischer in Zentralbl. f. Allg. Path.

Lebzeiten die Vornahme einer Sektion untersagt hat oder wenn dies nach seinem Tode durch die Angehörigen geschieht. Die Einholung der ausdrücklichen Einwilligung des Patienten oder — nach seinem Tode — der Angehörigen erfolgt aus psychologischen Gründen nur selten. Statt dessen enthalten häufig die Aufnahmebedingungen oder die Hausordnung der Universitätskliniken und größeren Krankenhäuser eine sog. Sektionsklausel [44]), wonach der Leichnam eines verstorbenen Patienten geöffnet werden kann, wenn der Patient zu Lebzeiten der Sektion nicht widersprochen hat und auch die Angehörigen innerhalb einer bestimmten Frist — meist 24 Stunden — nach seinem Tode keinen Einspruch einlegen. Einem erhobenen Einspruch wird aber manchmal die Wirkung für den Fall versagt, daß an der Vornahme einer Obduktion besonderes Interesse besteht [45]) [46]). Umgekehrt unterbleibt im Einzelfall die Öffnung einer Leiche gelegentlich, wenn ihr kein Interesse entgegengebracht wird oder besondere Gründe den Verzicht auf sie angezeigt erscheinen lassen. Trotz aller Ausnahmen ist die Durchführung einer Sektion bei den in den Universitätskliniken und größeren Krankenhäusern, denen ein pathologisches Institut oder eine Prosektur angegliedert ist, ver-

---

u. Path. Anatomie, Bd. 86 (1950), S. 417 ff. und G. B. Gruber, a. a. O. S. 159. Demgegenüber meint F. Straßmann, Lehrb. d. Gerichtl. Med., 2. Aufl. (1931), S. 110, es sei „Sitte, daß gegen den ausdrücklichen Willen der Hinterbliebenen die Sektion aus wissenschaftlichen Gründen bei einer im Krankenhaus verstorbenen Person zu unterbleiben habe".

[44]) Daß derartige Klauseln üblich sind, ergibt sich aus den Ausführungen von W. Fischer, a. a. O. S. 417; Goldhahn in Med. Klinik, 32. Jahrg. 1936, S. 1371; G. B. Gruber a. a. O.; Lustig, Gesetz und Recht im Krankenhaus, 1930, S. 248; Schläger in Deutsches Ärzteblatt, 71. Jahrg. 1941, S. 421; Seesemann in Ärztl. Vereinsbl. f. Dtschl., Bd. 56 (1929), Sp. 301 und Wollenweber, a. a. O. S. 67. Vgl. auch Brechenmacher, Der strafrechtl. Schutz d. Toten und das Andenken an die Toten, Tüb. jur. Diss. 1948, S. 48. Im einzelnen werden neuerdings Sektionsklauseln für Nürnberg und Frankfurt/Main mitgeteilt von G. B. Gruber, a. a. O. S. 160. Vgl. auch RGSt 64, 314 sowie die Urteile des OLG Breslau in HRR 1941, Nr. 478 und des LG Bonn in JW 1928, S. 2294 ff. Nach Ansicht von Peterssen in Die Med. Welt, 11. Jahrg. 1937, S. 1791 soll für das Vorhandensein einer Sektionsklausel eine Vermutung sprechen. Dem dürfte beizuflichten sein.

[45]) So ist z. B. nach § 7 Abs. 3 der „Ordnung über das Verfahren bei der Behandlung der in den Göttinger Universitätskliniken Verstorbenen vom 22. April 1933" (zit. nach Bode, a. a. O. S. 374) ein Einspruch der Angehörigen unbeachtlich, „wenn ein gerichtliches, sanitätspolizeiliches oder nach Angabe der betr. Klinik familienhygienisches oder sonstiges bes. dringendes wissenschaftliches oder unterrichtliches Interesse (Nachprüfung der Diagnose und Behandlung) vorliegt". Diese Sektionsordnung hat offenbar auch G. B. Gruber in Der Krankenhausarzt, 25. Jahrg. 1952, S. 159 im Auge; sie stellt jedoch keine „ministerielle Verfügung" dar, sondern wurde nur mit Billigung des Preuß. Ministers für Wissenschaft, Kunst und Volksbildung erlassen. Vgl. dazu Bode a. a. O.

[46]) In der UdSSR wird nach Angaben von Rössle in Virch. Arch., Bd. 296 (1936) S. 544 „jeder Todesfall in den Krankenhäusern ohne Widerspruchsmöglichkeit der Sektion unterworfen".

storbenen Patienten aber die Regel [47]). Ähnlich ist es in Heilanstalten, wo an der Vornahme von Obduktionen ebenfalls großes Interesse vorhanden ist [48]). Seltener finden Leichenöffnungen in kleineren Krankenhäusern statt; in Ermangelung einer auf eigene wissenschaftliche Forschung abgestellten Tätigkeit besteht dort meist nur in besonderen Fällen Interesse an der Vornahme klinischer Sektionen. Mit deren Durchführung wird dann fast immer ein in der Nähe gelegenes pathologisches Institut beauftragt.

In allen Fällen werden klinische Sektionen grundsätzlich durch Ärzte vorgenommen. Nur im Rahmen der zu Unterrichtszwecken abgehaltenen Sektionskurse sind unter Aufsicht ihrer Lehrer auch Studenten mit ihnen befaßt. Die Instandsetzung sezierter Leichen wird

---

[47]) Dies kommt auch in der Literatur immer wieder zum Ausdruck. Vgl. bes. Walter G. Becker in JR 1951, S. 329 („in der Regel vorgenommen"); Bode, a. a. O. S. 372 („fast die Regel" und „allgemein bekannt"); Dix, a. a. O. S. 607; W. Fischer, a. a. O. S. 417 („in praxi üblich"); Hauptmann in Psychiatr.-Neurol. Wschr., 32. Jahrg. 1930, S. 423; Merkel in Dtsch. Zschr. f. d. ges. Gerichtl. Med., Bd. 28 (1937), S. 1 („allgemein üblich"); Reuter in Dtsch. Zschr. f. d. ges. Gerichtl. Med., Bd. 1 (1922), S. 18 („üblich geworden"); Staemmler, a. a. O. („regelmäßig ausgeführt"). Eine allgemeine Sektionsstatistik fehlt. Die in der Literatur vereinzelt enthaltenen Zahlenangaben beziehen sich auf örtliche Verhältnisse und können schon deswegen nicht ohne weiteres als Durchschnittswerte angesehen werden. Immerhin ist aber die Mitteilung Vaternahms (zit. nach Merkel, a. a. O. S. 5) interessant, daß in den Jahren 1920 bis 1926 75—80% aller in den Frankfurter Krankenhäusern gestorbenen Personen zur Sektion gelangt sind. Nach Poetter in Klin. Wschr., 9. Jahrg. 1930, S. 1880 (auszugsw. abgedruckt in Münch. Med. Wschr., 77. Jahrg. 1930, S. 1510), sind in den öffentlichen Krankenanstalten Leipzigs während eines Zeitraums von 57 Wochen (Frühjahr 1929 bis Frühjahr 1930) 4025 Personen gestorben. 2800 = 69,6% wurden seziert. G. B. Gruber, a. a. O. S. 154 f. gibt als Beispiel die Zahlen für zwei bestimmte, aber nicht näher bezeichnete Krankenhausprosekturen an: In einer großen Krankenanstalt mit 2200 Betten wurden im Jahre 1949 mehr als 1600, im Jahre 1950 mehr als 1500 klinische Sektionen durchgeführt. In der Prosektur eines mittelgroßen Krankenhauses mit 500 Betten wurden 250 bis 300 Leichen geöffnet. In den Kölner Universitätskliniken (1296 Betten; Stand Februar 1953) werden etwa 80% aller Verstorbenen seziert. Die Zahl der im deutschsprachigen Raum bestehenden Krankenhausprosekturen beziffert G. B. Gruber, a. a. O. S. 156 auf über 100. Demgegenüber gab es im Jahre 1936 nach Staemmler, a. a. O. S. 1801, in Deutschland etwa 70 selbständige Pathologen mit eingerichteten Instituten.

Die von Schrader in Der Öffentl. Gesundheitsdienst, 4. Jahrg. 1938/39, Teilausg. A, S. 798 im Anschluß an Rössle, a. a. O. S. 533 ff. und Merkel, a. a. O. S. 1 ff. für Halle/Saale mitgeteilten Durchschnittswerte liegen nicht im Rahmen dieser Untersuchung, da sie nicht allein aus der Anzahl der klinischen, sondern auch aus der Zahl anderer Sektionen berechnet worden sind. Das gleiche gilt für den von Poppelreuter in Zschr. f. d. ges. Neurol. u. Psychiatr., Bd. 153 (1935), S. 29 für Bonn angegebenen Wert. Vgl. auch Hübner und Güthert, a. a. O. S. 425.

[48]) Vgl. dazu den Artikel in Psychiatr. Wschr., 3. Jahrg. 1901/02, S. 175 ff. (der Verf. ist nicht angegeben) sowie Hauptmann in Psychiatr.-Neurol. Wschr., 32. Jahrg. 1930, S. 421 ff.

öfter einem sog. Leichendiener überlassen [49]), der darin aber nicht selten über erhebliches Geschick verfügt [50]).

II.

Eine allgemeine gesetzliche Regelung besteht für die Vornahme von Leichenöffnungen nicht. Wo einzelne Gesetze und Verordnungen des früheren Reichsgesetzgebers unter bestimmten Voraussetzungen die Durchführung einer Sektion gestatten, geschieht dies im Interesse der Verbrechensverfolgung sowie aus seuchenpolizeilichen und versicherungsrechtlichen Gründen. Mit derartigen Obduktionen ist eine zumindest teilweise andere Fragestellung verbunden als mit klinischen Obduktionen. Sie werden daher allgemein [51]) von diesen unterschieden.

Dies gilt besonders von den sog. gerichtlichen Sektionen, die auf Grund §§ 159, 87 ff. StPO vom Gericht angeordnet werden können. Durch sie sollen Tatsachen ermittelt werden, die über das Vorliegen eines an dem Verstorbenen etwa verübten Verbrechens, seine Begehungsart, die Person des Täters und die Frage der Schuld Aufschluß zu geben geeignet sind. Die Erfüllung dieser Aufgaben verlangt die Befolgung besonderer Untersuchungsmethoden [52]), die von den bei klinischen Sektionen angewandten zum Teil erheblich abweichen [53]).

---

[49]) Vgl. Der Arzt des öffentl. Gesundheitsdienstes 1952, S. 661.

[50]) Bohne, a. a. O. Fußn. 44 auf S. 118 f.

[51]) Vgl. bes. Walter G. Becker, a. a. O. S. 328 f.; H. R. Hoffmann in Der Öffentl. Gesundheitsdienst, 12. Jahrg. 1950/51, S. 26; Merkel, a. a. O. S. 1 f. und Schrader in Der Öffentl. Gesundheitsdienst, 4. Jahrg. 1938/39, Teilausg A, S. 793.

[52]) Vgl. dazu oben Fußn. 7 auf S. 4 f.

[53]) Über die Unterschiede zwischen gerichtlichen und klinischen Sektionen vgl. im einzelnen Meixner in Dtsch. Zschr. f. d. ges. Gerichtl. Med., Bd. 32 (1939/40), S. 267 ff. und Nippe in Dtsch. Zschr. f. d. ges. Gerichtl. Med., Bd. 18 (1932), S. 103 ff. „Der Gerichtsanatom soll aber selbstverständlich auch krankhafte Veränderungen erkennen": Meixner, a. a. O. S. 280. Vgl. dazu auch W. Fischer, in Zentralbl. f. Allg. Path. u. Path. Anatomie, Bd. 78 (1942), S. 287.

Werden während der Vornahme einer klinischen Sektion Spuren eines an dem Verstorbenen verübten Verbrechens entdeckt, so wird die Sektion in aller Regel abgebrochen und Anzeige an Polizei oder Staatsanwaltschaft erstattet; eine Verpflichtung hierzu besteht aber nicht allgemein. Insbesondere ergibt sie sich nicht aus § 138 StGB. Jedoch gilt in den ehemals preuß. Gebieten noch eine Ministerialverfügung vom 28. Juli 1925 (JMBl. 1925, S. 269 f.; vgl. dazu Berger, a. a. O. S. 7 und Bohne, a. a. O. Fußn. 146 auf S. 159), welche die Vornahme oder Fortsetzung einer klinischen Sektion verbietet, wenn Verdacht einer strafbaren Handlung besteht. Art. 43 Abs. 2 des bayerischen Polizeistrafgesetzbuches vom 26. Dez. 1871 enthält eine Strafandrohung für den Fall, daß beim Verdacht eines Verbrechens die

Nicht so groß ist der Unterschied bei den sog. Feuerbestattungssektionen, die nach § 3 des Gesetzes über die Feuerbestattung vom 15. Mai 1934 [54]) vor der Einäscherung eines Verstorbenen vorgenommen werden müssen, wenn der Amtsarzt die Ursache des Ablebens weder durch eine Leichenschau noch durch Zuziehung des Arztes, der den Verstorbenen unmittelbar vor seinem Tode behandelt hat, feststellen kann. Derartige Obduktionen dienen wie die gerichtlichen der Verbrechensverfolgung, sollen aber lediglich die Frage beantworten, ob der Verstorbene eines natürlichen Todes gestorben ist oder nicht. Dadurch unterscheiden sie sich von den klinischen Sektionen.

Von diesen werden auch die aus seuchenpolizeilichen Gründen erfolgenden Leichenöffnungen getrennt. Derartige Sektionen dienen der Feststellung bestimmter Krankheiten, durch deren Auftreten die Allgemeinheit gefährdet wird. Sie können nach § 7 Abs. 1 des Reichsgesetzes betr. die Bekämpfung gemeingefährlicher Krankheiten vom 30. Juni 1900 [55]) (sog. Reichsseuchengesetz) bei Cholera-, Gelbfieber- und Pestverdacht und nach Art. 11 Abs. 1 der Verordnung des Reichsministers des Innern zur Bekämpfung der Papageienkrankheit (Psittacosis) vom 14. August 1934 [56]) auch bei Papageienkrankheit polizeilich angeordnet werden, insoweit der beamtete Arzt dies zur Feststellung der Krankheit für erforderlich hält. § 6 der Verordnung des Reichsministers des Innern betr. die Bekämpfung übertragbarer Krankheiten vom 1. Dezember 1938 [57]) sieht die polizeiliche Anordnung einer Leichenöffnung noch bei einer Reihe weiterer Krankheiten, insbesondere auch bei bakterieller Lebensmittelvergiftung, Diphtherie, Keuchhusten, Kindbettfieber, Rotz, Scharlach, Tuberkulose, Typhus und übertragbarer Kinderlähmung vor, wenn dies nach dem Gutachten des Gesundheitsamtes zur Feststellung der Krankheit erforderlich ist.

Leichenöffnung nicht sogleich eingestellt und Anzeige erstattet wird. Vgl. dazu Berger, a. a. O. S. 7 ff.

Von dem Abbruch einer nichtgerichtlichen Sektion im Falle des während der Leichenöffnung entstandenen Verdachtes einer strafbaren Handlung wird auch in der Literatur ausgegangen. Vgl. z. B. Heller in Vierteljahresschr. f. gerichtl. Med. u. öffentl. Sanitätswesen, 3. Folge, Bd. 13 (1897), S. 389; Merkel, a. a. O. S. 12; Pietrusky in Dtsch. Zschr. f. d. ges. Gerichtl. Med., Bd. 26, (1936), S. 19; Rössle in Virch. Arch. Bd. 296 (1936), S. 543; Schläger in Dtsch. Ärztebl., 71. Jahrg. 1941, S. 421; Siegmund in Med. Klinik, 32. Jahrg. 1936, S. 1741 und F. Straßmann, Lehrb. d. Gerichtl. Med., 2. Aufl. (1931), S. 111.

[54]) RGBl. I 1934, S. 380 f.

[55]) RGBl. 1900, S. 306 ff.

[56]) RGBl. I 1934, S. 774 ff.

[57]) RGBl. I 1938, S. 1721 ff. Durch diese VO. ist § 6 Abs. 3 des Preuß. Gesetzes betr. die Bekämpfung übertragbarer Krankheiten v. 28. August 1905 (Preuß. Ges. Samml. 1905, S. 373 ff.), der bei Typhus- und Rotzverdacht die polizeiliche Anordnung einer Leichenöffnung ermöglichte, überholt.

Alle vorstehend angegebenen gesetzlichen Bestimmungen gestatten die Vornahme einer Leichenöffnung unabhängig davon, ob der Verstorbene zu Lebzeiten in sie eingewilligt oder sie verboten hat oder ob die Angehörigen dies nach seinem Tode tun. Eine derartige Ermächtigung zur Vornahme einer Sektion auch ohne oder gegen den Willen des Verstorbenen und seiner Angehörigen wird sonst nur noch in § 126 der Seemannsordnung vom 2. Juni 1902 [58]) erblickt [59]).

Sie ist nicht enthalten in den §§ 1559 ff. der Reichsversicherungsordnung vom 19. Juli 1911 [60]) in der Fassung der Bekanntmachung vom 9. Januar 1926 [61]), auf deren Grundlage verhältnismäßig häufig sog. Versicherungssektionen zur Feststellung des ursächlichen Zusammenhanges zwischen einem erlittenen Unfall und dem Tode eines Versicherten veranlaßt werden [62]). Sie besteht auch nicht für die sog. Verwaltungs- oder sanitätspolizeilichen Sektionen, denen eine Zwischenfunktion zwischen der Totenbeschau und der gerichtlichen Leichenöffnung zugeteilt [63]) wird. Ihre Vornahme wird für alle die Fälle gefordert [64]), in denen der Tod unter unklaren äußeren und inneren

---

[58]) RGBl. 1902, S. 175 ff.

[59]) So etwa Bohne, a. a. O. S. 155 und Fußn. 142 ebd. und Liertz-Paffrath, Handb. d. Arztrechts, 1938, S. 164.

[60]) RGBl. 1911, S. 509 ff.

[61]) RGBl. I 1926, S. 9 ff.

[62]) Die Vornahme einer Leichenöffnung kann also von dem Versicherungsträger nicht erzwungen werden. Verweigern die Angehörigen ihre Zustimmung, so haben sie aber auch „die nachteiligen Folgen zu tragen, wenn wegen des Unterbleibens der Sektion ein ursächlicher Zusammenhang zwischen Tod und Unfall nicht festgestellt werden kann": Schulte-Holthausen, Komm. z. RVO, 3. Buch: Unfallversicherung, 4. Aufl. (1929), S. 178. Vgl. auch Bohne, a. a. O. S. 155 und Fußn. 143 ebd. und Lustig, Gesetz und Recht im Krankenhaus, 1930, S. 250.

[63]) So bes. Rössle, a. a. O. S. 539; Schrader a. a. O. und Merkel, a. a. O. S. 10.

[64]) Die Forderung nach Vornahme sog. Verwaltungssektionen ist seit einem Vortrage Hellers auf der Versammlung deutscher Naturforscher und Ärzte in Lübeck 1895 (als Aufsatz veröffentlicht in Vierteljahresschr. f. gerichtl. Med. und öffentl. Sanitätswesen, 3. Folge, Bd. 13, 1897, S. 387 ff.) immer wieder erhoben worden. Dazu sowie zu Wesen und Bedeutung derartiger Sektionen vgl. bes. Dietrich in Der Krankenhausarzt, 25. Jahrg. 1952, S. 148; Friese in Der Öffentl. Gesundheitsdienst, 3. Jahrg. 1937/38, Teilausg. A, S. 443 ff.; G. B. Gruber in Verhandl. d. Dtsch. Path. Ges., 18. Tagung, Jena 1921 (Ergänzungsheft zu Zentralbl. f. Allg. Path. u. Path. Anatomie, Bd. 31), S. 104 ff.; Merkel, a. a. O. S. 1 ff.; Molitoris in Dtsch. Zschr. f. d. ges. Gerichtl. Med., Bd. 1 (1922), S. 1 ff.; Neureiter und Straßmann ebd., S. 12 ff.; Nippe in Zschr. f. Medizinalbeamte und Krankenhausärzte, 1925, S. 111 ff.; Philipsborn in Die Med. Welt, 7. Jahrg. 1933, S. 822; Pietrusky in Dtsch. Zschr. f. d. ges. Gerichtl. Med., Bd. 26 (1936), S. 16 ff. u. Bd. 28 (1937) S. 1 ff.; Rössle a. a. O. S. 535 ff.; Schneller in Veröffentl. aus dem Gebiete der Medizinalverwaltung, Bd. 23 (1927) S. 762; Schrader, a. a. O. S. 793 ff.; Siegmund in Med. Klinik, 32. Jahrg. 1936, S. 1738 ff.; Staemmler in Dtsch. Med. Wschr., 62. Jahrg. 1936, S. 1801; F. Straßmann in Dtsch. Zschr. f. d. ges. Gerichtl. Med., Bd. 1 (1922), S. 9 ff.; Wenzel in Reichsgesundheitsbl., 8. Jahrg. 1933, S. 71 f.;

Umständen eingetreten ist, ein Verdacht auf fremde Schuld aber nicht vorliegt. Sie sollen im Einzelfall von einer Verwaltungsbehörde angeordnet und gerade auch bei solchen Verstorbenen vorgenommen werden, die vor dem Tode nicht ärztlich behandelt worden sind. Eine gesetzliche Grundlage gibt es für sie in der Bundesrepublik nicht [65]).

In der Ostzone ist eine solche durch die Anordnung der Deutschen Wirtschaftskommission über die ärztliche Leichenschau vom 9. März 1949 [66]) [67]) geschaffen worden [68]). Nach § 1 dieser Anordnung muß

Wollenweber in Der Öffentl. Gesundheitsdienst, 13. Jahrg. 1950/51, S. 68 sowie Bohne, a. a. O. S. 172 f. und Fußn. 173 ebd. mit weiteren Angaben. Vgl. auch Matzdorf, a. a. O. S. 121 und schließlich Rapmund und Dietrich, Ärztl. Rechts- und Gesetzeskunde, 2. Aufl. (1913), S. 195.

[65]) In welchem Umfang Verwaltungssektionen gegenwärtig trotzdem vorgenommen werden, ist nicht bekannt. Früher bestanden darüber vielerorts Vereinbarungen pathologischer und auch gerichtsmedizinischer Institute mit Behörden, vor allem den Staatsanwaltschaften. Wie Rössle, a. a. O. S.537 mitteilt, hatte es Wilh. Müller in Jena bereits „in den 80er und 90er Jahren des vorigen Jahrhunderts erreicht, daß er bis zu 90% aller in Jena und Umgebung Versorbenen sezierte". Im April 1922 wurde dann eine Vereinbarung mit dem Thüringischen Wirtschaftsministerium getroffen, auf deren Grundlage in den Jahren 1922—1942 im pathologischen Institut der Universität Jena insgesamt 1288 Verwaltungssektionen vorgenommen wurden. Vgl. dazu im einzelnen Hübner und Güthert in Virch. Arch. Bd. 312 (1944), S. 421 ff. Die Jenaer Verhältnisse sind auch erwähnt bei Peterssen, Die Reform des Leichenschau- und Sektionsrechts, Rechtsvergl. Untersuchungen z. ges. Strafrechtswiss., Heft 2 (1935), S. 53 und Schrader, a. a. O. S. 797, der aber für Thüringen irrtümlich das Vorhandensein einer Verordnung annimmt. Nach seinen Angaben wurden Verwaltungssektionen auch in Halle/Saale vorgenommen und zwar im Jahre 1935 in 41,9% aller Todesfälle. Wie Schneider in Dtsch. Zschr. f. d. ges. Gerichtl. Med., Bd. 2 (1923), S. 294 angibt, bestand „in Braunschweig der Brauch, alle plötzlich, ohne ärztliche Behandlung Gestorbenen dem pathologischen Institut zur Aufdeckung der Todesursache zuzuführen". Eine ähnliche Regelung gab es nach Schrader a. a. O. in Berlin, Bonn, Kiel und Königsberg. Eine Ausnahmestellung nahmen die Hamburger Verhältnisse ein. Auf sie wird ausführlich eingegangen von Peterssen, a. a. O. S. 52; Reuter in Dtsch. Zschr. f. d. ges. Gerichtl. Med., Bd. 1 (1922), S. 17 ff. und Wenzel, a. a. O. S. 72.

[66]) ZVOBl. 1949, S. 267; abgedruckt auch in Das Dtsch. Gesundheitswesen, 4. Jahrg. 1949, Heft 16, Amtl. Teil, S. 5 f. Die Anordnung ist geändert worden durch die Erste und Zweite Anordnung zur Änderung der ärztlichen Leichenschau vom 10. Okt. 1951 (GBl. S. 921) bzw. 20. Nov. 1951 (GBl. S. 1099). Die durch die Änderungen entstandene Fassung ist abgedruckt in Das Dtsch. Gesundheitswesen, 6. Jahrg. 1951, Heft 52, Amtl. Teil, S. 62 ff.

[67]) Vgl. zu dieser Anordnung W. Fischer in Zentralbl. f. Allg. Path. u. Path. Anatomie, Bd. 86 (1950), S. 418 sowie die Besprechung B. Muellers in Berichte über die allg. u. spez. Pathologie, Bd. 7 (1950/51), S. 292.

[68]) Vorbild waren offenbar die sog. sanitätspolizeilichen Sektionen Österreichs. Diese wurden durch VO. der Ministerien des Innern (als Sanitätsbehörde) und der Justiz vom 8. April 1857 (GBl. 1857 Nr. 73; zit. nach Ipsen in Das Österr. Sanitätswesen, 29. Jahrg. 1917, S. 848) eingeführt. Sie dienen der Klärung zweifelhafter Todesursachen. Ihre Vornahme ist auf bestimmte gesetzlich festgelegte Fälle beschränkt und erfolgt jeweils auf Anordnung der unteren Verwaltungsbehörde. Obduziert werden vor allem die Leichen plötzlich und ohne ärztliche Behandlung verstorbener sowie tot aufge-

jeder menschliche Leichnam binnen 24 Stunden nach Eintritt des Todes besichtigt werden und zwar durch einen Arzt. Vermag dieser die Todesursache durch Vornahme der Totenbeschau nicht einwandfrei festzustellen und ist die Todesursache auch nicht durch Befragung der Angehörigen des Verstorbenen sowie der von ihm zuletzt konsultierten Ärzte zu klären, so kann nach § 8 Abs. 3 der Anordnung auch bei Erdbestattung eine Leichenöffnung vorgenommen werden. Dies soll geschehen, wenn der Tote möglicherweise zur Zeit des Todes an Krebs, Tuberkulose oder einer Seuche i. S. der Seuchengesetze gelitten hat und die Angehörigen die Leichenöffnung wünschen oder mit ihr einverstanden sind. Unabhängig von dem Willen der Angehörigen können nach § 8 Abs. 4 der Anordnung das Ministerium für Gesundheitswesen der DDR, die Ministerien für Gesundheitswesen der Länder und die Abteilungen Gesundheitswesen der Kreise eine Sektion immer anordnen, wenn dies zur Feststellung der Todesursache erforderlich ist. Ein solcher Fall liegt nach Auffassung der Abteilung Recht des Ministeriums für Gesundheitswesen der DDR [69]) auch vor, wenn die Diagnose unklar ist, nicht aber, wenn ein wissenschaftliches Interesse die Vornahme der Sektion wünschenswert macht [70]). Jedoch werde „die Unklarheit der Diagnose oft mit dem wissenschaftlichen Interesse zusammenfallen" [71]).

---

fundener und durch Selbstmord aus dem Leben geschiedener Personen, sofern nicht bei letzteren die Ursache des Ablebens einwandfrei feststeht. Eine ähnliche Einschränkung ist nach Mitteilung von Hofmann-Haberda, Lehrb. d. gerichtl. Med., 11. Aufl. (1927), S. 452 später auch für die erstgenannten Fälle gemacht worden. Im übrigen sind die sanitätspolizeilichen Sektionen unabhängig von den gerichtlichen. Sie müssen abgebrochen werden, wenn sich in ihrem Verlaufe ein Verdacht auf fremdes Verschulden ergibt. Zu diesen und weiteren Einzelheiten vgl. Friese in Der Öffentl. Gesundheitsdienst, 3. Jahrg. 1937/38, Teilausg. A, S. 447; Haberda, Behördliche Obduktionen, in Dittrichs Handb. d. Ärztl. Sachverständigen-Tätigkeit, Bd. 2 (1913), S. 363; Haberda, Die Totenbeschau, Aus den internat. Fortbildungskursen d. Wiener med. Fak., Heft 26 (1924), S. 4 u. 7; Hofmann-Haberda a. a. O. S. 848 ff.; Neureiter und Straßmann, a. a. O. S. 12 ff.; Puntigam in Beitr. z. Gerichtl. Med., Bd. 11 (1931), S. 106 und Wenzel a. a. O.

[69]) Entscheidung betr. die Leichenöffnung in Krankenhäusern; abgedruckt in Das Dtsch. Gesundheitswesen, 7. Jahrg. 1952, Heft 2, Amtl. Teil, S. 21 (die Seitenzahl wird in Heft 3 in „73" berichtigt).

[70]) Nach Ansicht W. Fischers a. a. O. müßte „das Gesundheitsamt" in jedem Falle das Vorgehen des Pathologischen decken und zwar auch dann, wenn dieser „nicht eigens die Anordnung von seiten der Gesundheitsbehörde nachgesucht hätte."

[71]) Auch in diesem Falle können die Universitätskliniken eine Leichenöffnung aber nicht ohne weiteres selbst vornehmen. Das gleiche gilt für die größeren Krankenhäuser. Die fragliche Aufgabe ist nämlich durch § 8 Abs. 5 der Anordnung grundsätzlich den Kreis- und Gerichtsärzten übertragen. Andere Ärzte sind nur auf Grund einer besonderen Ermächtigung befugt, die von den Ministerien für Gesundheitswesen der Länder erteilt wird. In der oben genannten Entscheidung der Abtlg. Recht des Ministeriums für Gesundheitswesen der DDR wird hierzu eine besondere Regelung angekündigt.

Für die in erster Linie aus einem wissenschaftlichen Interesse durchgeführten klinischen Sektionen gibt es weder in der Bundesrepublik noch in der Ostzone eine einheitliche gesetzliche Regelung [72]). Auch in den Ländern sind nur vereinzelt Bestimmungen erlassen worden [73]) [74]). So in Bayern, wo nach Art. 60 Abs. 1 des Poli-

[72]) In Österreich sind nach § 31 des Krankenanstaltsgesetzes v. 15. Juli 1920 (StGBl. 1920, S. 1381; zit. nach Berger, a. a. O. S. 28 u. Fußn. 113 ebd.; vgl. auch Bohne, a. a. O. S. 158; Friese in Der Öffentl. Gesundheitsdienst, 3. Jahrg. 1937/38, Teilausg. A., S. 447 und Warneyer in Der Chirurg, 3. Jahrg. 1931, S. 501), die Leichen der in öffentlichen Heil- und Pflegeanstalten verstorbenen Personen in der Regel zu obduzieren. Eine Ausnahme darf nicht gemacht werden, wenn die Sektion sanitätspolizeilich oder gerichtlich angeordnet wurde oder wenn sie zur Wahrung anderer öffentlicher oder wissenschaftlicher Interessen, insbes. wegen diagnostischer Unklarheiten des Falles oder wegen eines vorgenommenen operativen Eingriffs erforderlich ist. Nur wenn keiner dieser Fälle vorliegt, ist ein der Leichenöffnung entgegenstehender Wunsch des Verstorbenen oder seiner Angehörigen beachtlich. Goldhahn in Med. Klinik, 32. Jahrg. 1936, S. 1371 sieht darin eine praktisch „volle Sektionsfreiheit". Vgl. auch Bode in Zentralbl. f. Allg. Path. u. Path. Anatomie, Bd. 86 (1950), S. 373; Ebermayer, Der Arzt im Recht, 1930, S. 266 und in Dtsch. Med. Wschr., 55. Jahrg. 1929, S. 799; Hauptmann in Psychiatr.-Neurol. Wschr., 32. Jahrg. 1930, S. 423; H. R. Hoffmann in Der Öffentl. Gesundheitsdienst, 12. Jahrg. 1950/51, S. 26 sowie Philipsborn, Kranker und Krankenhaus im Recht, 1930, S. 103 und in JW 1930, S. 1553.

In Frankreich war bislang gemäß Art. 77 Code Civil die Durchführung von Sektionen vor Ablauf von 24 Stunden nach dem Tode verboten. Zur Ausführung dieser Bestimmung war ein Gesetz vom 31. Dez. 1941 und dazu wiederum ein Verwaltungsreglement vom 17. April 1943 ergangen, nach dessen Art. 42 Todesfälle in Krankenhäusern sofort den Angehörigen bekannt gegeben werden mußten. Widersprachen die Angehörigen einer Obduktion, so durfte diese auch zu wissenschaftlichen Zwecken nicht erfolgen. Vielmehr war der Leichnam auf Verlangen herauszugeben. Dieser Rechtszustand hat neuerdings eine Änderung erfahren und zwar durch ein Gesetz vom 20. Okt. 1947 (Journal officiel 1947 Nr. 250; zit. nach Bode a. a. O.). Nach Art. 1 des Gesetzes dürfen klinische Sektionen in bestimmten, vom Gesundheitsministeriums bezeichneten Krankenhäusern ohne Abwarten einer Frist (sans délai) und sogar ohne Zustimmung der Angehörigen (même en l'absence d'autorisation de la famille) vorgenommen werden, wenn ein wissenschaftliches oder therapeutisches Interesse vorliegt. Maßgebend dafür ist die Ansicht des leitenden Arztes, die schriftlich begründet werden muß. Vgl. zu diesem Gesetz die ausführliche Stellungnahme von Leroux, Cavaillon und Sautter-Duval in Bulletin de l'Académie de Médecine, Bd. 131 (1947), S. 652 ff. sowie den Beitrag von Cadenat, ebd. S. 662 ff. Im deutschen Schrifttum finden sich nähere Hinweise bei Bode a. a. O., der Art. 42 des Verwaltungsreglements vom 17. April 1943 und Art. 1 des Gesetzes vom 20. Okt. 1947 in ihrem franz. Wortlaut auszugsw. mitteilt sowie bei H. R. Hoffmann a. a. O. Dieser erwähnt eine für die Stadt Paris erlassene VO., nach der Einsprüchen gegen Sektionen Rechnung zu tragen ist.

[73]) Vorschriften, welche die Zuführung von Leichen an anatomische Institute regeln, kommen hier nicht in Betracht. Eingehende Übersichten über diese Bestimmungen und Literaturangaben dazu finden sich bei Berger, Das Recht des Arztes zur Leichenobduktion, Hall. jur. Diss. 1932, Fußn. 8 u. 9 auf S. 2; Bohne, a. a. O. Fußn. 144 auf S. 156 und Schorn in Dtsch. Zschr. f. d. ges. Gerichtl. Med., Bd. 14 (1930) S. 373 f. Vgl. auch unten S. 94.

[74]) Auf einem Irrtum beruht die Behauptung Ebermayers in Dtsch. Med.

zeistrafgesetzbuches vom 26. Dezember 1871 mit Geldstrafe bis zu 90.— Mark oder mit Haft bis zu 30 Tagen bestraft wird,

„Wer zu einer Leichenöffnung schreitet, ehe die vorgeschriebene erste Leichenschau stattgefunden hat und Kennzeichen des erfolgten Todes eingetreten sind" [75]).

In Bremen ist die Vornahme einer Leichenöffnung nach § 27 der Medizinalordnung vom 2. Juni 1901 [76]) verboten, wenn die nächsten Verwandten des Verstorbenen ihr widersprechen. Zuwiderhandlungen sind strafbar. § 53 der Medizinalordnung bestimmt nämlich:

„Verfehlungen gegen die Vorschriften dieser Medizinalordnung sowie der in Gemäßheit derselben erlassenen Anordnungen werden, sofern nicht die allgemeinen Strafgesetze Anwendung finden, mit einer Geldbuße bis zu 150.— Mark oder mit Haft geahndet.

Ist der Angeschuldigte ein Medizinalbeamter oder eine Medizinalperson, so ist die Verfolgung durch einen Antrag der Medizinalkommission bedingt. Der Antrag kann zurückgenommen werden."

Nicht so weit ist man in Hamburg gegangen. Dort hat der Senat — offenbar unter dem Eindruck eines gerichtlichen Verfahrens [77]) — unter dem 10. Februar 1928 die Gesundheitsbehörde angewiesen, gegen den Einspruch der Angehörigen eine Leichenöffnung nur dann vorzunehmen, wenn Gefahren für die Volksgesundheit, insbesondere

---

Wschr., 56. Jahrg. 1930, S. 1535, zu den Ländern, in denen die Frage der aus wissenschaftlichen Gründen vorgenommenen Sektionen durch Gesetz oder Verordnung geregelt sei, gehöre auch Preußen. Der preuß. Ministerialerlaß v. 6. Nov. 1811 (vgl. dazu oben Fußn. 4 auf S. 3 f.) bestimmt lediglich, daß Leichen grundsätzlich nicht vor Ablauf von 24 Stunden nach dem Tode seziert werden dürfen. Ein weiterer Ministerialerlaß v. 13. April 1899 (abgedruckt bei Brunner, Das Friedhofs- und Bestattungsrecht, 1927, S. 54; zit. nach Berger, a. a. O. S. 7 und Fußn. 15 ebd.) beschränkt sich auf medizinisch-technische Anweisungen. Die Ministerialverfügung v. 28. Juli 1925 über die Vornahme von Leichenöffnungen an Personen, die in einer öffentlichen Krankenanstalt verstorben sind (JMBl. 1925, S. 269; vgl. dazu oben Fußn. 53 auf S. 12 f. und die dort angegebene Literatur) verbietet lediglich die Vornahme oder Fortsetzung einer Leichenöffnung in bestimmten Fällen, kommt also ebenfalls hier nicht in Betracht. Weitere Bestimmungen aber gibt es nicht.

[75]) Vgl. dazu Berger, a. a. O. S. 8 u. 49.

[76]) Ges. Bl. d. Freien Hansestadt Bremen 1901 Nr. 17, S. 97 ff.; zit. nach Berger, a. a. O. S. 9 f. und Fußn. 22 ebd.

[77]) Es handelt sich um das Anklageerzwingungsverfahren, das mit dem Beschluß des OLG Hamburg v. 5. März 1928 in JW 1928, S. 2285 f. = DJZ 1929, S. 718 geendet hat. Zu Grunde liegender Sachverhalt: Der Oberarzt eines Staatl. Krankenhauses hatte trotz des Einspruches der Angehörigen bei einer verstorbenen Patientin den Wirbelkanal eröffnen und ein Stück des Rückenmarks entnehmen lassen.

Seuchengefahr dies notwendig erscheinen ließen [78]). Grundsätzlich ist der Wille der Angehörigen eines Verstorbenen also zu beachten.

Eine solche Vorschrift fehlt in dem immer wieder als Vorbild genannten [79]) Sächsischen Gesetz vom 5. Oktober 1912, die Ablieferung der Leichen zu wissenschaftlichen Zwecken und die Öffnung von Leichen betreffend [80]). § 5 dieses sog. Sächsischen Anatomiegesetzes ermächtigt die öffentlichen Krankenanstalten, in ihren Hausordnungen Bestimmungen über die Sektion der Leichen verstorbener Patienten zu treffen. Er lautet:

„In den Hausordnungen solcher öffentlicher Anstalten, in denen vornehmlich Kranke verpflegt werden, sowie der dem Ministerium des Innern unterstellten Landesanstalten können Bestimmungen über die Leichenöffnung der in diesen Anstalten Versterbenden getroffen werden. Besteht nach § 1 und 2 eine Verpflichtung zur Ablieferung, so erfolgt diese erst nach der Leichenöffnung.

Die Öffnung hat unter möglichster Schonung der äußeren Beschaffenheit der Leiche zu erfolgen. Sie darf nur so weit ausgedehnt werden, als wie zur Beurteilung des gerade vorliegenden Krankheitsfalles und der Todesursache nötig ist [81])."

Solche und ähnliche Bestimmungen sind vielfach auch in kommunalen Vorschriften, welche den Betrieb in städtischen Krankenhäusern regeln, enthalten [82]). Sie alle ermächtigen für bestimmte Fälle zur Vornahme klinischer Sektionen, ohne daß es dabei auf den zu Lebzeiten geäußerten Willen des verstorbenen Patienten oder auf den Willen seiner Angehörigen ankäme.

Derartige landesgesetzliche und verwaltungsrechtliche Bestimmungen sind seit Jahrzehnten sehr häufig die Grundlage klinischer Sek-

---

[78]) Die Anweisung ist wiedergegeben in dem eben genannten Beschluß des OLG Hamburg v. 5. März 1928. Vgl. auch Berger, a. a. O. S. 10; Bohne, a. a. O. Fußn. 146 auf S. 159; Ebermayer in Dtsch. Med. Wschr., 55. Jahrg. 1929, S. 839; Eberh. Schmidt in Der Krankenhausarzt, 25. Jahrg. 1952, S. 212 f.; Warneyer, a. a. O. S. 501 und Wassermann in Die Med. Welt, 2. Jahrg. 1928, S. 1723. Eine ähnliche Regelung hatte um die Jahrhundertwende schon der Magistrat der Stadt Berlin getroffen. Sie ist auszugsw. abgedruckt in Psychiatr. Wschr., 3. Jahrg. 1901/02, S. 177.

[79]) Vgl. Bohne, a. a. O. S. 157 f. und Fußn. 144 ebd.; Dix in Zschr. f. d. ges. Krankenhauswesen, 25. Jahrg. 1929, S. 607; Friese in Der Öffentl. Gesundheitsdienst, 3. Jahrg. 1937/38, Teilausgabe A, S. 446 f. und Warneyer a. a. O.

[80]) Ges. u. VOBl. f. d. Königr. Sachsen, 1912, S. 465. Die hier fragliche Bestimmung ist abgedruckt bei Bohne, a. a. O. S. 158 und Dix a. a. O.

[81]) Berger, a. a. O. S. 9 meint, § 5 des Sächsischen Anatomiegesetzes ermächtige nur zur Aufnahme von Hausordnungsvorschriften. „Wieweit diese im Einzelfall Wirksamkeit hätten und dem Arzt ein Recht zur Vornahme einer Obduktion gäben, dürfte nach privatrechtlichen Grundsätzen zu beurteilen sein." Dies scheint jedoch nicht als im Willen des Gesetzgebers gelegen, wie sich aus Abs. 2 der Bestimmung ergibt.

[82]) Vgl. Eberh. Schmidt, a. a. O. S. 213.

tionen. Gegen ihre Rechtsgültigkeit sind niemals Bedenken geäußert worden, bis Eberhard Schmidt[83]) sie in jüngster Zeit angezweifelt hat, ohne allerdings darüber zu entscheiden. Immerhin sind die von ihm angeführten Gründe aber dergestalt, daß man klinische Sektionen, die lediglich auf Grund einer landesgesetzlich oder verwaltungsrechtlich erteilten Befugnis vorgenommen werden, nicht mehr unbedenklich für zulässig erachten kann.

III.

Die Vornahme klinischer Sektionen wird in der Öffentlichkeit vielfach mißbilligt. Dabei ist charakteristisch, daß die Ablehnung die Leichenöffnung selbst betrifft. Die ganz überwiegende Zahl derer, die sie ausspricht, ist sich bewußt, daß ein persönlicher Standpunkt vorliegt. Zwar billigt sie die andere, der Obduktion günstige Entscheidung nicht, aber sie läßt sie zu.

Gegen die Vornahme klinischer Sektionen wird eingewandt, die fragliche Maßnahme schände die Würde des Menschen[84]), zumal den Obduzenten bei ihrer Arbeit häufig jedes ästhetische Gefühl fehle[85]). Sie stelle insbesondere eine Verletzung der Pietät dar, von der das Andenken an einen Verstorbenen getragen sei. Niemand habe das Recht, an dem entseelten Körper eines Menschen seinen Wissensdrang zu befriedigen. Die Majestät des Todes gebiete es vielmehr, die sterblichen Überreste eines Menschen als geheiligt zu betrachten und den Frieden seines Leichnams nicht zu stören[86]). Hieran habe auch die Allgemeinheit ein Interesse, ganz abgesehen davon, daß der Schmerz der Angehörigen eines Verstorbenen Achtung bean-

[83]) a. a. O. S. 212 f. Die Ausführungen Schmidts geben ein Referat wieder, das vor der Deutschen Gesellschaft für Pathologie am 5. Juni 1952 erstattet worden ist.

[84]) Daß dieser Vorwurf erhoben wird, wird mitgeteilt von G. B. Gruber in Zentralbl. f. Allg. Path. u. Path. Anatomie, Bd. 86 (1950), S. 421. Vgl. auch G. B. Gruber in Der Krankenhausarzt, 25. Jahrg. 1952, S. 158 und H. R. Hoffmann in Der Öffentl. Gesundheitsdienst, 12. Jahrg. 1950/51, S. 28, der von einem „Grundrecht menschlicher Würde und Freiheit" spricht.

[85]) Madisson in Dtsch. Zschr. f. d. ges. Gerichtl. Med., Bd. 7 (1926), S. 471 f. hält „das Fehlen jeglichen ästhetischen Gefühls beim Sezieren für derart häufig, daß Verstöße gegen dasselbe dem Sezierenden auch in anderen, persönlichen Manifestationen leicht nachgesehen werden. Durch das völlige Ignorieren ästhetischer Bedürfnisse werde das Verweilen bei einer Sektion oft sehr peinlich, direkt zur Qual".

[86]) Vgl. dazu den Entwurf eines allg. deutsch. StGB 1927, S. 92 sowie Schorn in Dtsch. Zschr. f. d. ges. Gerichtl. Med., Bd. 14 (1930), S. 363. Nicht zutreffen dürfte die Ansicht Striemers in Die Med. Welt, 3. Jahrg. 1929, S. 1374, daß die Angehörigen eines Verstorbenen „gar kein Interesse daran hätten, die Leiche, die an sich eine völlig wertlose Sache sei und in kurzer Zeit der Einäscherung oder der Verwesung in der Erde verfallen solle, noch während dieser kurzen Zeitspanne unversehrt zu erhalten".

sprüchen dürfe. Damit sei es aber nicht zu vereinbaren, daß klinische Sektionen vielfach ohne Befragung der Angehörigen des Verstorbenen und nicht selten sogar gegen deren ausdrücklichen Widerspruch durchgeführt würden. Dies müsse als ein Rechtsbruch aufgefaßt werden, da das Herkommen die Befugnis, über die Vornahme einer Sektion zu bestimmen, den Angehörigen des Verstorbenen zuweise, sofern dieser selbst sich zu Lebzeiten nicht geäußert habe [87]). Durch die Mißachtung dieser Befugnis werde u. U. das Ansehen, das ein Verstorbener und seine Angehörigen genössen, herabgesetzt [88]), zumal in früheren Zeiten Sektionen vornehmlich an den Leichen ehrloser Personen wie Prostituierten und Verbrechern vorgenommen worden seien [89]). Darüberhinaus könne das fragliche Verhalten zu einer Störung der öffentlichen Ordnung führen. Es sei nämlich geeignet, bei denjenigen Menschen, welche die Vornahme einer Sektion an ihrem oder dem Leichnam eines Angehörigen nicht wünschten, Unruhe hervorzurufen. Dies könne so weit gehen, daß Kranke, die einer klinischen Behandlung dringend bedürften, das Aufsuchen des Krankenhauses unterließen, aus Furcht, im Falle ihres Ablebens seziert zu werden [90]). Dies sei der öffentlichen Gesundheitspflege aber durchaus abträglich. Zu einer erheblichen Gefahr könne es sich bei solchen Personen auswirken, die mit einer ansteckenden Krankheit behaftet seien.

Die medizinische Wissenschaft bestreitet mit Entschiedenheit, sich durch die Vornahme klinischer Sektionen einer Verletzung der Menschenwürde schuldig zu machen [91]). Nach ihrer Auffassung [92]) beruht

---

[87]) Vgl. bes. v. Blume in Arch. civ. Prax., Bd. 112 (1914), S. 379.

[88]) Vgl. Rapmund und Dietrich, Ärztl. Rechts- und Gesetzeskunde, 2. Aufl. (1913), S. 194 f.

[89]) Das Vorhandensein dieser Vorstellung in der Öffentlichkeit wird ausdrücklich eingeräumt von Rössle in Virch. Arch., Bd. 296 (1936), S. 550.

[90]) Hiermit rechnen auch Bohne, a. a. O. S. 122 und Peterssen in Die Med. Welt, 11. Jahrg. 1937, S. 1791.

[91]) So bes. G. B. Gruber in Der Krankenhausarzt, 25. Jahrg. 1952, S. 158, der S. 159 f. „den Wahn einer schändlichen oder schändenden Handlungsweise, der manchmal dem sezierenden Arzt entgegenschlage, als kurzsichtig, töricht, unberechtigt und beleidigend" bezeichnet. Auch Eberh. Schmidt, a. a. O. S. 215 betont, eine Sektion enthalte keine „dem Sittlichen widersprechende Einwirkung auf die Leiche." Nach seiner Ansicht (a. a. O. S. 213) ist in der Forderung nach Vornahme klinischer Obduktionen ein „hochwertiges Sozialinteresse" verkörpert. Ähnlich Bode, a. a. O. S. 372, der von einer „Aufgabe hohen ethischen Wertes" spricht.

[92]) Dix, a. a. O. S. 608; G. B. Gruber, a. a O. S. 158 und in Zentralbl. f. Allg. Path. u. Path. Anatomie, Bd. 86 (1950), S. 421; Philipsborn in Die Med. Welt, 7. Jahrg. 1933, S. 821 und Rössle, a. a. O. S. 535 u. 550. Vgl. auch v. Hugo in Zschr. f. d. ges. Krankenhauswesen, 25. Jahrg. 1929, S. 612. Demgegenüber meint Bode a. a. O., daß „über Art und Umfang der Leichenöffnung sowie darüber, daß nach einer kunstgerecht erfolgten klinischen Sektion das äußere Erscheinungsbild der Leiche keine erkennbaren Veränderungen zeige, weitgehend Klarheit bestehen dürfte".

die ablehnende Haltung, mit der manche Menschen der Durchführung von Leichenöffnungen gegenüberstehen, vielfach auf Unkenntnis der dabei angewandten Methoden. Es sei für jeden Arzt eine Selbstverständlichkeit, bei der Sektion eines menschlichen Leichnams in schonender und pietätvoller Weise vorzugehen [93]). „Kein vernünftiger Obduzent werde sich weigern, Ablehnungen zu achten, wenn sie auf religiösen Überzeugungen oder unüberwindlicher Scheu vor einer vermeintlichen Pietätsverletzung beruhten [94])." Die Pietät sei aber häufig „weniger die Offenbarung eines tiefer wurzelnden religiösen Gefühls oder einer unabwägbaren Treuebindung, als vielmehr der Ausdruck eines gewohnheitsmäßigen, mehr gesellschaftlich bedingten ‚Das gehört sich so' [95])". Oft seien auch abergläubische Vorstellungen [96]), egoistische Gründe [97]) und eine feindselige Haltung gegenüber den Ärzten, die den Verstorbenen nicht hätten am Leben erhalten können [98]), für die Mißbilligung klinischer Sektionen maßgebend. Auf diese aber könne im Interesse der Volksgesundheit nicht verzichtet werden. Die pathologische Anatomie sei ein schlechthin lebensnotwendiges Hilfsmittel für die medizinische Wissenschaft, deren Fortschritte „zu einem großen Teil auf den Ergebnissen von

---

[93]) Gerade hierauf wird in der Literatur immer wieder hingewiesen. Vgl. bes. Walter G. Becker, a. a. O. S. 329; Bode, a. a. O. 370; Bohne, a. a. O. S. 118 f.; Dix a. a. O. und G. B. Gruber in Der Krankenhausarzt, 25. Jahrg. 1952, S. 159.

[94]) Rössle, a. a. O. S. 535.

[95]) G. B. Gruber in Zentralbl. f. Allg. Path. u. Path. Anatomie, Bd. 86 (1950), S. 421. Vgl. Rössle a. a. O. Auch Ebermayer in Dtsch. Med. Wschr., 57. Jahrg. 1931, S. 1337 rechnet mit „Eigensinn und Unvernunft". Nach Ansicht von Eberhard Schmidt, a. a. O. S. 214 beruht die Abneigung gegenüber Sektionen in der Öffentlichkeit „meist auf ganz dumpfen, der mit Vorurteilen angehäuften Triebschicht entstammenden Gefühlen, für die sich dann das Wort ‚Pietät' einstelle, da alle Begriffe fehlten". Mueller in Berichte über d. allg. u. spez. Pathologie, Bd. 8 (1951), S. 259 f. weist darauf hin, daß „auch in Kreisen der Angehörigen von Ärzten mitunter nach dieser Richtung hin recht unvernünftige Ansichten" beständen. Nach Rössle, a. a. O. S. 536 „kommt noch hinzu, daß die Abneigung, Sektionen zu gestatten, durch das niedere Krankenhauspersonal, nicht selten auch durch Schwestern, besonders katholische Ordensschwestern, bei den Angehörigen der Verstorbenen verstärkt oder wachgerufen werde". Im allgemeinen „sei gerade der einfache Mann aus dem Volke viel eher geneigt, sich belehren und vom Wert der Sektion überzeugen zu lassen, als der sog. Gebildete". Jedoch sei die Zahl „der Sektionsverweigerungen" nicht nur von der Einstellung des Publikums abhängig, „von der ‚Klasse', in welcher der Verstorbene verpflegt und behandelt worden sei, sondern wesentlich auch von der Unterstützung des Pathologen" durch die beh. Ärzte.

[96]) Erwähnt bei Dix, a. a. O. S. 608 und Rössle, a. a. O. S. 535. Vgl. auch Bohne, a. a. O. S. 105 ff.

[97]) Hierauf beruft sich vor allem G. B. Gruber in Zentralbl. f. Allg. Path. u. Path. Anatomie, Bd. 86 (1950), S. 422 und in Der Krankenhausarzt, 25. Jahrg. 1952, S. 157 f. Ähnlich auch Rössle a. a. O. und Siegmund in Med. Klinik, 32. Jahrg. 1936, S. 1738.

[98]) Rössle a. a. O.

Obduktionen beruhten" [99]). Ohne deren Vornahme sei es nicht möglich, in dem erforderlichen Umfang eine medizinische Forschung zu betreiben und die praktische Heilkunde durch Ausbildung neuer Heilmethoden zu fördern [100]). Der hohe Ausbildungsstand vieler Ärzte sei undenkbar, wenn diese ihre diagnostische und therapeutische Tätigkeit nicht an Hand der Ergebnisse von Leichenöffnungen immer wieder überprüfen könnten [101]). Mit der Vornahme klinischer Sektio-

---

[99]) Dix, a. a. O. S. 609. Nach Rössle, a. a. O. S. 537 ist „die pathologische Anatomie (nicht der pathologische Anatom!) das Gewissen der Medizin und ein Weg des Fortschritts". Rössle trifft in diesem Zusammenhang ferner die Feststellung (a. a. O. S. 538), daß „die Sektion eines Toten schon unzählige Male einem Lebenden das Leben verlängert habe. Auch viele bakteriologische Entdeckungen wären ohne die Vorarbeit der Pathologen undenkbar; das gleiche gelte für unser heutiges Wissen über die großen Volkskrankheiten wie Tuberkulose, Syphilis und Krebs". Vgl. dazu auch G. B. Gruber in Der Krankenhausarzt, 25. Jahrg. 1952, S. 156, der bes. darauf aufmerksam macht, daß am Leichentisch gelegentlich auch Infektionskrankheiten und Seuchen erstmals erkannt worden seien. Auf die Notwendigkeit klinischer Sektionen wird schließlich hingewiesen von Brechenmacher, a. a. O. S. 57; Ermel in Münch. Med. Wschr., 88. Jahrg. 1941, S. 924; W. Fischer in Zentralbl. f. Allg. Path. u. Path. Anatomie, Bd. 86 (1950), S. 417 ff.; Hauptmann in Psychiatr.-Neurol. Wschr., 32. Jahrg. 1930, S. 423 f.; H. R. Hoffmann, a. a. O. S. 27; Martini in Der Krankenhausarzt, 25. Jahrg. 1952, S. 145 f.; Matzdorf in Zentralbl. f. Allg. Path. u. Path. Anatomie, Bd. 73 (1939), S. 115 f.; Peterssen in Die Med. Welt, 11. Jahrg. 1937, S. 1791; Seesemann in Ärztl. Vereinsbl. f. Dtschl., Bd. 56 (1929) Sp. 302; Simon in Zschr. f. Medizinalbeamte und Krankenhausärzte, 1926, S. 341; Warneyer in Der Chirurg, 3. Jahrg. 1931, S. 497 und Wollenweber in Der Öffentl. Gesundheitsdienst, 13. Jahrg. 1951/52, S. 67. Ganz besonders betont wird die Notwendigkeit klinischer Sektionen von Bohne, a. a. O. S. 105 ff.; ihm zust. Berblinger in Die Med. Welt, 6. Jahrg. 1932, S. 571. Vgl. auch Ebermayer in Dtsch. Med. Wschr., 57. Jahrg. 1931, S. 1337 und zu der ges. Frage noch Dietrich in Der Krankenhausarzt, 25. Jahrg. 1952, S. 147 ff.

[100]) Ähnlich Dix a. a. O., der zu der Frage eingehend Stellung nimmt und eine seine Ansicht stützende Entscheidung der Sächsischen Gemeindekammer in Dresden v. 23. Jan. 1926 mitteilt.

[101]) Eberh. Schmidt, a. a. O. S. 216 weist in diesem Zusammenhang darauf hin, daß „auf Grund einer ziemlich stark generalisierenden Erfahrung" auch von einem durchschnittlichen Krankenhaus die Vornahme aller objektiv erforderlichen diagnostischen und therapeutischen Maßnahmen erwartet werde. „Eine stillschweigende Voraussetzung hierfür sei ein weitgehender Verlaß darauf, daß das Krankenhaus diagnostisch und therapeutisch alles Erforderliche leisten könne. Dazu gehöre dann aber auch, daß man den Krankenhäusern gerade diejenigen Möglichkeiten zur eigenen diagnostischen Vervollkommnung nicht nehme, die sich mit der inneren Leichenschau oft sehr viel bequemer, sicherer, erfolgreicher und weittragender böten als mit der Anschaffung kostspieliger Apparaturen." Wegen der mit der Vornahme klinischer Sektionen verbundenen Ausbildungsmöglichkeit für die Ärzte vgl. auch Boemke in Der Krankenhausarzt, 25. Jahrg. 1952, S. 151; Bodart, auszugsw. wiedergegeben und besprochen von G. B. Gruber in Zentralbl. f. Allg. Path. u. Path. Anatomie, Bd. 86 (1950), S. 407 f. und in Der Krankenhausarzt, 25. Jahrg. 1952, S. 153 sowie Martini ebd. S. 146. B. Fischer, Der Sektionskurs, 1919, S. 1 bezeichnet den anatomischen Gedanken als „die Grundlage klinischer Tätigkeit".

nen sei also ein unmittelbarer Nutzen für die praktische Heilkunde und damit für die Allgemeinheit verbunden, ein Nutzen, an dem selbstverständlich auch der Staat ein Interesse habe. Der Staat habe die Notwendigkeit einer pathologisch-anatomischen Ausbildung des ärztlichen Nachwuchses erkannt, indem er eine Anzahl seiner Hochschullehrer mit der Durchführung von Obduktionen beauftragt habe [102]). Er ziehe darüberhinaus aus den durch Leichenöffnungen gewonnenen Erkenntnissen praktische Folgerungen für seine Gesundheitspolitik; dadurch „stelle er seinerseits der medizinischen Wissenchaft neue Aufgaben" [103]), die wiederum nicht ohne die Vornahme klinicher Sektionen gelöst werden könnten. Der letzteren Bedeutung sei somit außerordentlich vielseitig. Sie sei erfreulicherweise in der Öffentlichkeit auch häufig erkannt [104]). Nicht selten empfänden die Angehörigen eines Verstorbenen „die einwandfreie Feststellung der Todesursache als eine Quelle der Beruhigung" [105]). Häufig ersuchten sie die Krankenhäuser sogar von sich aus um die Aufklärung des tötlichen Leidens, vor allem wenn dieses auf das Bestehen von Versicherungs- oder Versorgungsansprüchen von Einfluß sei [106]). Aber auch Auskünfte über das Vorhandensein erblicher und übertragbarer Krankheiten würden vielfach als sehr wertvoll angesehen und hätten schon manche Familie vor Enttäuschungen bewahrt [107]).

---

[102]) Hierauf wird bes. hingewiesen von Rössle, a. a. O. S. 538. Vgl. auch Bohne, a. a. O. S. 161 und Fußn. 122 auf S. 148.

[103]) Rössle, a. a. O. S. 539; vgl. auch Poetter in Klin. Wschr., 9. Jahrg. 1930, S. 1880, auszugsw. abgedruckt auch in Münch. Med. Wschr., 77. Jahrg. 1930, S. 1510.

[104]) Dix, a. a. O. S. 607 u. 610. Ebenso Bohne, a. a. O. S. 120; zust. Ebermayer in Dtsch. Med. Wschr., 58. Jahrg. 1932, S. 2013. Demgegenüber bezeichnet G. B. Gruber in Der Krankenhausarzt, 25. Jahrg. 1952, S. 157 die Bereitschaft, sich oder Angehörige nach dem Tode sezieren zu lassen, als „recht gering". Auch Nippe in Zschr. f. Medizinalbeamte und Krankenhausärzte, 1925, S. 111 meint, die Neigung des Publikums, Sektionen zu verbieten, habe „zweifellos zugenommen". Nach Warneyer, a. a. O. S. 497 ist die Erkenntnis von der Notwendigkeit der Obduktionen „leider noch lange nicht Gemeingut des Publikums"; Hueck (seine Auffassung ist wiedergegeben in Münch. Med. Wschr., 77. Jahrg. 1930, S. 1510) fügt hinzu, die „für jeden Pathologen selbstverständliche Tatsache, daß in manchen Fällen nur die Sektion eine ausreichende Leichenschau sein könne", sei auch „noch nicht Allgemeingut der Ärzte". Wie Boemke in Der Krankenhausarzt, 25. Jahrg. 1952, S. 152 mitteilt, stehen mitunter auch „die Krankenhausleitungen — nicht die ärztlichen! — der Durchführung von Sektionen ablehnend gegenüber".

[105]) Dix, a. a. O. S. 608.

[106]) Dies wird bes. betont von Dix a. a. O.

[107]) Dix a. a. O. Ähnlich G. B. Gruber a. a. O. Vgl. auch Rössle, a. a. O. S. 536.

IV.

Nach Lage der Dinge kann es keinem Zweifel unterliegen, daß es trotz vieler Ausnahmen weite Kreise der Bevölkerung sind, bei denen die Vornahme klinischer Sektionen auf Ablehnung stößt. Ein staatlicher Schutz dieser Haltung ist allerdings nur insoweit möglich, als ihr ein schutzwürdiges Interesse zu Grunde liegt. Unter Interesse ist dabei „die Anteilnahme des individuellen oder sozialen Willens an dem Bestehen eines bestimmten Zustandes zu verstehen" [108]). Die Anteilnahme, welche hier in Betracht kommt, tritt klar hervor. Sie betrifft die Totenruhe, die Unberührtheit des menschlichen Leichnams und gründet auf die Ehrfurcht, welche die entseelte Hülle eines Menschen genießt. Hinzu tritt das Andenken des Verstorbenen, das Gefühl der Zusammengehörigkeit, das mit dem Tode nicht erlischt. Beide Momente verbinden sich unter der Bezeichnung: Pietät. Das damit umschriebene Interesse ist in erster Linie ein solches der Angehörigen; denn es erfaßt zunächst den besonderen Anteil, den diese auf Grund der Familienbeziehung nehmen. Doch auch ein Interesse der Allgemeinheit ist gegeben. Dies erhellt daraus, daß die Achtung der Totenruhe für das gedeihliche Zusammenleben der Gemeinschaft unerläßlich ist. Im Hinblick auf das Andenken des Verstorbenen ist der Umstand maßgebend, daß die sittliche Ordnung gefestigt wird. Hier ist die Pietät nämlich mit einem Pflichtgefühl verbunden, das in besonderem Maße zu einer Pflege der Überlieferung führt, damit erneut einem Kulturwert dient und bestätigt, daß das fragliche Interesse für den Staat grundsätzlich schutzwürdig ist [109]).

Gegenüber der Durchführung klinischer Sektionen gewährt, käme der Schutz zwangsläufig auch dem Teile der Öffentlichkeit zugute, dessen ablehnende Haltung nicht auf das Pietätsempfinden, sondern auf religiöse Überzeugungen [110]), sowie auf abergläubische und mysti-

---

[108]) Bohne in Festg. f. Rich. Schmidt, Bd. 1 (1932), S. 125 mit Hinweis auf Mezger, Strafrecht, Lehrb., jetzt 3. Aufl. (1949), S. 198.

[109]) Vgl. H. R. Hoffmann in Der Öffentl. Gesundheitsdienst, 12. Jahrg. 1950/51, S. 23; die Schutzwürdigkeit gilt nicht einem „besonders gearteten subjektiven Pietätsempfinden", sondern „der Pietät im objektiven Sinne, die allgemeingültigen Anschauungen entspricht" (H. R. Hoffmann a. a. O.). Nähere Betrachtungen über Inhalt und Schutzwürdigkeit des Pietätsgefühls finden sich bei Brechenmacher, a. a. O. S. 32 ff.

[110]) Daß auch religiöse Überzeugungen vielfach maßgeblich sind, ist sicher. Dieser Ansicht sind auch Dix, a. a. O. S. 608; Peterssen in Die Med. Welt, 11. Jahrg. 1937, S. 1791 und Warneyer, a. a. O. S. 497. Vgl. auch Bohne, a. a. O. S. 105; Poppelreuter in Zschr. f. d. ges. Neurol. u. Psychiatr., Bd. 153 (1935), S. 30 und Rössle, a. a. O. S. 536. Die für die Ablehnung klinischer Sektionen maßgebenden religiösen Gründe sind von dem Pietätsempfinden zu unterscheiden: H. R. Hoffmann a. a. O. A. A. v. Liszt-Schmidt, 25. Aufl. (1927), S. 579, die das Pietätsgefühl als eine „Unterart des religiösen Gefühls" betrachten. Es hat aber jedenfalls „nichts mit einer besonders betonten konfessionellen katholischen oder evangelischen Einstellung zu tun":

sche Vorstellungen zurückgeht. Auch rein persönlichen Gründen, die bei den Angehörigen eines Verstorbenen vielfach zur Mißbilligung einer Leichenöffnung führen, würde Rechnung getragen.

Nicht berücksichtigt würde dagegen das mit der Vornahme klinischer Sektionen verbundene Bestreben um eine weitere Vervollkommnung der ärztlichen Kunst. Auch hierbei handelt es sich um ein Interesse im oben genannten Sinne. Zwar kann unter Zustand zunächst nur eine dauerhafte Gegebenheit verstanden werden; doch verträgt dieser Begriff eine Ausdehnung auf den Fall der „Konstanz einer gegebenen Entwicklung" [111]). Diese liegt hier in den Fortschritten der medizinischen Wissenschaft und der praktischen Heilkunde. Es ist selbstverständlich, daß sie für den Staat einen erheblichen Schutzwert hat. Das staatliche Interesse erstreckt sich aber nicht nur auf die Fortentwicklung der ärztlichen Kunst als solche, sondern umfaßt notwendig auch alle die Maßnahmen, die diesem Ziele zu dienen bestimmt sind. Das ist bei der Durchführung klinischer Leichenöffnungen der Fall [112]); der fragliche Vorgang stellt nach heutiger

---

H. R. Hoffmann, a. a. O. S. 28. Beide Kirchen verbieten die Vornahme klinischer Sektionen nicht. Dies wird ausdrücklich betont von G. B. Gruber in Der Krankenhausarzt, 25. Jahrg. 1952, S. 159; H. R. Hoffmann a. a. O., Poppelreuter a. a. O. und Rössle a. a. O., der auch darauf hinweist, daß „gerade die Päpste keine Gegner der Leichenöffnungen waren und sind". Dies ist allerdings erst seit dem Mittelalter der Fall: Bohne, a. a. O. S. 109. Jedoch berühren Sektionen in erster Linie moraltheologische Fragen; vgl. dazu H. R. Hoffmann a. a. O. Kirchenrechtliche Erwägungen greifen nur insoweit Platz, wie die mit Obduktionen in Zusammenhang stehenden Maßnahmen etwa in malem finem erfolgen würden. In diesem Falle würde der Tatbestand des can. 2328 CJC erfüllt sein. Danach macht sich strafbar, wer Leichen oder Gräber verstorbener (auch ungläubiger) Personen verletzt, indem er diese raubt oder beraubt oder mit seinem Treiben einen anderen schlechten Zweck verfolgt. Ein schlechter Zweck ist aber mit der Durchführung klinischer Sektionen nicht verbunden. Diese fallen daher nicht unter can. 2328 CJC. Ebenso Eichmann-Mörsdorf, Lehrb. d. Kirchenrechts, Bd. 3, 6. Aufl. (1950), Fußn. 2 auf S. 429 und Schauf, Einf. in das kirchl. Strafrecht, 1952, S. 156 f. Zu can. 2328 CJC und seinen Vorläufern vgl. auch Brechenmacher, a. a. O. S. 18 ff. Zu der ganzen Frage vgl. ferner Gräff in Zentralbl. f. Allg. Path. u. Path. Anatomie, Bd. 88 (1952), S. 184.

Im Talmud ist demgegenüber die Sektion einer Leiche als Entehrung oder Schändung des Verstorbenen verboten: Bohne, a. a. O. S. 105 f. und Hegemann, Der Leichnam im Rechtssystem, Erl. jur. Diss. 1912, S. 11, beide mit Nachweisen. Vgl. auch Rössle a. a. O., der die Ansicht vertritt, daß das im Talmud enthaltene Verbot im Grunde genommen hygienische Zwecke verfolge. Die Vorschrift wird aber wohl auch als Ausdruck eines allgemeinen Sittengebotes aufgefaßt, „sind doch die Juden auch heute noch ausgesprochen sektionsfeindlich" (Bohne, a. a. O. Fußn. 3; Rössle a. a. O.), obwohl sie bei weitem nicht alle talmudgläubig sind.

[111]) Bohne, a. a. O. S. 192. Vgl. auch Philipsborn in JW 1930, S. 1553.

[112]) Gräff, a. a. O. S. 184 weist in diesem Zusammenhang auch auf den „Steuerzahler" hin. Er meint, „in Rücksicht darauf, daß ein Großteil der Bevölkerung von seiten des Staates im Krankenhaus eine Betreuung erfahre, die er geldlich in keiner Weise ausgleiche, sondern infolge der In-

Auffassung [113]) ein lebensnotwendiges Hilfsmittel für die medizinische Wissenschaft im Dienste der Bekämpfung von Krankheiten dar. Allerdings gilt dies nur von der generellen Vornahme klinischer Obduktionen. Die Öffnung der einzelnen Leiche hat dagegen grundsätzlich nicht diese Bedeutung [114]). Sie erhält ihren Wert in aller Regel erst durch die Verwertung der aus ihr gewonnenen Erkennntnis im Rahmen des gesamten Aufgabengebietes der pathologischen Anatomie.

Die Ablehnung, mit der weite Kreise der Bevölkerung der Vornahme klinischer Sektionen gegenüberstehen, gibt Veranlassung, die Zulässigkeit dieser Maßnahme sorgfältig zu prüfen. Dabei wird auch auf solche Vorgänge einzugehen sein, die mit ihr in wesensmäßigem Zusammenhang stehen. Ferner darf nicht unberücksichtigt bleiben, daß die Verwertung der aus der Durchführung klinischer Obduktion gewonnenen Erkenntnisse [115]) der Allgemeinheit, also auch dem Teil der Öffentlichkeit Nutzen bringt, bei dem die Durchführung klinischer Leichenöffnungen auf Ablehnung stößt. Unter der Frage nach der Rechtswidrigkeit der Maßnahme läßt sich auch dies erwägen.

---

anspruchnahme vielfach kostspieliger Mittel und Untersuchungsverfahren, insbesondere bei langen Aufenthalten, unvergleichlich überschreite, habe der Staat in Vertretung der Allgemeinheit das Recht und die Pflicht, das für den einzelnen Kranken aufgewendete Kapital nicht verfallen zu lassen, sondern für die Allgemeinheit der Steuerzahler durch die Vornahme und Auswertung der Leichenöffnung nutzbar zu machen."

[113]) Vgl. Bohne, a. a. O. S. 117 ff.; Rössle, a. a. O. S. 537 und die oben Fußn. 99 auf S. 23 angegebene weitere Literatur.

[114]) Dies wird auch zugegeben von Bohne, a. a. O. S. 164 und Rössle, a. a. O. S. 536, der aber darauf hinweist, daß man vor Beginn einer Sektion nicht wissen könne, ob sie einen Fortschritt in der Erkenntnis mit sich bringe. Vgl. auch H. R. Hoffmann, a. a. O. S. 27.

[115]) Über die Ergebnisse dieser Auswertung vgl. bes. Martini, a. a. O. S. 146 und Rössle, a. a. O. S. 538.

ZWEITER TEIL

Die Rechtswidrigkeit klinischer Sektionen als Folge einer etwa gegebenen strafrechtlichen Tatbestandsmäßigkeit.

Das Strafgesetzbuch enthält für Handlungen, die in Beziehung zu einem menschlichen Leichnam stehen, nur vereinzelt Strafandrohungen. Es verwendet dabei neben dem Ausdruck „Leichnam" mit gleicher Bedeutung auch die Bezeichnung „Leiche" [1]. Darunter ist im Anschluß an von Schwerin [2] und die herrschende Lehre [3] ein lebloser menschlicher Körper zu verstehen, bei dem der Zusammenhang des Gewebes noch nicht durch den natürlichen Verwesungsprozeß oder eine diesem gleichzustellende chemische oder physikalische Vernichtungsart, insbesondere Verbrennung, aufgehoben ist. Das Fehlen einzelner Teile ist jedoch bedeutungslos [4]. Die Eigenschaft als Leichnam bleibt sogar im Falle einer aus wissenschaftlichen Gründen erfolgenden Zergliederung des leblosen menschlichen Körpers erhalten, „solange die Absicht einer gemeinsamen Bestattung der einzelnen Teile in der herkömmlichen Beerdigungsweise besteht" [5]. Ein aus dem Mutterleib ausgestoßener toter Foetus ist nur dann als Leichnam anzusehen, wenn er bereits entwickelt ist [6]. Dies

---

[1] § 168 StGB spricht von „Leiche", § 367 Ziff. 1 StGB von „Leichnam"; auf die Gleichbedeutung dieser Ausdrücke wird hingewiesen von Crusen, Der strafrechtliche Schutz des Rechtsgutes der Pietät, 1890, S. 29; Frank, StGB, Komm., 18. Aufl. (1931), § 367 Bem. I, 1; Hegemann, Der Leichnam im Rechtssystem, Erl. jur. Diss. 1912, S. 24 und v. Schwerin in Seuff. Bl., Bd. 70 (1905), S. 658.

[2] a. a. O.

[3] Bauer, Die Behandlung des menschlichen Leichnams im geltenden deutschen Recht, Leipz. jur. Diss., 1929, S. 1; Bohne in Festg. f. Rich. Schmidt, Bd. 1 (1932), S. 131; Crusen, a. a. O. S. 27; Frank, a. a. O. § 168 Bem. I; Hegemann, a. a. O. S. 24 ff.; Leipz. Komm. (Rohde), 6. u. 7. Aufl. (1951), § 168 Bem. 2; v. Liszt-Schmidt, 25. Aufl. (1927), S. 580; Schwarz, StGB, Komm., 18. Aufl. (1955), § 168 Bem. 1 A und Tietz in Strafrechtl. Abhandl., Heft 291 (1931), S. 30. Vgl. auch Josef in Gruch. Beitr., Bd. 65 (1921) S. 314; Maurach, Dtsch. Strafrecht, Bes. T., 1952, S. 309; Niethammer, Lehrb. d. Bes. T. d. Strafrechts, 1950, S. 116; Schorn in Dtsch. Zschr. f. d. ges. Gerichtl. Med., Bd. 14 (1930), S. 369; Weiser, Die Fürsorge für den Leichnam, Marb. jur. Diss. 1933, S. 14 ff. und Welzel, Das dtsch. Strafrecht in seinen Grundzügen, 2. Aufl. (1949), S. 208.

[4] So mit Recht Bohne a. a. O.; Brechenmacher, Der strafrechtl. Schutz d. Toten und das Andenken an die Toten, Tüb. jur. Diss., 1948, S. 37; Frank a. a. O. und Schwarz a. a. O.

[5] v. Schwerin a. a. O.

[6] Auf diesem Standpunkt stehen bes. RGSt 69, 288; Frank a. a. O.; Leipz. Komm. (Rohde) a. a. O.; v. Liszt-Schmidt a. a. O.; v. Ohlshausen, Komm. z.

kann auch bei einer mißgestalteten Leibesfrucht der Fall sein; die Lebensfähigkeit ist also insoweit belanglos.

Nach alledem kann es keinem Zweifel unterliegen, daß die einer klinischen Sektion unterzogenen leblosen menschlichen Körper und Leibesfrüchte als Leichen i. S. des Strafrechts wie überhaupt als Leichen im Rechtssinne anzusehen sind und daß sie diese Eigenschaft auch durch die Vornahme der Sektion nicht verlieren.

I.

Mit der Durchführung klinischer Leichenöffnungen ist in aller Regel eine Überführung des zur Obduktion bestimmten Leichnams in einen besonderen Sektionsraum, vornehmlich in ein pathologisches Institut oder eine Prosektur verbunden. In einer solchen Überführung könnte ein Vergehen nach § 168 StGB liegen. In Betracht kommt der erste der in dieser Bestimmung zusammengefaßten Tatbestände. Danach macht sich strafbar, wer unbefugt eine Leiche aus dem Gewahrsam der dazu berechtigten Person wegnimmt. Unter Gewahrsam ist hier nach allgemeiner Meinung [7]) ein tatsächliches Obhutsverhältnis zu verstehen. Infolgedessen hat an den in einem Krankenhaus befindlichen Leichen der Krankenhausleiter den Gewahrsam [8]) [9]), den er im Einzelfall durch bestimmte, von ihm damit

---

StGB, 12. Aufl. (1942), § 168 Bem. 2 a; Schorn, a. a. O. S. 369 f. und Schwarz a. a. O. Vgl. auch Tietz, a. a. O. S. 29 sowie Rapmund und Dietrich, Ärztl. Rechts- u. Gesetzeskunde, 2. Aufl. (1913), Fußn. 1 auf S. 216. A. A. Crusen, a. a. O. S. 30 f.

Für entwickelt hält man eine Leibesfrucht nach 26 Wochen. Dies entspricht der in §§ 1592 Abs. 1 und 1717 Abs. 2 BGB angegebenen Zeit von 181 Tagen. Bisweilen richtet man sich auch nach der Körperlänge (35 cm). Vgl. dazu bes. Brechenmacher a. a. O.; Puppe in Klin. Wschr., 2. Jahrg. 1923, S. 2180 und Schlenker, Der Strafrechtl. Schutz der Leiche, Erl. jur. Diss. 1934, S. 4.

[7]) Vgl. bes. Berger, Das Recht des Arztes zur Leichenobduktion, Hall. jur. Diss. 1932, S. 51; Crusen, a. a. O. S. 42; Frank a. a. O.; Leipz. Komm. (Rhode), a. a. O. § 168 Bem. 3; v. Liszt-Schmidt a. a. O.; Niethammer a. a. O.; v. Ohlshausen, a. a. O. § 168 Bem. 3 a; Rotering in GerS., Bd. 35 (1883), S. 355; Schwarz, a. a. O. § 168 Bem. 1 b; Seesemann in Ärztl. Vereinsbl. f. Dtschl., Bd. 25 (1928), Sp. 721 und Welzel a. a. O.

[8]) Vgl. Berger a. a. O.; Leipz. Komm. (Rohde) a. a. O.; v. Liszt-Schmidt a. a. O. und bes. Bohne, a. a. O. S. 130 mit weiteren Angaben. Auf den Gewahrsam des Krankenhauses wird abgestellt vom OLG München in Zentralbl. f. Allg. Path. u. Path. Anatomie, Bd. 34 (1923/24), S. 30; Bode in Zentralbl. f. Allg. Path. u. Path. Anatomie, Bd. 86 (1950), S. 370; Ebermayer in Dtsch. Med. Wschr., 52. Jahrg. 1926, S. 1096 u. 54. Jahrg. 1928, S. 1553; Kemmer in Dtsch. Zschr. f. d. ges. Gerichtl. Med., Bd. 18 (1932), S. 436; Liertz-Paffrath, Handb. d. Arztrechts, 1938, S. 166 f.; Schläger in Dtsch. Ärztebl., 71. Jahrg. 1941, S. 421; Eberhard Schmidt in Der Krankenhausarzt, 25. Jahrg. 1952, S. 216; Ponsold-Schmidt, Lehrb. d. gerichtl. Med., 1950, S. 59 und Warneyer in Der Chirurg, 3. Jahrg. 1931, S. 498. Vgl. auch Crusen, a. a. O. S. 43.

[9]) Dies gilt selbst dann, wenn es sich bei der Leiche im Einzelfall um eine Leibesfrucht handelt, welche von einer Patientin geboren worden ist, die sich noch im Krankenhaus befindet.

beauftragte Personen ausübt. Die Berechtigung hierzu ergibt sich aus der Übernahme der Behandlung[10]). Sie ist freilich von begrenzter Dauer[11]), wird aber in den meisten Fällen noch bestehen, wenn die Überführung des Leichnams in den Sektionsraum erfolgt. Eine solche Maßnahme wird in der Regel die Übertragung des Gewahrsams auf eine andere Person, vornehmlich den Prosektor als Leiter des pathologischen Instituts[12]), zur Folge haben. Ihre Durchführung geschieht aber selbstverständlich nicht im Wege der Wegnahme, d. h. unter Bruch des früheren Gewahrsams[13]), sondern im Einverständnis und fast immer sogar auf Veranlassung des Krankenhausleiters[14]).

---

[10]) Vgl. dazu bes. Bohne a. a. O.; Lustig, Gesetz und Recht im Krankenhaus, 1930, S. 249; Schwarz a. a. O. und Tietz, a. a. O. S. 57.

[11]) Bode a. a. O. meint in diesem Zusammenhang, daß ein Krankenhaus den Leichnam eines verstorbenen Patienten den Angehörigen erst dann übergeben dürfe, „wenn die Erfüllung der für den Transport der Leiche bestehenden gesundheitspolizeilichen Vorschriften sichergestellt sei. Erst wenn diese Voraussetzung vorläge und das Krankenhaus gleichwohl dem Verlangen der Angehörigen auf Herausgabe der Leiche nicht nachkäme, würde der gegen ihren Willen weiter aufrecht erhaltene Gewahrsam nunmehr aufhören ein berechtigter zu sein." Vgl. dazu die Polizeiverordnung des Preuß. Min. d. Innern (Kommissar des Reichs) über das Leichenwesen v. 18. April 1933 (Preuß. Ges. Samml. 1933, S. 149 ff.), geändert durch VO v. 28. Juni 1933 (Preuß. Ges. Samml. 1933, S. 238), VO v. 6. Febr. 1934 (Preuß. Ges. Samml. 1934, S. 60), und VO v. 10. April 1942 (Preuß. Ges. Samml. 1942, S. 17). Nicht zutreffen dürfte demgegenüber die Ansicht von Welzel a. a. O., der ein Krankenhaus generell „nur hinter den Erben" für obhutsberechtigt hält.

[12]) Dessen Gewahrsam wird in der Literatur vielfach erörtert. Vgl. z. B. die Ausführungen von Ebermayer in Dtsch. Med. Wschr., 56. Jahrg. 1930, S. 1535; Dessau in Die Med. Welt, 2. Jahrg. 1928, S. 1585, der auf den „Vorsteher der anatomischen Abteilung" eines Krankenhauses abstellt; Goldhahn in Med. Klinik, 32. Jahrg. 1936, S. 1371; Schumacher in Münch. Med. Wschr., 77. Jahrg. 1930, S. 1785 und F. Straßmann, Lehrb. d. gerichtl. Med., 2. Aufl. (1931), S. 110. Vgl. ferner OLG Hamburg in DJZ 1929, Sp. 718. Alle Genannten nehmen an, daß ein Prosektor Gewahrsam an den seiner Tätigkeit anvertrauten Leichen hat, er sich diese daher nicht selbst wegnehmen könne. Diese Ansicht ist selbstverständlich richtig; sie übersieht aber, daß der Gewahrsam des Prosektors jedenfalls nicht von Anfang an bestanden hat; es bleibt also immer noch die Möglichkeit, daß er auf eine nach § 168 StGB strafbare Art und Weise erlangt ist.

[13]) Frank a. a. O.; Leipz. Komm. (Rohde) a. a. O. und Seesemann a. a. O. In der völligen Zerstückelung einer Leiche kann demnach keine Wegnahme gesehen werden. A. A. Bode a. a. O. Vgl. auch Crusen, a. a. O. S. 49, der unter Wegnahme jede Handlung versteht, „durch welche dem Gewahrsamsinhaber die Ausübung des Gewahrsams unmöglich gemacht wird" und ausführt, „zwischen dem Täter und der Leiche müsse durch die Tat lediglich eine körperliche Beziehung hergestellt sein."

[14]) So bes. OLG München in Zentralbl. f. Allg. Path. u. Path. Anatomie, Bd. 34 (1923/24), S. 30. Das Vorliegen einer Wegnahme i. S. des § 168 StGB wird auch verneint von Leipz. Komm. (Rohde), a. a. O. § 168 Bem. 5; v. Ohlshausen, a. a. O. § 168 Bem. 3 b. In der von diesen Autoren angegebenen Entscheidung RGSt 64, 313 ff. wird auf die Frage jedoch nicht eingegangen. Vgl. aber Opitz, Rechte und Pflichten der Ärzte und Zahnärzte, 1926, S. 111,

II.

§ 168 StGB bedroht jedoch auch die Wegnahme von Teilen einer Leiche mit Strafe, sofern sie aus dem Gewahrsam der dazu berechtigten Person erfolgt. Daß Gewahrsam die tatsächliche Obhut bedeutet und unter Wegnahme ein Bruch des Gewahrsams zu verstehen ist, wurde schon gesagt [15]). Eine Wegnahme kommt aber auch hier nicht in Betracht. Zwar werden bei Obduktionen öfter Leichenteile entfernt. Im Rahmen eines geordneten Sektionsbetriebes ist dafür jedoch das Einverständnis dessen erforderlich, der den Gewahrsam hat [16]). Freilich ist es denkbar, daß auch ohne solches Einverständnis von Ärzten, Studenten oder anderen Personen einmal Leichenteile entfernt werden [17]). Ein solches Verhalten steht mit der Vornahme klinischer Sektionen aber nicht in wesensmäßigem Zusammenhang.

III.

Die Überführung eines Leichnams in den Sektionsraum eines Krankenhauses sowie die dort vorgenommenen Eingriffe könnten ferner ein Vergehen nach § 133 StGB darstellen. Als Objekt dieses Delikts kommen jedoch nur solche Gegenstände in Betracht, die sich in amtlicher Aufbewahrung befinden [18]). Dies ist bei der in einem Krankenhaus oder pathologischen Institut aufbewahrten Leiche eines verstorbenen Patienten aber nicht der Fall; denn zur amtlichen Verwahrung von Leichen sind die Leichenhäuser bestimmt [19]).

---

nach dessen Ansicht dem Arzt im Hinblick auf § 168 StGB die Wegnahme von Leichen und deren Sektion (auch zu wissenschaftlichen Zwecken) „nur gestattet ist, wenn die Angehörigen hierzu die Erlaubnis erteilen oder eine amtliche Ermächtigung vorliegt (wie z. B. bei gerichtlicher Obduktion usw.)".

[15]) Vgl. oben S. 29 f.

[16]) Vgl. dazu Berger, a. a. O. S. 51; Bohne, a. a. O. S. 129 f.; Ebermayer in Dtsch. Med. Wschr., 54. Jahrg. 1928, S. 1853; Ponsold-Schmidt, a. a. O. S. 59 und Schumacher, a. a. O. S. 1785. A. A. offenb. Opitz a. a. O. und bes. Welzel a. a. O., nach dessen Ansicht „Sektionen ohne Genehmigung der Angehörigen grundsätzlich Wegnahme von Leichenteilen" sind. Dagegen mit Recht Ponsold-Schmidt a. a. O.

[17]) Vgl. dazu H. R. Hoffmann, a. a. O. S. 25; v. Ohlshausen, Komm. z. StGB, 11. Aufl. (1927), § 367 Ziff. 1 Bem. c; Seesemann in Ärztl. Vereinsbl. f. Dtschl., 1928, Sp. 721 u. 1929, Sp. 531; Wassermann in Die Med. Welt, 2. Jahrg. 1928, S. 1723.

[18]) Vgl. Schwarz, a. a. O. Bem. 2.

[19]) Vgl. Bohne, a. a. O. S. 130 mit weiteren Angaben. Das Vorliegen eines Vergehens nach § 133 StGB wird auch verneint von Brechenmacher, a. a. O. S. 49; Liertz-Paffrath, a. a. O. S. 167; Lustig, a. a. O. S. 249; Ponsold-Schmidt, a. a. O. S. 59 und Warneyer a. a. O. A. A. bes. Berger, a. a. O. S. 52 f. OLG Hamburg in DJZ 1929, Sp. 718 meint im Zusammenhang hiermit, der Leiter eines pathologischen Instituts übe den behördlichen Gewahrsam an der Leiche aus. Das Gericht müßte demnach folgerecht zur Anwendung des § 133 StGB gelangen, hat das Vorliegen dieser Bestimmung aber gar nicht geprüft.

IV.

In der Überführung des in einem Krankenhaus befindlichen Leichnams in einen Sektionsraum könnte jedoch eine Übertretung gemäß § 367 Ziff. 1 StGB liegen. Eine solche ist nämlich unter anderem dann gegeben, wenn ohne Vorwissen der Behörde ein Leichnam beiseite geschafft wird. Behörde i. S. dieser Vorschrift ist in der Regel die Ortspolizeibehörde [20]). „Unter Beiseiteschaffen ist eine Handlung zu verstehen, durch welche die Leiche örtlich aus der Lage, in der sie sich befindet, entfernt und der Behörde die Besichtigung unmöglich gemacht oder doch erschwert wird" [21]). Einne derartige Vereitelung oder Erschwerung der Besichtigung ist mit der Überführung eines Leichnams in den Sektionsraum eines Krankenhauses aber nicht verbunden [22]). Zwar wird die Ortspolizeibehörde von diesem Vorgang nur selten Kenntnis haben; doch kann sie die Leiche in dem Sektionsraum genau so gut besichtigen wie auf dem Sterbebett. Eine andere Lage könnte lediglich durch die Sektion als solche geschaffen werden, weil hierdurch ja zwangsläufig Veränderungen an der Leiche hervorgerufen werden. Selbst wenn dies auf die Besichtigungsmöglichkeit der Behörde aber von Einfluß sein sollte, würde der Tatbestand des § 367 Ziff. 1 StGB nicht erfüllt; denn es handelte sich nicht um die Folge einer örtlichen Entfernung. Örtlich entfernt werden allenfalls Leichenteile.

V.

In der Art und Weise, wie klinische Sektionen vorgenommen werden, könnte ein Vergehen nach den §§ 185 und 186 StGB liegen. Schutzobjekt dieser Bestimmungen ist die Ehre [23]). Wessen Ehre hier in Betracht kommt, ist freilich zweifelhaft. Zu denken wäre an eine den Angehörigen des Verstorbenen in ihrer Gesamtheit zustehende eigenständige Familienehre. Die Beleidigungsfähigkeit einer Familie

---

[20]) RGSt 28, 121; Frank, a. a. O. § 367 Bem. I 1; Leipz. Komm. (Rohde-Ziegler), a. a. O. § 367 Bem. I; v. Ohlshausen, a. a. O. § 367 Ziff. 1 Bem. a und Schläger in Med. Klinik, 27. Jahrg. 1931, S. 793. Die Zuständigkeit der Ortspolizeibehörde folgt aus 39 PersStG v. 3. Nov. 1937 (RGBl. I 1937, S. 1146 ff.). In den Fällen des § 159 StPO ist ausnahmsweise die Staatsanwaltschaft oder das Amtsgericht zuständig.

[21]) RGSt 28, 120. Ebenso Leipz. Komm. (Rohde-Ziegler) a. a. O. Vgl. auch v. Ohlshausen, a. a. O. Bem. b und Schwarz, a. a. O. § 367 Bem. 1.

[22]) Ebenso Albrecht in Saarl. Ärztebl., 1949, S. 76; zit. nach Bode a. a. O., der ihm zustimmt.

[23]) So die herrsch. Lehre. Vgl. Frank, a. a. O. Vorbem. I vor § 185; Leipz. Komm. (Nagler-Schäfer), a. a. O. Vorbem. I, 1 vor §185 und bes. Mezger, Strafrecht Bes. T., Stud. B., 3. Aufl. 1952, S. 89. A. A. v. Bahr in GerS., Bd. 52 (1896), S. 81 ff. und Kohler in Goltd. Arch., 47. Jahrg. 1900, S. 1 ff. Eine eingehende Übersicht findet sich bei v. Ohlshausen, Komm. z. StGB, 12. Aufl. (1942), Vorbem. 1 a vor § 185.

als solcher ist aber nicht allgemein anerkannt [24]). Vielfach wird nur eine unmittelbare oder mittelbare Beleidigung der einzelnen Familienangehörigen für möglich gehalten [25]). Welcher Ansicht der Vorzug zu geben ist, braucht hier nicht entschieden zu werden; denn eine gegen die Ehre gerichtete strafbare Handlung ist mit der Durchführung klinischer Leichenöffnungen nicht verbunden.

Insbesondere ein Vergehen nach § 185 StGB liegt nicht vor. Unter Beleidigung i. S. dieser Vorschrift ist nämlich ein „Angriff auf die Ehre eines anderen durch vorsätzliche, rechtswidrige Kundgebung der Nichtachtung oder Mißachtung" zu verstehen [26]). Von einer Kundgebung kann bei einer Obduktion aber schon deswegen nicht gesprochen werden, weil diesem Vorgang das Bestimmtsein für andere [27]) fehlt. Er enthält auch keinen Ausdruck der Nichtachtung oder Mißachtung; denn auf den ethischen oder sozialen Wert einer Person ist es ohne Einfluß, ob der Leichnam eines verstorbenen Angehörigen seziert wird oder nicht. Das gleiche gilt im Falle der Obduktion einer Leibesfrucht. Besondere Verhältnisse, aus denen sich etwas anderes ergeben könnte, sind nicht denkbar. Daher ist allein der objektive Sinn der Handlung maßgebend [28]). Dieser bestimmt sich nicht nach der persönlichen Anschauung einzelner Bevölkerungskreise, sondern nach der „Verkehrsauffassung der größeren Gemeinschaft" [29]). Der weitaus überwiegende Teil der Öffentlichkeit knüpft aber an die Durchführung klinischer Sektionen keinerlei Folgerung für das Ansehen der Familie des Verstorbenen, dessen Leichnam geöffnet worden ist. Dies gilt auch dann, wenn die Obduktion im Einzelfall ohne Einverständnis oder sogar gegen den Willen der Angehörigen des Verstorbenen vorgenommen worden ist. Wollte man in einem solchen Verhalten eine Ehrenkränkung sehen, so enthielte

---

[24]) Gegen sie im Anschluß an die Rechtsprechung des RG neuerdings auch BGH in JZ 1951, S. 520 ff. mit Anm. von Mezger. In der Entsch. finden sich auch Literaturangaben sowie eine Übersicht über die Rechtspr. zu dieser Frage.

[25]) Vgl. dazu Leipz. Komm. (Nagler-Schäfer), a. a. O. Vorbem. III, 1 vor § 185 und v. Ohlshausen, a. a. O. § 185 Bem. 5.

[26]) RGSt 71, 160; BGHSt 1, 289; Frank, § 185 Bem. I; Maurach, Dtsch. Strafr., 1952, S. 109 f.; Schönke-Schröder, StGB, Komm., 7. Aufl. (1954), § 185 Bem. I; Schwarz, a. a. O. § 185, Bem. 1 und v. Ohlshausen, a. a. O. § 185, Bem..1 mit weiteren ausführlichen Angaben.

[27]) Für dieses Erfordernis mit Recht die herrsch. Lehre. Vgl. bes. Leipz. Komm. (Nagler-Schäfer), a. a. O. § 185 Bem. II, 1 und Schwarz, a. a. O. § 185 Bem. 1 C. Die Rechtsprechung steht auf dem gleichen Standpunkt. Vgl. RG in HRR 1940, Nr. 1151 mit weiteren Angaben.

[28]) „Im Gegensatz zu der Vorstellung des Sich-Äußernden": Leipz. Komm. (Nagler-Schäfer), a. a. O. § 185 Bem. II, 2 a; v. Ohlshausen, a. a. O. § 185 Bem. 6 d und bes. Mezger, a. a. O. S. 91. Handlungen oder Äußerungen von schlechthin beleidigendem Charakter gibt es aber nicht: Leipz. Komm. (Nagler-Schäfer) a. a. O.; v. Ohlshausen a. a. O. und RGSt 60, 35.

[29]) Leipz. Komm. (Nagler-Schäfer) a. a. O.

z. B. auch jeder Diebstahl eine Verletzung der Ehre des Bestohlenen [30]).

In der Vornahme einer klinischen Sektion liegt auch kein Vergehen nach § 186 StGB. Der objektive Tatbestand dieser Vorschrift erfordert nämlich das Behaupten oder Verbreiten einer Tatsache in Beziehung auf einen anderen, welche diesen verächtlich zu machen oder in der öffentlichen Meinung herabzuwürdigen geeignet ist. Derartige Eignung haben die mit einer Obduktion verbundenen Vorgänge aber nicht. Das Verächtlichmachen einer Person läuft nämlich darauf hinaus, sie als im Gegensatz zur menschlichen oder bürgerlichen Geltung befindlich hinzustellen [31]). Ein solcher Eindruck vermag jedoch durch eine Leichenöffnung nicht zu entstehen. Durch sie kann auch keine Herabwürdigung der Angehörigen des Verstorbenen in der öffentlichen Meinung eintreten; denn zu berücksichtigen ist auch hier nur die Meinung „eines größeren, nicht individuell bestimmten Teiles der Bevölkerung [32])." Diese verbindet nach den getroffenen Feststellungen mit einer Sektion aber keineswegs eine das Ansehen der Angehörigen des Verstorbenen beeinflussende Folgerung [33]).

VI.

Dies spricht dafür, daß die Durchführung klinischer Leichenöffnungen auch keine Verunglimpfung des Andenkens der Verstorbenen, deren Leichen seziert werden, enthält. Eine derartige Verunglimpfung wäre nach § 189 StGB strafbar [34]). Der objektive Tatbe-

---

[30]) Das Vorliegen einer Beleidigung i. S. des § 185 StGB wird auch verneint von Bohne, a. a. O. S. 130; Brechenmacher, a. a. O. S. 49; Ebermayer in Dtsch. Med. Wschr., 52. Jahrg. 1926, S. 1096; Liertz-Paffrath a. a. O. und Ponsold-Schmidt a. a. O. A. A. offenbar Rapmund und Dietrich, a. a. O. S. 149 f. und Opitz, a. a. O. Fußn. 2 auf S. 110. Nach einem in der Münch. Med. Wschr., 77. Jahrg. 1930, S. 1786 erschienenen Artikel (der Verf. ist nicht angegeben) soll sich (offenbar im Zusammenhang mit der Entsch. RGSt 64, 313 ff.) auch die Reichsanwaltschaft auf den Standpunkt gestellt haben, „es könne bei einer Sektion wider Willen der Angehörigen insofern eine strafbare Beleidigung der Angehörigen vorliegen, als durch die trotz Verbotes erfolgende Sektion die Kundgebung einer Mißachtung der Angehörigen zum Ausdruck gebracht werde."

[31]) Vgl. Schwarz, a. a. O. § 185 Bem. 1 A.

[32]) Frank, a. a. O. § 185 Bem. II, 2; Leipz. Komm. (Nagler-Schäfer), a. a. O. § 186 Bem. II, 3; v. Liszt-Schmidt, a. a. O. S. 515; v. Ohlshausen, a. a. O. § 186 Bem. 4 und Schwarz, a. a. O. § 186 Bem. 2 E.

[33]) Die Möglichkeit eines Vergehens nach § 186 StGB wird auch abgelehnt von Bohne a. a. O.; ihm zust. Liertz-Paffrath a. a. O. und Ponsold-Schmidt a. a. O. A. A. Opitz a. a. O. und offenbar auch Rapmund und Dietrich a. a. O.

[34]) Bei der in § 189 StGB unter Strafe gestellten Verunglimpfung Verstorbener handelt es sich nach herrsch. Lehre und Rechtspr. um ein Vergehen eig. Art, da ein Toter nicht beleidigungsfähig ist. Vgl. dazu bes.

stand dieser Bestimmung verlangt ein Verhalten, wie es in den §§ 185, 186 oder 187 StGB mit Strafe bedroht ist, wenn es sich gegen einen Lebenden richtet [35]). Indem das Gesetz aber eine Verunglimpfung erfordert, bringt es zum Ausdruck, daß eine besonders schwere Verfehlung erforderlich ist [36]). Von einer solchen kann hier aber ganz sicher keine Rede sein. Klinische Sektionen lassen vielmehr das Andenken der Verstorbenen gänzlich unberührt. Sie enthalten weder einen Ausdruck der Mißachtung, noch machen sie fremde Mißachtung möglich.

VII.

Klinische Sektionen könnten jedoch eine Störung der öffentlichen Ordnung zur Folge haben, weil sie vielfach ohne Befragung der Patienten oder ihrer Angehörigen und nicht selten sogar gegen den Willen dieser Personen vorgenommen werden. Schon öfters ist es dadurch zu Zwischenfällen [37]) gekommen. Es muß damit gerechnet werden, daß die Presse solche Vorgänge aufgreift [38]); Empörung und Beunruhigung weiter Kreise der Bevölkerung wären die möglichen Folgen. Es könnte sogar dahin kommen, daß Kranke sich gegen ihre Aufnahme in eine Klinik wehren, weil sie fürchten, im Falle ihres Ablebens dort seziert zu werden.

Mit Rücksicht auf derartige Auswirkungen erscheint es nicht undenkbar, daß klinische Obduktionen den zweiten der in § 360 Ziff. 11

RGSt 13, 95 f. Frank, a. a. O. Vorbem. II, 3 vor § 185; Leipz. Komm. (Nagler Schäfer), a. a. O. Vorbem. II, 1 vor § 185 und § 189 Bem. I und Schönke-Schröder, a. a. O. Vorbem. II vor § 185 mit weiteren Angaben. A. A. Mezger, a. a. O. S. 92. Vgl. auch v. Ohlshausen, a. a. O. § 189 Bem. 1.

[35]) Vgl. Leipz. Komm. (Nagler-Schäfer), § 189 Bem. II; Mezger, a. a. O S. 99; v. Ohlshausen, a. a. O. § 189 Bem. 2 und Schwarz, a. a. O. § 189 Bem. 2 A.

[36]) Vgl. Schönke-Schröder a. a. O.; der dort gebrauchte Ausdruck „Ehrenkränkung" läßt aber den Irrtum aufkommen, es handle sich um die Verletzung einer Ehre des Verstorbenen; dessen Beleidigungsfähigkeit wird jedoch auch von Schönke-Schröder verneint. Vgl. dazu oben Fußn. 34 auf S. 34 f. Zu der im Text vertretenen Auffassung vgl. i. ü. Kohlrausch-Lange, StGB, Komm., 39 u. 40. Aufl. (1950), § 189 Bem. II; Leipz. Komm. (Nagler-Schäfer) a. a. O.; Mezger a. a. O.; v. Ohlshausen a. a. O. und Schwarz a. a. O.

[37]) Vgl. oben Fußn. 8 auf S. 2. Wie H. R. Hoffmann in Der Öffentl. Gesundheitsdienst, 12. Jahrg. 1950/51, S. 20 f. feststellt, gestalten sich „die mit der Leichenöffnung zusammenhängenden Fragen gar nicht selten zu einer Situation, die meist nur nach Gefühl und Takt gelöst werden kann." Auch W. Fischer in Zentralbl. f. Allg. Path. u. Path. Anatomie, Bd. 86 (1950), S. 419 meint, es sei gar nicht zu leugnen, daß oft „sehr lästige und unerfreuliche Verhandlungen oder gar Disziplinaruntersuchungen u. a. erwüchsen." Vgl. dazu auch Eberh. Schmidt in Der Krankenhausarzt, 25. Jahrg. 1952, S. 210.

[38]) Mit Recht spricht Eberhard Schmidt a. a. O. hier von einer „gar nicht so fern liegenden Möglichkeit." Ein Beispiel für ihre praktische Verwirklichung wird mitgeteilt von Striemer in Die Med. Welt, 3. Jahrg. 1929, S. 1375 f.

StGB zusammengefaßten Tatbestände verwirklichen. Die hierfür erforderliche Verübung groben Unfugs ist nämlich eine Handlung, „die den äußeren Bestand der öffentlichen Ordnung stört oder gefährdet und dadurch geeignet ist, das Publikum unmittelbar erheblich zu belästigen" [39]). Öffentliche Ordnung bedeutet hier nicht die Staats- und Rechtsordnung, sondern die „Gesellschafts- oder Verkehrsordnung" [40]). Diese fußt auf den Sitten und Gebräuchen des täglichen Lebens [41]). Ihr äußerer Bestand wird daher gestört, „wenn die nach außen erkennbaren Beziehungen der Menschen zueinander in einen Gegensatz zu diesen Sitten und Gebräuchen gebracht werden" [42]). Er wird gefährdet, wenn die Herbeiführung eines solchen Gegensatzes ermöglicht wird [43]). Beides geschieht aber durch klinische Sektionen grundsätzlich nicht. Diese verletzen zwar die Pietätsgefühle und religiösen Überzeugungen weiter Kreise der Bevölkerung, doch handelt es sich dabei um eine Störung solcher Beziehungen, die nach außen nicht sichtbar sind [44]). Das äußerlich erkennbare Zusammenleben der Menschen bleibt im allgemeinen unberührt. Ausnahmen sind jedoch denkbar; so vor allem dann, wenn es zu Streitigkeiten mit den Angehörigen Verstorbener kommt, weil diese die Vornahme von Leichenöffnungen mißbilligen. Nach den bisherigen Erfahrungen liegen sogar Tätlichkeiten gegenüber den Angestellten pathologischer Institute im Bereich des Möglichen. Mag auch an solchen Vorkommnissen [45]) zunächst nur ein begrenzter Personenkreis beteiligt sein, so kann dadurch doch das Zusammenleben einer unbestimmten Mehr-

---

[39]) So mit Rücksicht auf die Entstehungsgschichte, den Wortlaut und die system. Stellung des § 360 Ziff. 11 StGB Frank, a. a. O. § 360 Bem. XI, 2. Er lehnt sich dabei an die Rechtsprechung an. Außer den von ihm zit. Entscheidungen vgl. RG in Dtsch. Strafr., Bd. 7 n. F. (1940), S. 25 mit weiteren Angaben. Mit dieser Entsch. übereinst. Schönke-Schröder, a. a. O. § 360 Bem. XI, 2. Vgl. auch Bohne, Unfug, grober, in Handwörterb. d. Rechtswissensch., Bd. 6 (1929), S. 167; Mezger, a. a. O. S. 258, wo die Frank'sche Formel übernommen wird; v. Ohlshausen, Komm. z. StGB, 11. Aufl. (1927), § 360 Ziff. 11 Bem. e und Schwarz, a. a. O. § 360 Bem. 11 B. Abweichend demgegenüber Leipz. Komm. (Rhode-Ziegler), a. a. O. § 360 Bem. XI, 11 ff. und Runft, Der grobe Unfug im geltenden und kommenden Dtsch. Strafgesetzbuch, Würzb. jur. Diss. 1936, S. 33 ff., der das Erfordernis der Unmittelbarkeit fallen läßt und auf das gesunde Volksempfinden abstellt.

[40]) Bohne a. a. O. Vgl. auch Frank, a. a. O. § 360 Bem. XI, 2 a. Auf die polizeiliche Ordnung wird abgestellt in RGSt 19, 297 und 25, 405; dagegen Leipz. Komm. (Rohde-Ziegler), a. a. O. § 360 Bem. XI, 14.

[41]) Ähnlich Frank a. a. O.

[42]) Frank a. a. O.

[43]) Vgl. Frank a. a. O.

[44]) „Wer Beziehungen stört, die äußerlich nicht erkennbar sind, wie die Gesinnungen der Menschen und Bevölkerungsklassen zueinander, zur Regierung, zum Staat, zum Recht, zur Religion, zu den Geboten der Vernunft oder der Sittlichkeit, begeht keinen groben Unfug, mag er auch dadurch das Publikum belästigen": Frank a. a. O.

[45]) Vgl. oben Fußn. 8 auf S. 2 und Fußn. 37 auf S. 35.

heit von Menschen in seinem äußeren Erscheinungsbild gestört werden [46]). Die gleiche Möglichkeit besteht, wenn Kranke sich infolge der Sektionspraxis der Kliniken gegen eine stationäre Behandlung ihres Leidens wehren. Dies vermag die Allgemeinheit in ihrer Sicherheit u. U. erheblich zu beeinträchtigen. Die Gefahr einer Belästigung des Publikums — sofern von einer solchen überhaupt gesprochen werden kann — ist aber in allen diesen Fällen keine unmittelbare Folge klinischer Sektionen; an der Unmittelbarkeit einer Störung fehlt es nämlich immer dann, wenn diese nicht auf die Handlung selbst, sondern auf deren spätere Auswirkungen zurückzuführen ist [47]). Etwas anderes ist aber bei den Obduktionen in Krankenhäusern nicht denkbar. Wenn und soweit durch sie die Belästigung eines nicht begrenzten Kreises von Personen ermöglicht werden sollte, kann es sich immer nur um eine mittelbare Einwirkung handeln. Eine Verübung groben Unfugs i. S. des § 360 Ziff. 11 StGB liegt also nicht vor [48]).

VIII.

Die Vornahme einer klinischen Leichenöffnung könnte sich ferner als Vergehen nach § 303 StGB darstellen. Der objektive Tatbestand verlangt die Beschädigung oder Zerstörung einer fremden Sache.

Zweifelhaft ist zunächst, ob der menschliche Leichnam überhaupt als Sache anzusehen ist. Deren Begriff ist im Strafgesetzbuch nirgends definiert. Daraus ist aber nicht zu schließen, daß er als feststehend vorausgesetzt würde [49]). Insbesondere ist die in § 90 BGB enthaltene Definition der Sache für das Strafrecht nicht maßgebend [50]).

---

[46]) Die Möglichkeit einer Gefährdung des äußeren Bestandes der öffentl. Ordnung wird verneint von Berger, a. a. O. S. 54 und Brechenmacher a. a. O. Vgl. auch Bohne in Festg. f. Rich. Schmidt, Bd. 1 (1932), Fußn. 63 auf S. 131.

[47]) So bes. Frank, a. a. O. § 360 Bem. XI, 2 d; ferner Bohne, Unfug, grober, in Handwörterb. d. Rechtswissensch., Bd. 6 (1929), S. 167 sowie die herrsch. Lehre und Rechtspr. Vgl. darüber die Angaben in Leipz. Komm. (Rohde-Ziegler), a. a. O. § 360 Bem. XI, 15.

[48]) Ebenso Albrecht in Saarl. Ärztebl., 1949, S. 76; zit. nach Bode, a. a. O. S. 371, der ihm zustimmt. Ferner Bohne in Festg. f. Rich. Schmidt, Bd. 1 (1932), S. 130 und Liertz-Paffrath a. a. O. A. A. offenbar Rapmund und Dietrich a. a. O. sowie Seesemann in Ärztl. Vereinsbl. f. Dtschl., Bd. 25 (1928), Sp. 721.

[49]) „Es existiert kein strafrechtlicher oder verfassungsrechtlicher Satz außerhalb des StGB, der in der Sprache des öffentlichen Rechts den Dienst einer Sachbegriffsbestimmung leistet": Erik Wolf in Die Reichsgerichtspraxis im Dtsch. Rechtsleben, Bd. 5 (1929), S. 46. Vgl. auch die Ausführungen des Oberreichsanwalts in RGSt 24, 43.

[50]) Vgl. dazu bes. Erik Wolf a. a. O.; Kohlrausch-Lange, a. a. O. § 242 Bem. I, 1; Schlenker, Der Strafrechtl. Schutz der Leiche, Erl. jur. Diss. 1935, S. 7 und RGSt 32, 179. Demgegenüber greift RGSt 64, 313 f. ohne weiteres auf § 90 BGB zurück. Ähnlich auch Kemmer in Dtsch. Zschr. f. d. ges. Gerichtl. Med., Bd. 18 (1932), S. 433 und vor allem Tietz, a. a. O. S. 10, nach

Anders wäre es nur dann, wenn der Gesetzgeber ausdrücklich oder stillschweigend auf sie Bezug genommen hätte [51]. Davon kann aber schon deswegen keine Rede sein, weil das Bürgerliche Gesetzbuch jünger ist als das Strafgesetzbuch. Alerdings bestand bei dessen Abfassung die Möglichkeit, auf das romanistische Vorbild [52]) des bürgerlich-rechtlichen Sachbegriffs zurückzugreifen. Auch das ist aber nicht geschehen [53]).

Der strafrechtliche Begriff der Sache ist vielmehr ein selbständiger [54]). Er gilt für alle infrage kommenden Vorschriften einheitlich [55]) und ist dem natürlichen Wortsinn sowie dem Sprachgebrauch und der ratio des Gesetzes zu entnehmen [56]). Auf dieser Grundlage sehen Wissenschaft [57]) und Rechtsprechung [58]) als wesentliches Merkmal der Sache zunächst „die Körperlichkeit i. S. der räumlich bestehenden und daher auch räumlich erfaßbaren Materie" [59]) an. Hinzu treten muß jedoch die „Fähigkeit, Objekt einer selbständigen unmittelbaren Herrschaft des Menschen zu sein" [60]). Noch weiter geht neuerdings Nagler [61]). Unter der Bezeichnung „Verkehrsfähigkeit" verlangt er außer tatsächlicher Beherrschbarkeit die Eignung zur Teilnahme am Rechtsverkehr. Selbständige beherrschbare körperliche Gegenstände sollen demnach keine Sache sein, wenn sie „aus rechtlichen oder sozialethischen Gründen nicht für die menschliche Verfügungsgewalt

---

dessen Ansicht „der Begriff der Sache im Rechtssinne" in § 90 BGB festgelegt ist.

[51]) So mit Recht von Bülow in Goltd. Arch., 45. Jahrg. 1897, S. 321.

[52]) Nachweise bei Erik Wolf, a. a. O. Fußn. 8 auf S. 46.

[53]) Erik Wolf, a. a. O. S. 136.

[54]) So bes. RGSt 29, 113 und 32, 179. Ebenso Behr, Die Sachbeschädigung im geltenden Strafrecht und nach den neueren Dtsch. Strafgesetzentwürfen, Tüb. jur. Diss. 1932, S. 12; Leipz. Komm. (Nagler), a. a. O. Vorbem. II, 1 vor § 242 und v. Ohlshausen, Komm. z. StGB, 12. Aufl. (1942), § 242 Bem. 3 a.

[55]) Vgl. Behr a. a. O. Von Sachen ist die Rede in den §§ 124, 125, 136, 242, 243 Ziff. 4, 246, 249, 259, 265, 286 Abs. II, 289, 295 Abs. II, 303, 304, 311, 324, 350, 366 Ziff. 8 sowie 368 Ziff. 5, 6 u. 7 StGB.

[56]) Vgl. RGSt 24, 49 ff. und 29, 113; ferner Behr a. a. O. und Schlenker, a. a. O. S. 7.

[57]) Vgl. z. B. Behr a. a. O.; Gerland, Dtsch. Reichsstrafrecht, 2. Aufl. (1932), S. 562; Kohlrausch-Lange a. a. O.; Leipz. Komm. (Nagler), a. a. O. Vorbem. II, 1 a vor § 242 und Schwarz, a. a. O. § 242 Bem. 1 A.

[58]) Vgl. z. B. RGSt 3, 349; 24, 50 ff.; 29, 113 und 32, 178.

[59]) Leipz. Komm. (Nagler) a. a. O. Wenn § 90 BGB unter Sachen ebenfalls „nur körperliche Gegenstände" versteht, so ist das „eine zufällige Übereinstimmung; der strafrechtliche Sachbegriff ist vom bürgerlich-rechtlichen auch jetzt unabhängig": v. Ohlshausen a. a. O. Vgl. oben Fußn. 50 auf S. 37 f.

[60]) RGSt 32, 174; es handelt sich um Ausführungen des Oberreichsanwalts, die insoweit vom Reichsgericht (a. a. O. S. 180 f.) gebilligt werden. Mit Recht bezeichnet auch Behr a. a. O. als Sache i. S. des Strafrechts „einen selbständigen körperlichen Gegenstand, der der menschlichen Herrschaft unterworfen werden kann".

[61]) Leipz. Komm., a. a. O. Vorbem. II, 1 c vor § 242.

bestimmt sind" [62]). Eine derartige Einschränkung des strafrechtlichen Sachbegriffs begegnet jedoch nur im Hinblick auf den Körper des lebenden Menschen keinen Bedenken. Im übrigen ist es sehr zweifelhaft, ob sie zu billigen ist.

Maßgebend dafür ist zunächst der natürliche Sinn des Wortes Sache. Er ist allerdings sehr schwer zu erfassen. Einen Anhaltspunkt bietet lediglich der Sprachgebrauch des täglichen Lebens. Dieser ist jedoch vielgestaltig und hat sich von seinem Ursprung längst entfernt [63]). Soweit er den Ausdruck Sache zur Bezeichnung eines selbständigen beherrschbaren körperlichen Gegenstandes verwendet, geschieht es aber wohl unabhängig davon, ob die Rechtsordnung eine Verfügung über ihn erlaubt oder nicht. Von Bedeutung ist nur der Standpunkt, den die Sozialethik hierzu einnimmt. Wenn sie die Nutzbarmachung eines Gegenstandes verbietet, wird dieser gewöhnlich nicht Sache genannt. Auf der Verkehrsüblichkeit anderer Bezeichnungen kann das allein nicht beruhen. Es muß vielmehr als Anzeichnen dafür betrachtet werden, daß das natürliche Sein der Dinge begrifflich in eine Beziehung zum Sollen des Menschen gesetzt wird. Daneben besteht auch eine Verbindung zur Gefühlswelt, wie überhaupt die ganze Differenzierung eine Folge innerer Empfindungen ist. Äußere Notwendigkeiten sind ihr jedenfalls nicht vorgegeben; denn wo die normative Sittenlehre des Gemeinschaftslebens die Ausübung menschlicher Herrschaft über einen körperlichen Gegenstand verbietet, bleibt dessen Benennung davon insoweit unberührt, wie sie mit diesem Verbot zu vereinbaren ist. Das ist nach unbefangener Anschauung bei dem Ausdruck Sache aber schon deswegen der Fall, weil er keinerlei Wertung enthält. Daran geht der Sprachgebrauch des Lebens vorbei. Das Ergebnis ist eine den Rahmen vorgegebener Notwendigkeiten überschreitende Symbolisierung des Wortes Sache, die nicht mehr dessen natürlichem Sinn entspricht. Dieser ist lediglich auf eine Unterscheidung stofflichen Seins gerichtet. Dabei grenzt er in erster Linie physikalische Eigenschaften voneinander ab. Sache bedeutet dann nichts anderes als lebloser Gegenstand, ein körperliches Etwas also, das man auch als Ding bezeichnet. Wie sich der Mensch zu ihm verhält, welchen Nutzen er aus ihm zieht, ist ohne Einfluß. Es handelt sich demnach nicht um einen funktionellen, auch nicht um einen wertmäßigen, sondern um einen reinen Seinsbegriff.

---

[62]) Leipz. Komm. (Nagler) a. a. O.

[63]) Ursprünglich hatte das Wort Sache nur die Bedeutung von Streitigkeit, Zwist. Man bezeichnete damit vor allem den vor Gericht ausgetragenen Streit und später auch alles das, was Ursache einer Verhandlung sein konnte. Die weitere Sprachentwicklung dehnte die Anwendung des Ausdrucks mehr und mehr aus. Vgl. hierzu J. u. W. Grimm, Dtsch. Wörterbuch, Bd. 8 (1893), Art. Sache, Bem. II.

Von einem solchen geht auch das Gesetz aus. Weder dem Wortlaut noch dem Sinn seiner Vorschriften [64]) ist zu entnehmen, daß die Fähigkeit zur Teilnahme am Rechtsverkehr auf die Sachqualität selbständiger beherrschbarer körperlicher Gegenstände von Einfluß wäre. Soweit diese als Handlungsobjekt einzelner Straftaten eine Unterscheidung erfahren, geschieht es durch attributive Beschreibung ihrer sonstigen Eigenschaften. Die verschiedentlich vorgenommene Hinzufügung des Wortes „fremd" bietet sich dabei zur Lösung der hier erörterten Frage geradezu an [65]). Nicht zum Ziele führt dagegen eine Interpretation des vom Gesetz an einigen Stellen verwandten Wortes Gegenstand. Dieser Ausdruck hat wechselnde Bedeutung [66]) und wird im Unterschied zu § 90 BGB [67]) nirgendwo in Beziehung zum Begriff der Sache gesetzt.

An einer solchen Verbindung fehlt es freilich nur im Strafgesetzbuch selbst; dort ist das Wort Sache ja bekanntlich gar nicht definiert. Wissenschaft und Rechtsprechung holen dies jedoch nach und zwar in aller Regel unter Verwendung des Ausdruckes Gegenstand. Hierbei handelt es sich aber nicht um einen terminus technicus, sondern um die Benutzung einer allgemein üblichen sprachlichen Wendung. Sie bezeichnet ein Objekt im allgemeinsten Sinne; ob darüber nach den Vorschriften der Rechts- oder Sittenordnung verfügt werden darf, ist völlig gleichgültig. Aus dem Worte Gegenstand kann also die von Nagler vorgenommene Beschränkung des strafrechtlichen Sachbegriffes ebenfalls nicht hergeleitet werden.

Es fehlt ihr demnach an einer Grundlage. Infolgedessen bleibt es dabei: Sache i. S. des Strafrechts ist jeder vernunftlose körperliche Gegenstand, der geeignet ist, Objekt einer selbständigen unmittelbaren Herrschaft des Menschen zu sein. Das ist bei einem Leichnam

---

[64]) Die in Frage kommenden Bestimmungen sind oben Fußn. 55 auf S. 38 zusammengestellt.

[65]) Sie wurde übrigens früher auch von Leipz. Komm. dazu benutzt; vgl. 4. Aufl. (1929), Vorbem. I, 3 a vor § 242.

[66]) Während z. B. in § 219 StGB ohne Zweifel nur körperliche Dinge gemeint sind, ist in § 264 a StGB nach richtiger Ansicht unter Gegenstand jeder Vermögensbestandteil zu verstehen. Vgl. dazu Schönke-Schröder, a. a. O. § 264 a Bem. II mit weiteren Angaben über Literatur und Rechtsprechung.

[67]) Nach § 90 BGB sind Sachen „nur körperliche Gegenstände". Das Gesetz geht also von dem Oberbegriff „Gegenstand" aus. Dieser ist freilich nirgends definiert. Sohm, Der Gegenstand, 1905, S. 7 ff.; zit. nach Planck, Komm. z. BGB, 4. Aufl. 1913, Vorbem. 1 vor § 90, behauptet, Gegenstand i. S. des § 90 BGB sei nur, was Gegenstand eines Verfügungsgeschäftes sein könne. Infolgedessen sei die Fähigkeit zur Teilnahme am verfügungsgeschäftlichen Verkehr wesentliches Merkmal einer Sache. Diese Ansicht ist heftig umstritten. Vgl. dazu die Übersichten bei Planck a. a. O. und v. Staudinger-Riezler, Komm. z. BGB, 10. Aufl. (1936), Vorbem. II vor § 90.

der Fall; er ist daher eine Sache [68]) [69]). Dafür spricht auch die Bestimmung des § 168 StGB, in der ein Gewahrsam an der Leiche anerkannt und geschützt wird [70]). Gleichwohl hat der hier eingenommene Standpunkt aber freilich zahlreiche Gegner [71]) [72]).

Die Sacheigenschaft des menschlichen Leichnams ist übrigens auch im Zivilrecht heftig umstritten. Auch dort stehen den sie bejahenden Ansichten [73]), denen auf der Grundlage des § 90 BGB unbedingt

---

[68]) Für die Ansicht, der menschliche Leichnam sei eine Sache i. S. des Strafrechts, haben sich vor allem ausgesprochen Bohne, a. a. O. S. 133 ff.; Gerland, a. a. O. S. 562; Mezger, a. a. O. S. 112; Schlenker, a. a. O. S. 18 f.; Striemer in Die Med. Welt, 3. Jahrg. 1929, S. 1374 und Schwarz, a. a. O. § 242 Bem. 1 C b. Der 2. Strafsenat des RG hat in seinem vielbeachteten Urt. v. 25. Sept. 1930 (RGSt 64, 313 ff.) die Frage offengelassen. Demgegenüber wird in Münch. Med. Wschr., 77. Jahrg. 1930, S. 1786 (der Verf. ist nicht angegeben) behauptet, der Senat habe sich „auf ausdrückliches Ersuchen der Reichsanwaltschaft einer Prüfung der für diesen Prozeß nicht maßgeblichen Frage, ob der menschliche Leichnam eine Sache sei, unterzogen“ und sei zu ihrer Verneinung gelangt. Diese Behauptung ist unrichtig; so bereits Schläger in Med. Klinik, 27. Jahrg. 1931, S. 793.

[69]) Das türkische Strafrecht kennt den Diebstahl einer Leiche, betrachtet letztere also offenbar als Sache. Vgl. dazu Bohne, a. a. O. Fußn. 123 auf S. 148 f. mit weiteren Angaben über das ausländische Recht.

[70]) So bes. RGSt 64, 313 f.; Berger, Das Recht des Arztes zur Leichenobduktion, Hall. jur. Diss. 1932, S. 12; v. Blume in Arch. civ. Prax., Bd. 112 (1914), S. 375; Schlenker, Der strafrechtl. Schutz der Leiche, Erl. jur. Diss. 1935, S. 19 und Weise in DJZ, 17. Jahrg. 1912, Sp. 1293. A. A. Brechenmacher, a. a. O. S. 56 und Maurach, Dtsch. Strafr., Bes. T., 1952, S. 157.

[71]) So bes. OLG Hamburg in DJZ, 34. Jahrg. 1929, S. 718; Brechenmacher a. a. O.; Bode in Zentralbl. f. Allg. Path. u. Path. Anatomie, Bd. 86 (1950), S. 370 f., nach dessen Ansicht § 168 StGB mit Rücksicht auf die §§ 242 und 246 StGB überflüssig gewesen wäre, wenn der Gesetzgeber einen Leichnam als Sache betrachtet hätte. Dies ist jedoch ein Irrtum; denn Handlungsobjekt der §§ 242 und 246 StGB sind nur „fremde“ Sachen. Gegen die Sacheigenschaft der menschlichen Leiche äußern sich ferner Ebermayer in Dtsch. Med. Wschr., 56. Jahrg. 1930, S. 1535 und 2145; v. Liszt-Schmidt, 25. Aufl. (1927), S. 580; Maurach a. a. O.; Niethammer, a. a. O. S. 228; v. Ohlshausen, Komm. z. StGB, 12. Aufl. (1942), § 242 Bem. 7, dessen Hinweis auf RGSt 64, 314 aber mißverständlich ist, weil das RG in dieser Entscheidung die Frage der Sacheigenschaft der menschlichen Leiche dahingestellt sein läßt; Schorn in Dtsch. Zschr. f. d. ges. Gerichtl. Med., Bd. 14 (1930), S. 365 und Wassermann in Die Med. Welt, 2. Jahrg. 1928, S. 1723.

[72]) Es kann aber keine Rede davon sein, daß die Leiche des Menschen „nach unbestrittener Auffassung in der Rechtsprechung und Literatur“ nicht als Sache anzusehen sei, wie Dessau in Die Med. Welt, 2. Jahrg. 1928, S. 1584 meint. Vgl. auch Schumacher in Münch. Med. Wschr., 77. Jahrg. 1930, S. 1785.

[73]) Schon im gemeinen Recht wurde ein Leichnam als Sache betrachtet. Vgl. dazu Schultheis, Über die Möglichkeit von Privatrechtsverhältnissen am menschlichen Leichnam, Hall. jur. Diss. 1888; zit. nach v. Blume, a. a. O. Fußn. 9 auf S. 375. Heute steht die herrsch. Lehre auf dem gleichen Standpunkt. Vgl. bes. Berger a. a. O., Enneccerus-Nipperdey, Lehrb. d. Bürgerl. Rechts, Allg. T., 14. Aufl. (1. Halbb., 1952), S. 496; Lehmann, Allg. T. des BGB, 8. Aufl. (1954), S. 345; Oertmann, Komm. z. BGB, 3. Aufl. (1926), Bem.

zuzustimmen ist, viele verneinende [74]) gegenüber. Die Vertreter der letzteren stützen sich zumeist auf grundsätzliche Erwägungen. Wenn diese zu billigen wären, könnte auch das Strafrecht an ihnen nicht vorübergehen.

Das gilt vor allem von der Behauptung, ein Verstorbener sei Träger rechtlicher Interessen und als solcher Rechtssubjekt. Für diese Ansicht, die von Schwarz [75]) vertreten wird, spricht das Fehlen einer gesetzlichen Bestimmung darüber, daß die Rechtsfähigkeit des Menschen mit demTode endet. Dies ist jedoch nahezu selbstverständlich; es stand darüberhinaus in § 1 des I. Entwurfes zum Bürgerlichen Gesetzbuch. „Wegen der Überflüssigkeit einer solchen Vorschrift wurde in der II. Kommission ihre Streichung beantragt, zuerst abgelehnt, dann aber der Redaktionskommission überlassen, welche sie verfügte [76])."

Trotzdem wird verschiedentlich angenommen, daß der Leichnam des Menschen Objekt eines Persönlichkeitsrechtes des Verstorbenen sei. Hauptvertreter dieser Auffassung ist Gareis [77]). Er geht von dem lebenden Menschen aus und meint, dieser habe ein persönliches Herrschaftsrecht über das Äußere seines Ich, wie es bereits in der germanischen Selbstmuntschaft und der römischen potestas sui zum Ausdruck gekommen sei. Zur Anerkennung eines solchen Rechts gelange man durch „logische Spaltung des rechtsfähigen Menschen in das berechtigte Subjekt einerseits und das von diesem beherrschte

---

6 e vor § 90; Planck, a. a. O. Vorbem. 2 a vor § 90 und Weiser, Die Fürsorge f. d. Leichnam, Marb. jur. Diss. 1933, S. 16 ff. Vgl. auch Palandt-Danckelmann, BGB, Kurzkomm., 14. Aufl. (1955), Einf. 4 b vor § 90 und RGRK (BGB), 9. Aufl. (1939), § 90 Bem. 1. Weitere zivilrechtliche Literatur bei Bohne, a. a. O. Fußn. 66 auf S. 131 f. und v. Blume a. a. O. Vgl. auch die Angaben in RGSt 64, 313 f.

[74]) Vgl. die Angaben bei Bohne, a. a. O. Fußn. 81 u. 82 auf S. 135 f. Die Sacheigenschaft des menschlichen Leichnams wird außerdem verneint von Erman-Böhle-Stamschräder, Handkomm. z. BGB 1952, § 90 Bem. 8; Soergel-Siebert, BGB, Komm., 8. Aufl. (1952), § 90 Bem. 3 und Warneyer, BGB, Komm., 11. Aufl. (1950), Bem. z. § 90. Vgl. auch v. Staudinger-Riezler, a. a. O. § 90 Bem. 4 und Wieacker in Arch. civ. Prax., Bd. 148 (1943), Fußn. 11 auf S. 66.

[75]) Rechtssubjekt und Rechtszweck; in Arch. Bürgerl. Recht, Bd. 32 (1908), S. 12; zit. nach Tietz, a. a. O. S. 9 und Weiser, a. a. O. S. 22 f., der die Ansicht auch eingehend erörtert.

[76]) v. Staudinger-Riezler, a. a. O. Vorbem. 1 vor §§ 13—20, mit Hinweis auf den I. Entw. z. BGB, Protokolle d. Komm. f. d. zweite Lesung, Bd. 1 S. 106 f. Gleicher Ansicht Tietz, a. a. O. S. 12 mit weiteren Nachweisen.

[77]) Das Recht am menschlichen Körper; in Festg. f. Schirmer, 1900, S. 59 ff.; eine Zusammenfassung der dortigen Ausführungen findet sich bei Gareis in Seuff. Bl., Bd. 70 (1905), S. 316 ff., wo aber im Gegensatz zu ersterer Stelle die Sacheigenschaft des menschlichen Leichnams verneint wird. Vgl. dazu Bohne, a. a. O. S. 133 ff. und die dort angegebene weitere Literatur. Eine ganz eingehende Erörterung der Gareis'schen Lehre findet sich bei Johnsen, Das Privatrecht der Leiche, 1912, S. 28 ff.

Objektive im freien Menschen andererseits". Nach dem Tode des Menschen bestehe das Persönlichkeitsrecht an seinem Leichnam weiter, solange der Zusammenhang zwischen dessen Teilen noch nicht durch Verwesung oder einen ähnlich wirkenden Einfluß gänzlich aufgehoben sei. Diese „Prolongation oder — wenn man wolle — Nachwirkung des Persönlichkeitsrechtes des Lebenden" sei in den §§ 168 und 189 StGB positivrechtlich anerkannt. Dort werde nämlich die Totenehre geschützt; maßgebend dafür sei das Pietätsgefühl, auf dessen Grundlage man in einem Verstorbenen die Person achte. Auch die gesetzliche Respektierung des letzten Willens eines Menschen sowie die posthume Dauer der Urheberrechte seien ein Beweis für die „Anerkennung der Fortdauer des Persönlichkeitsrechtes oder der Nachwirkung desselben".

Diese Ansicht ist abzulehnen [78]. Schon beim lebenden Menschen ist das Bestehen eines Persönlichkeitsrechtes in dem behaupteten Umfang höcht zweifelhaft [79]. Die „logische Spaltung", mit der es zu beweisen versucht wird, erscheint willkürlich [80]. Sie müßte darüberhinaus auch beim Verstorbenen durchgeführt werden, wenn dieser die Inhaberschaft des Rechtes fortsetzen soll. Hier deutet sich der entscheidende Fehler bereits an; er liegt in der Gleichsetzung von Fortdauer und Fortwirkung eines Rechtes. Erstere bedeutet sein weiteres Bestehen, letztere lediglich ein Anhalten seiner Folgen [81].

Den darin liegenden Unterschied verkennt auch Walter G. Bekker [82]. Auch er verweist für das Bestehen eines Persönlichkeitsrechtes des Verstorbenen an seinem Leichnam auf die gesetzliche Anerkennung testamentarischer Verfügungen. „Soweit Testamente allgemeine familienrechtliche Bestimmungen, z. B. eine Vormundschaftsernennung, enthielten, würden zweifelsfrei Persönlichkeitsrechte zur Fortwirkung gebracht." Das postmortale Auftrags- und Salmannsgeschäft — § 330 BGB — sowie § 2 Abs. 1 des Feuerbestattungsgesetzes vom 15. Mai 1934, wo ausdrücklich bestimmt werde, daß sich die Bestattungsart nach dem Willen des Verstorbenen zu richten habe, deuteten ebenfalls auf das Fortwirken von Rechten nach dem Tode hin. In allen diesen Fällen könne „nur noch in einem rein technischen Sinne von einer Beendigung der Rechtsfähigkeit gesprochen werden" [83].

---

[78]) Zur Kritik Gareis' vgl. auch Bohne a. a. O. und Weiser, a. a. O. S. 19.

[79]) Ebenso Bohne a. a. O. und Weiser a. a. O.

[80]) So bes. Weiser a. a. O. Bohne, a. a. O. Fußn. 73 auf S. 133 meint, „in dieser ‚logischen Spaltung' liege der Grundirrtum der Gareis'schen Lehre".

[81]) Schon Hegemann, Der Leichnam im Rechtssystem, Erl. jur. Diss. 1912, S. 28 und v. Schwerin in Seuff. Bl., Bd. 70 (1905), S. 660 haben darauf hingewiesen, daß „Fortdauer" etwas anderes ist als „Nachwirkung".

[82]) In JR 1951, S. 328 ff.

[83]) In Wirklichkeit findet nach Ansicht Walter G. Beckers auch nach dem Tode noch Willensbefolgung statt; „Willens- und Rechtsfähigkeit würden

Diese Folgerung ist unrichtig. Sie wäre nur dann zu billigen, wenn das Bestehen von Rechten identisch wäre mit dem Vorhandensein der durch ihre Ausübung geschaffenen Wirkungen. Davon kann jedoch keine Rede sein. Nicht einmal das Gegenüber von Recht und Rechtsfolge bleibt erhalten, wenn der Mensch stirbt; denn mit ihm stirbt das tragende Element: der gestaltende Wille. Was weiterlebt, ist lediglich die rechtliche Wirkung dieses Willens, wie sie durch zu Lebzeiten abgegebene Erklärungen hervorrufen wird [84]) [85]). Auch Ehre hat ein Toter nicht mehr [86]). Die Verunglimpfung seines Andenkens und die Verübung beschimpfenden Unfugs an seiner Leiche oder Beisetzungsstätte sind zwar strafbar, aber nur mit Rücksicht auf die Interessen Lebender [87]).

---

also anerkannt". Zu dem praktisch gleichen Ergebnis gelangen auch Rausnitz und Schreuer. Rausnitz (in Das Recht, 7. Jahrg. 1903, S. 593 ff.) meint, daß der Leichnam „als Rest eines erloschenen Rechtssubjekts die Rechte der Persönlichkeit nicht völlig verliere, sondern daß ihm ein Teil dieser Rechte noch eine gewisse Zeit lang von Gesetz und Sitte gewährleistet werde". Schreuer (in Festg. d. Bonn. Jur. Fakultät f. Bergbohm, 1919, S. 262 ff.) ist der Ansicht, „wie das physische Leben nicht auf einmal abreiße, sondern nur stückweise erlösche, so blieben auch von der Vollpersönlichkeit über den Tod hinaus Stücke lebendig. Nicht nur die Werke des Toten wirkten nach; auch seine Rechtspersönlichkeit lebe, wenn auch zersetzt und absterbend über den Tod hinaus". Vgl. dazu Bohne, a. a. O. S. 139 und Fußn. 95 ebd. sowie die dort angegebene weitere Literatur. Vgl. ferner Weiser, a. a. O. S. 19 f. Vgl. schließlich das grundsätzliche Urteil des BGH vom 26. Nov. 1954 in JZ 1955, S. 211 ff. mit Anmerkung Ulmer. Während der BGH, a. a. O. S. 214 ausdrücklich feststellt, daß die Rechtsfähigkeit des Menschen mit dem Tode erlischt und sodann zutr. von der Fortwirkung eines Rechts spricht, geht Ulmer, a. a. O. S. 215, der dies offensichtlich übersieht, wieder von der Fortdauer eines Rechts aus.

[84]) So bes. v. Tuhr, D. Allg. T. d. Dtsch. Bürgerl. Rechts, Bd. 1 (1910), S. 382 f.

[85]) Selbst wenn man entgegen der hier vertretenen Ansicht aus der gesetzlichen Anerkennung letztwilliger Verfügungen auf die Fortdauer eines Persönlichkeitsrechtes schließen wollte, so würde diese Folgerung doch nur für solche Verstorbene zutreffen, die vor ihrem Tode testierfähig waren bzw. einen Erbvertrag schließen konnten. Vgl. dazu §§ 2064, 2229 f. und 2274 f. BGB.

[86]) Bestr.; mit der hier vertretenen Ansicht übereinst. Leipz. Komm. (Nagler-Schäfer), a. a. O. Vorbem. II, 1 vor § 185 mit Übersicht über Literatur und Rechtsprechung sowie Brechenmacher, a. a. O. S. 65 ff., der die Frage eingehend erörtert. Vgl. auch Crusen, Der strafrechtl. Schutz des Rechtsgutes der Pietät, 1890, S. 3 f., der mit Recht davon ausgeht, daß es keine strafbare Handlung gibt, die den Verstorbenen als solchen verletzt, der aber gleichwohl feststellt, daß das Gefühl sich dagegen sträube, „zu dulden, daß der irdischen Hülle des Verstorbenen mit Frevlerhand genaht, daß seine Ehre, die er selbst nicht mehr verteidigen könne, angegriffen werde".

[87]) Mit Recht geht v. Tuhr, a. a. O. Fußn. 17 auf S. 383 davon aus, daß „Interesse ohne interessiertes Subjekt nicht möglich sei. Wenn das Gesetz die Möglichkeit biete, den Willen eines Verstorbenen durchzusetzen, sein Gedächtnis gegen Verunglimpfungen zu schützen, Leichnam und Beerdi-

Ihr Pietätsgefühl ist das in den §§ 168 und 189 StGB geschützte Rechtsgut [88]). Es beruht auf dem liebenden Andenken an einen Verstorbenen, den eine höhere Macht abberufen hat und auf der Ehrfurcht vor dem, was Menschenantlitz trägt. Gleichwohl wird ein Toter aber nicht als Person geachtet, denn neben seiner Ähnlichkeit ist gerade die „erschütternde Ungleichartigkeit gegenüber dem, der gelebt hat" [89]), die Wurzel des Pietätsgefühls. Aus dessen Schutz kann also die gesetzliche Anerkennung eines den Tod überdauernden Persönlichkeitsrechtes des Verstorbenen ebenfalls nicht gefolgert werden [90]).

Die gegen das Vorhandensein eines solchen Rechtes sprechende mangelnde Rechtsfähigkeit Toter umgeht Otto von Gierke [91]). Nach seiner Ansicht wird der Körper des Menschen, der schon bei dessen Lebzeiten keinen Gegenstand des Sachenrechtes bilde, diesem auch durch den Tod nicht unterworfen, „sondern bleibt als Rückstand der Persönlichkeit das Objekt eines nunmehr den Hinterbliebenen zustehenden Persönlichkeitsrechtes". Auch diese Auffassung ist abzulehnen; wie bereits das Reichsgericht [92]) ausgesprochen hat, folgt nämlich aus der Natur eines Persönlichkeitsrechtes, daß es mit dem Tode seines Trägers erlischt.

Zuzugeben ist allerdings, daß das Persönlichkeitsrecht eines Lebenden über den Tod hinaus Wirkungen zu äußern vermag. Dieser Umstand als solcher — ohne den fehlgehenden Schluß auf die Rechtsfähig-

---

gungsstätte vor Störungen zu bewahren, so beruhten diese Einrichtungen z. T. auf dem Interesse, welches der Mensch zu Lebzeiten an diesen Dingen gehabt habe, z. T. auf dem Interesse der Überlebenden." Letzteres ist aber kein „Interesse an der Person des Verstorbenen", wie von Tuhr a. a. O. formuliert, sondern allenfalls ein Interesse am Leichnam, was wohl auch gemeint ist.

[88]) Daß das Pietätsgefühl Schutzobjekt des § 168 StGB ist, ist allgemein anerkannt. Vgl. z. B. Frank, a. a. O. § 168 Bem. II und Schönke-Schröder, a. a. O. § 168 Bem. I. Welches das Rechtsgut des § 189 StGB ist, ist dagegen stark umstritten. Auf dem hier vertretenen Standpunkt, der das Pietätsgefühl als solches nennt, steht neuerdings Leipz. Komm. (Nagler-Schäfer), a. a. O. § 189 Bem. I mit Übersicht über den Stand der Meinungen.

[89]) Binding, Lehrb. d. gem. dtsch. Strafrechts, Bes. T., Bd. 1 (1902), S. 184; zit. nach Brechenmacher, a. a. O. Fußn. 3 auf S. 33.

[90]) Ebenso Brechenmacher, a. a. O. S. 55, der aber wohl nicht den Kernpunkt trifft, wenn er sagt, das Pietätsgefühl „liege in den Lebenden und beruhe auf ihren Beziehungen, welche sie zu Lebzeiten des Verstorbenen mit ihm unterhalten hätten, sowie auf der Achtung der Menschenwürde, der Ehrfurcht des Menschen vor seinesgleichen, auch noch nach seinem Tode". Gerade auf die Empfindung der Ungleichartigkeit trotz äußerer Ähnlichkeit kommt es an.

[91]) Dtsch. Privatrecht, Bd. 2 (1905), S. 35 f. mit zahlreichen weiteren Angaben.

[92]) I. Zivilsenat, Urt. v. 28. Febr. 1898; RGZ 41, 50; zust. Hegemann, a. a. O. S. 28 und Fußn. 3 ebd.; Schlenker, a. a. O. S. 14 und Weiser, a. a. O. S. 19.

keit Verstorbener [93]) — wird denn auch vielfach [94]) gegen die Sacheigenschaft menschlicher Leichen ins Feld geführt; man sagt, das Recht der Persönlichkeit wirke in dem Leichnam eines Menschen noch fort.

Bohne [95]) sieht darin den Ausdruck eines „mehr oder weniger mystischen Gefühls". In der Tat ist die von ihm kritisierte Beweisführung nicht zu billigen; denn die noch anhaltende Wirkung des Persönlichkeitsrechtes könnte einen Leichnam dem Kreise der Sachen nur dann entziehen, wenn sie auch der Grund für die dem Körper des lebenden Menschen von der Rechtsordnung eingeräumte Sonderstellung wäre. Das ist aber nicht der Fall. Maßgebend ist vielmehr die Innehabung des Rechtes selbst, die Tatsache also, daß der lebende Mensch Rechtssubjekt ist.

E. Merkel [96]) sieht hierin offenbar den Ausdruck eines sittlichen oder religiösen Gebotes. Er führt aus, der „tote Herr der Dinge lasse sich den Dingen nicht gleichstellen. Der Mensch, Gottes Ebenbild, qualifiziere die Dinge außer ihm — sich selbst unter sie zu reihen, widerstreite seiner innersten Natur; denn die Dinge der Erde seien dem Menschen untertan; Gott habe gesagt: Herrsche über sie!" [97])

---

[93]) Durch die regelmäßig gebrauchte Wendung „fortwirkendes Persönlichkeitsrecht des Verstorbenen" darf man sich nicht täuschen lassen; gemeint ist ein über den Tod hinaus fortwirkendes Persönlichkeitsrecht des Lebenden. Vgl. dazu unten Fußn. 94 auf S. 46.

[94]) Vgl. bes. Warneyer in Der Chirurg, 3. Jahrg. 1931, S. 497 ff., der davon ausgeht, daß die Rechtsfähigkeit des Menschen mit dem Tode endet und unter Hinweis auf letztwillige Verfügungen meint, „die Wirkung der Rechtspersönlichkeit eines Verstorbenen (es soll wohl heißen: Lebenden) erstrecke sich in gewissem Sinne über seinen Tod hinaus". Damit soll — wie sich aus einer Bezugnahme a. a. O. S. 498 ergibt — zum Ausdruck gebracht sein, daß „das Recht der Persönlichkeit eines Verstorbenen (auch hier muß es wohl heißen: Lebenden) noch in seinem Leichnam fortwirke. Dieser Ansicht ist auch der IV. Zivilsenat des RG in seinen Urteilen vom 3. Dez. 1903 (in Seuff. Arch. Bd. 59 (1903), S. 309) und 13. März 1913 (in JW 1913, S. 653) sowie der VI. Zivilsenat des RG in seinem Urt. v. 28. Okt. 1920 (RGZ 100, 172). Der II. Strafsenat des RG hat in seinem Urt. v. 25. Sept. 1930 (RGSt 64, 313 ff.) die Frage offengelassen. In allen genannten Entscheidungen ist die Ausdrucksweise eine sehr vorsichtige. Weitere Angaben zu Literatur und Rechtsprechung finden sich bei Bohne, a. a. O. Fußn. 81 und 82 auf S. 135 f.

[95]) a. a. O. S. 135 f. Vgl. auch Weiser, a. a. O. S. 25, nach dessen Auffassung „die meisten gegen die Sacheigenschaft des Leichnams vorgebrachten Einwendungen auf unklaren, gefühlsmäßigen Vorstellungen beruhen".

[96]) Die Rechtsnatur des menschlichen Leichnams; in Sächs. Arch. f. dtsch. bürgerl. Recht, 14, S. 677 ff. Vgl. auch E. Merkel, Der Leichenraub, eine historische und dogmatische Studie, 1904.

[97]) E. Merkel in Sächs. Arch. f. dtsch. bürgerl. Recht, 14, S. 680; Der Leichenraub, 1904, S. 18.

Diese Beweisführung hat jedoch heftigen Widerspruch gefunden[98]. Gegen sie ist eingewandt worden, die das Privatrecht beherrschende Unterscheidung von Person und Sache sei rein logischer Natur[99]. Ethische Prinzipien seien ihr nicht vorgegeben. Selbst wenn das aber der Fall wäre, so sei nicht einzusehen, worin das für den lebenden Menschen und seinen Leichnam gemeinsame ethische Moment liege. Bezüglich des Leichnams gebiete die Sittenlehre doch „nur Achtung mit Rücksicht auf die Pietätsgefühle und religiösen Anschauungen anderer."[100] Dem ist zuzustimmen. Ergänzend ist zu bemerken, daß auch von den christlichen Religionen die dem lebenden Menschen zugewiesene Stellung nicht auf seinen Leichnam ausgedehnt wird. Die ehrfürchtige Behandlung des Leichnams beruht vielmehr auf dem Glauben an eine Auferstehung am jüngsten Tage[101].

Daß diese oder die allgemeine sittliche Überzeugung einer Zuordnung des menschlichen Leichnams zu den Sachen entgegenstehe, muß durchaus bestritten werden[102]. Die gegenteilige Auffassung, die in fast allen die Sacheigenschaft des Leichnams verneinenden Ansichten irgendwie anklingt[103], übersieht den wertungsfreien Charakter einer solchen Maßnahme. Sie verkennt, daß es sich um eine rein seinsmäßige Feststellung handelt, die an die sinnliche Wahrnehmung anknüpft und das „kulturelle Denken und Fühlen"[104] gänzlich unberührt läßt. Von einer „Degradierung"[105] des Leichnams kann gar keine Rede sein.

---

[98] Zur Kritik E. Merkels vgl. vor allem Bohne, a. a. O. S. 138 f.; Johnsen, a. a. O. S. 14 ff. und Weiser a. a. O.

[99] Vgl. Bohne a. a. O.

[100] Bohne, a. a. O. S. 139 mit weiteren Angaben.

[101] Maßgebend ist das Johannesevangelium, 5. Kap., 28. u. 29. Vers.

[102] Vgl. dazu bes. Bohne, a. a. O. S. 137 mit weiteren Angaben und Weiser, a. a. O. S. 21.

[103] Tietz, a. a. O. S. 4 und bes. S. 93 ff. behauptet, die Verschiedenheit solcher „subjektiven" Theorien, die die Gefühlsmomente bei der Rechtsauslegung berücksichtigen, von anderen „objektiven" Theorien beruhe auf dem Gegensatz zwischen materialistischer und idealistischer Weltanschauung. Hiergegen mit Recht Bohne, a. a. O. Fußn. 81 auf S. 136, der von einer „merkwürdigen Vermengung weltanschaulicher und juristischer Betrachtungsweise" spricht.

[104] Diese Zusammenfassung der gegen die Sacheigenschaft des menschlichen Leichnams ins Feld geführten ethischen und religiösen Gesichtspunkte findet sich bei Ponsold-Schmidt, Lehrb. d. gerichtl. Med., 1950, S. 59. Ponsold-Schmidt behaupten, der Leichnam habe „für unser ganzes kulturelles Denken und Fühlen eine völlig andere Bedeutung als die ‚körperlichen Gegenstände', die § 90 BGB als ‚Sachen' bezeichne. Dies sei keine Mystik, sondern die ganz ‚natürliche' Auffassung, zu der uns unser Menschbewußtsein zwingen sollte". Das ist jedoch nicht einzusehen, zumal auch sonst über die Sacheigenschaft eines körperlichen Gegenstandes ja nicht das Affektionsinteresse, sondern lediglich das äußere Sein entscheidet. Vgl. dazu auch Bohne, a. a. O. S. 137.

[105] Vgl. C. E. Cramer, Die Behandlung des menschlichen Leichnams im

Nach alledem ist daran festzuhalten, daß der Leichnam des Menschen Sache i. S. des Strafrechts wie überhaupt Sache im Rechtssinne ist.

Damit ist allerdings noch nicht gesagt, daß an ihm durch Vornahme einer klinischen Sektion eine Sachbeschädigung i. S. des § 303 StGB begangen werden könnte. Handlungsobjekt eines solchen Vergehens ist nämlich nur eine „fremde" Sache. „Fremd" ist eine Sache dann, wenn sie im Eigentum einer anderen Person als des Täters steht [106]). Ob das der Fall ist, bestimmt sich nach den Vorschriften des bürgerlichen Rechts. Allein maßgebend sind diese aber nicht. Es kommen vielmehr auch Vorschriften anderer außerstrafrechtlicher Rechtsgebiete in Betracht, handelt es sich doch zunächst einmal darum, ob an der betreffenden Sache überhaupt Eigentum möglich ist [107]).

Dies ist bei dem Leichnam des Menschen sehr zweifelhaft. Von vorneherein ausgeschlossen ist es aber nicht; denn „an sich ist jede Sache taugliches Objekt sachenrechtlicher Herrschaft" [108]) [109]). Auch die sog. rechts- oder verkehrsunfähigen Sachen machen keine Ausnahme. Wenn sie der privatrechtlichen Rechtsmacht ganz oder teilweise entzogen sind, so ist das eine Folge ihrer jeweiligen besonderen Zweckbestimmung. Die Rechts- oder Verkehrsunfähigkeit reicht daher auch nur so weit, „wie die Anerkennung privatrechtlicher Rechtsmacht zu dieser Zweckbestimmung in Widerspruch stünde [110]). Das ist von Fall zu Fall verschieden. Eigentum ist aber grundsätzlich nicht ausgeschlossen; es ist nur starken Beschränkungen unterworfen. So vor allem bei den sog. res sacrae et religiosae. Hierbei handelt es sich um Sachen, die religiösen oder Bestattungszwecken zu dienen bestimmt sind. Der Leichnam des Menschen gehört nicht zu ihnen; denn er ist nicht der Bestattung zu dienen be-

---

Zivil- und Strafrecht, Zür. jur. Diss. 1885; zit. nach Bohne a. a. O. und Weiser a. a. O.

[106]) Vgl. Kohlrausch-Lange, a. a. O. § 242 Bem. I, 3; Leipz. Komm. (Nagler), a. a. O. Vorbem. II, 3 vor § 242; Schönke-Schröder, a. a. O. § 242 Bem. IV, 3 und Schwarz, a. a. O. § 242 Bem. 1 C.

[107]) Daß im Rahmen des Tatbestandsmerkmales „fremd" auch diese Frage zu beantworten ist, wird überall dort übersehen, wo auf die alleinige Maßgeblichkeit bürgerlich-rechtlicher Vorschriften abgestellt wird. Vgl. z. B. Kohlrausch-Lange a. a. O.; Schönke-Schröder a. a. O. und Schwarz a. a. O.

[108]) Lehmann, a. a. O. S. 368. Vgl. auch Enneccerus-Nipperdey, a. a. O. S. 544 f.

[109]) Den römisch-rechtlichen Begriff der res extra commercium kennt das BGB nicht. Vgl. dazu Bohne, a. a. O. S. 141 mit weiteren Angaben. Daraus, daß das BGB den Begriff nicht kennt, kann aber nicht ohne weiteres auf seine Aufhebung geschlossen werden. Vgl. dazu Enneccerus-Nipperdey, a. a. O. S. 545 mit Hinweis auf die Motive z. BGB, Bd. 3, S. 25 ff. Vgl. ferner noch OLG Gera in HESt 2, 296; Hegemann, a. a. O. S. 28 f. und Kemmer in Dtsch. Zschr. f. d. ges. Gerichtl. Med., Bd. 18 (1932), S. 432.

[110]) Lehmann a. a. O. Ebenso Enneccerus-Nipperdey a. a. O.

stimmt wie die Gruft, die ihn aufnimmt, sondern wird selbst bestattet.

Diese Maßnahme hat erhebliche Bedeutung. Nach herrschender Lehre [111]) kann der Leichnam nämlich im Eigentum stehen, wenn er in wissenschaftlichem Interesse der Bestattung dauernd oder vorübergehend entzogen worden ist [112]). Ersteres trifft für die im Besitz von Museen, letzteres für die im Besitz von anatomischen Instituten befindlichen Leichen zu. Weitere Fälle sind denkbar, aber nicht im Zusammenhang mit klinischen Sektionen. Der Zweck pathologisch-anatomischer Untersuchungen bietet die Gewähr dafür. Seine Erreichung ist mit der Vornahme der Bestattung durchaus zu vereinbaren. Auch ein Aufschub der Bestattung ist nicht erforderlich. Wenn im Einzelfall einmal länger dauernde bakteriologische, serologische oder chemische Untersuchungen ausgeführt werden müssen, so wird das dazu erforderliche Gewebe bzw. die Flüssigkeit dem Leichnam entnommen. Der Leichnam selbst wird den Bestattungspflichtigen sofort herausgegeben. Er wird also — wie auch sonst üblich — alsbald bestattet [113]).

---

[111]) Vgl. RGSt 64, 313 f.; RG in Seuff. Arch., Bd. 59 (1904), S. 308 ff. und Bohne, a. a. O. S. 143 ff. und Fußn. 104 ebd. mit weiteren Angaben. Vgl. ferner Crusen, Der strafrechtl. Schutz des Rechtsgutes der Pietät, 1890, S. 37; Ebermayer in Dtsch. Med. Wschr., 52. Jahrg. 1926, S. 1096 und 54. Jahrg. 1928, S. 1853; Johnsen, a. a. O. S. 65 ff.; Kemmer, a. a. O. S. 434; v. Ohlshausen, a. a. O. § 242 Bem. 7; RGRK (BGB), 9. Aufl. (1939), § 1 Bem. 1; Schläger in Med. Klinik, 27. Jahrg. 1931, S. 793; Schlenker, Der strafrechtl. Schutz der Leiche, Erl. jur. Diss. 1934, S. 24; Schönke-Schröder, a. a. O. § 242 Bem. IV, 3 c; Schorn, a. a. O. S. 372 f.; Seesemann in Ärztl. Vereinsbl. f. Dtschl., Bd. 25 (1928), Sp. 721; Striemer in Die Med. Welt, 3. Jahrg. 1929, S. 1373 und 1375 mit weiteren Angaben und Welzel, Das Dtsch. Strafrecht in seinen Grundzügen, 2. Aufl. (1949), S. 157. Vgl. schließlich Brunner in NJW 1953, S. 1174 und Tietz in Strafrechtl. Abhandl., Heft 291 (1931), S. 16 und 56 f.

[112]) Das englische Recht spricht hier sehr plastisch von „bodies non claimed": Leichen, die nicht mehr beansprucht werden.

[113]) In den ehemals preuß. Gebieten gilt diesbezügl. noch die Polizeiverordnung des Ministers des Innern (Kommissar des Reichs) über das Leichenwesen v. 18. April 1933 (Preuß. Ges. Samml. 1933, S. 149 ff.), geändert durch VO. v. 28. Juni 1933 (Preuß. Ges. Samml. 1933, S. 238), VO. v. 6. Febr. 1934 (Preuß. Ges. Samml. 1934, S. 60) und VO. v. 10. April 1942 (Preuß. Ges. Samml. 1942, S. 17). § 1 der Polizeiverordnung über das Leichenwesen lautet:

> „Menschliche Leichen dürfen erst nach Eintritt der Merkmale des Todes, frühestens aber nach Ablauf von 48 Stunden nach dem Tode bestattet werden.
>
> Auf Antrag der Bestattungspflichtigen kann die Ortspolizeibehörde ausnahmsweise eine frühere Bestattung genehmigen, falls durch ärztliches, auf Grund eigener Wahrnehmung ausgestelltes Zeugnis bescheinigt wird, daß an der Leiche die Merkmale des eingetretenen Todes mit Sicherheit festgestellt sind oder die Verwesung so ungewöhnliche

Ein solcher Leichnam steht nach herrschender Lehre [114]) in niemandes Eigentum; er ist herrenlos. Seine Aneignung — § 958 BGB — ist ausgeschlossen. Ebermayer [115]) und andere [116]) berufen sich hierfür auf das Vorhandensein des § 168 StGB, der die unbefugte Wegnahme einer Leiche aus dem Gewahrsam der dazu berechtigten Person unter Strafe stellt. Sie sind der Meinung, diese Bestimmung sei mit Rücksicht auf die §§ 242 und 246 StGB überflüssig, wenn der Leichnam eine fremde Sache wäre. Das ist ein Irrtum. In § 168 StGB wird nämlich nur das Pietätsgefühl geschützt [117]). Dementsprechend ist auch der Strafrahmen ein anderer als in den §§ 242 und 246 StGB. Der Einwand, falls der Leichnam eine fremde Sache wäre, hätte man die mit seiner Wegnahme verbundene Verletzung des

---

Fortschritte gemacht hat, daß jede Möglichkeit des Scheintodes ausgeschlossen ist."

Über den Rechtszustand in den übrigen Ländern vgl. Rapmund und Dietrich, Ärztl. Rechts- und Gesetzeskunde, Bd. 1, 2. Aufl. (1913), Fußn. 2 auf S. 205 und die Angaben in Der Arzt des Öffentl. Gesundheitsdienstes, 1952, Fußn. 10 auf S. 609.

114) RGSt 64, 315; RG in Seuff. Arch., Bd. 59 (1904), S. 308; RG in Gruch. Beitr., 56. Jahrg. 1912, S. 1009; OLG Breslau in HRR 17. Jahrg. 1941, Nr. 478; OLG München in Zentralbl. f. Allg. Path. u. Path. Anatomie, Bd. 34 (1923), S. 30; LG Bonn in JW 1928, S. 2295; Berger, a. a. O. S. 13; v. Blume in Arch. civ. Prax., Bd. 112 (1914), S. 376; Bohne, a. a. O. S. 142 f.; Cosack, Lehrb. d. bürgerl. Rechts, Bd. 1, 7. Aufl. (1922), S. 115; Crome, System des dtsch. bürgerl. Rechts, Bd. 1 (1900), S. 303; Crusen, a. a. O. S. 51; Dotterweich in JR 1953, S. 174; Ebermayer a. a. O.; Enneccerus-Nipperdey, a. a. O. S. 496; Erman-Bartholomeyczik, Handkomm. z. BGB, 1952, § 1922 Bem. 6; Frank, a. a. O. § 242 Bem. III, 2 d; Gerland, Dtsch. Reichsstrafrecht, 2. Aufl. (1932), Fußn. 4 auf S. 563; Hegemann, a. a. O. S. 29 ff.; Johnsen, a. a. O. S. 68 f.; Kohler, Studien aus dem Strafrecht, Bd 1 (1890), S. 206 und 223; Liertz-Paffrath, Handb. d. Arztrechts, 1938, S. 167; v. Liszt-Schmidt, a. a. O. S. 580 und 611; E. Merkel, Der Leichenraub, 1904, S. 23; v. Ohlshausen a. a. O.; Palandt-Danckelmann, BGB, Kurzkomm., 14. Aufl. (1955), Vorbem. 4 b vor § 90; Planck, Komm. z. BGB, 4. Aufl. (1913), Vorbem. 2 a vor § 90; RGRK (BGB) a. a. O.; Schläger a. a. O.; Schlenker, a. a. O. S. 21 u. 24; Schönke-Schröder a. a. O.; Schorn, a. a. O. S. 365; Seesemann a. a. O.; v. Staudinger-Riezler, Komm. z. BGB, 10. Aufl. (1936), § 90 Bem. 5; Striemer, a. a. O. S. 1373 und Welzel a. a. O. Vgl. auch Becker in JR 1951, S. 329; Josef in Gruch. Betr., Bd. 65 (1921), S. 304 f. und 312 und Völkers in Das Recht, 20. Jahrg. 1916, Sp. 250 f.

Im römischen Recht war Eigentum an der Leiche ebenfalls ausgeschlossen. Vgl. dazu Kemmer a. a. O.

115) a. a. O. und Der Arzt im Recht, 1930, S. 266.

116) Vgl. bes. Schorn a. a. O.; Striemer a. a. O. und Tietz, a. a. O. S. 55 f. Vgl. ferner auch Bode in Zentralbl. f. Allg. Path. u. Path. Anatomie, Bd. 86 (1950), S. 370.

117) Daß aus diesem Grunde die Bestimmung des § 168 StGB sehr wohl neben den §§ 242 u. 246 StGB bestehen kann, wird bes. betont von Bohne, a. a. O. S. 144. Vgl. auch Schorn a. a. O., der die abgelehnte Begründung teilt, sich aber zu einer Ausnahme genötigt sieht, wenn die Wegnahme der Leiche ohne Zueignungsabsicht erfolgt. Hierdurch erscheint die abgelehnte Begründung aber nur noch irriger.

Pietätsgegefühls wie in § 243 StGB als Qualifizierung verwenden können, ist „nicht zwingend“ [118]).

Entsprechendes gilt von dem Hinweis auf die Motive zum preußischen Strafgesetzbuch von 1851 [119]). Aus ihnen ergibt sich zwar, daß bei der Abfassung des § 137 Preuß. StGB die Frage, ob der Leichnam eine fremde Sache darstellt, erörtert und verneint worden ist; auch ist nicht zu leugnen, daß das preußische Strafgesetzbuch die Grundlage des Reichsstrafgesetzbuches gebildet hat und daß in den Motiven des letzteren jeder Beweis für das Vorhandensein einer anderen Auffassung fehlt. Es fehlt aber auch jeder Beweis für das Vorhandensein einer gleichen Auffassung. Das Schweigen des Gesetzgebers begründet allenfalls eine Vermutung.

Im Ergebnis ist der herrschenden Lehre aber durchaus beizupflichten. Ein alsbald zur Bestattung gelangender Leichnam ist nämlich ein Gegenstand der Ehrfurcht [120]). Gewiß, es sind Befugnisse über ihn gegeben: das Herkommen erlaubt den Angehörigen, den Leichnam in ihre Obhut zu nehmen, ihn zu beschützen und zu versorgen. Diese Befugnisse sind jedoch sehr beschränkt. Ihre Innehabung dient in erster Linie der Erfüllung ethischer, durch die Familienzugehörigkeit bedingter Pflichten.

Ein alsbald zur Bestattung gelangender Leichnam ist also kein Wirtschaftsgut. Er hat nicht die Aufgabe, äußere Bedürfnisse zu befriedigen [121]). Er kann insbesondere nicht veräußert, nicht gepfändet und nicht verpfändet werden.

Ein alsbald zur Bestattung gelangender Leichnam hat demnach eine sehr stark ausgeprägte Sonderstellung. Diese Sonderstellung findet ihre wichtigste Stütze darin, daß der Leichnam herrenlos und daß seine Aneignung ausgeschlossen ist.

Das ist ein Rechtssatz! Es ist ein gewohnheitsrechtlicher Rechtssatz. Eine Jahrtausende lange, von dem Rechtsgeltungswillen der Gemeinschaft getragene, „im ganzen gleichförmige Übung“ [122]) hat ihn erzeugt [123]).

---

[118]) Bohne, a. a. O. Fußn. 109 auf S. 144.

[119]) Goldt. Materialien, Bd. 2, S. 270 f. Vgl. dazu RGSt 64, 316; Dotterweich a. a. O. und Kemmer a. a. O.

[120]) Vgl. dazu v. Blume, a. a. O. S. 378 und Kemmer, a. a. O. S. 433 f.

[121]) Vgl. dazu RGZ 100, 172 und 108, 219 f. Vgl. ferner Josef, a. a. O. S. 312 und Oertmann in Leipz. Zschr., 19. Jahrg. 1925, Sp. 513 ff.

[122]) Definition des Begriffes „Gewohnheitsrecht“ im Anschluß an Enneccerus-Nipperdey, a. a. O. S. 156. Vgl. auch Lehmann, a. a. O. S. 20.

[123]) Vgl. v. Blume, a. a. O. S. 376 ff.; Bohne, a. a. O. S. 145 und Johnsen, a. a. O. S. 68. Letztere halten bei einer Leiche, wie sie hier fraglich ist, insbesondere die Aneignung für ausgeschlossen. Sie berufen sich dafür zutr. auf Gewohnheitsrecht, das sie als öffentliches Recht betrachten und zurückführen auf die alte religiöse Überzeugung, „daß der Tote niemandem gehört als den ewigen Mächten, von denen er lebend herkam und die ihn nun wieder allein in Anspruch nehmen.“ Vgl. auch Schlenker, a. a. O. S. 23,

Das ist allerdings nicht völlig unbestritten. Es wird nämlich gesagt, „bei dem Fehlen gerichtlicher Entscheidungen und dem Schwanken wissenschaftlicher Lehrmeinungen könne von einer ‚im ganzen gleichförmigen Übung' nicht die Rede sein[124]).

„Bei dem Fehlen gerichtlicher Entscheidungen"! Diese Behauptung stimmt nicht ganz. Sie übergeht das bekannte Urteil des Landgerichts in Bonn vom 16. Mai 1928[125]). In ihm ist dem Leichnam zwar schon die Eigenschaft als Sache abgesprochen, darüberhinaus aber ausdrücklich erklärt worden, es widerstrebe den sittlichen Anschauungen, etwaige an dem Leichnam bestehende Rechte als vermögensrechtliche Rechte anzusehen. Der IV. Zivilsenat des Reichsgerichts kommt zu dem gleichen Ergebnis. In einem Urteil vom 3. Dezember 1903[126]) hält er den Begriff des Eigentums nicht einmal bei den Überresten eines eingeäscherten Verstorbenen für anwendbar. In einem weiteren Urteil vom 7. März 1912[127]) führt er aus, daß „jedenfalls kein dingliches Recht der Familie an dem Leichnam" bestehe. Der Zusatz „der Familie" bedeutet — man darf wohl sagen: selbstverständlich — keine Einschränkung. Er erklärt sich lediglich daraus, daß der Rechtsstreit zwischen den nächsten Angehörigen geführt wurde.

Es gibt freilich auch zwei von dieser Rechtsprechung abweichende Urteile:

> Der stellvertretende Leiter einer medizinischen Universitätsklinik hatte den Leichnam einer verstorbenen Patientin trotz ausdrücklichen Verbotes der Angehörigen sezieren lassen.

Das Amtsgericht — Schöffengericht — in Königsberg bestrafte ihn deshalb durch Urteil vom 31. Oktober 1928[128]) wegen Sachbeschädigung i. S. des § 303 StGB. Es vertrat die Ansicht, der zur Obduktion gelangte Leichnam sei Eigentum der Angehörigen gewesen.

Das Landgericht in Königsberg als Berufungsinstanz[129]) schloß sich

---

der das Verbot der Aneignung aus § 168 StGB i. Verb. m. § 138 BGB entnimmt; Hegemann, a. a. O. S. 29 ff., der das gleiche tut und Tietz, a. a. O. S. 22. Vgl. schließlich Walter G. Becker in JR 1951, S. 330 f., der „die Konstruktion eines Aneignungsverbotes des ungeschriebenen öffentlichen Rechts" für entbehrlich hält.

[124]) Weiser, Die Fürsorge für den Leichnam, Marb. jur. Diss. 1933, S. 27.

[125]) 3 S 706/27; in JW 1928, S. 2294 ff. mit Anmerkungen von Ebermayer und Straßmann.

[126]) IV 217/03; in Seuff. Arch., Bd. 59 (1904), S. 308 ff. und in DJZ, 9. Jahrg. 1904, Sp. 265.

[127]) IV 447/11; in JW 1912, S. 540 f. und in Gruch. Beitr., 56. Jahrg. 1912, S. 1007.

[128]) Ersichtlich aus RGSt 64, 313 ff. Vgl. auch die Besprechungen von Kemmer, a. a. O. S. 433; Schlenker, a. a. O. S. 20 f. und Striemer, a. a. O. S. 1373 ff.

[129]) Ersichtlich aus RGSt 64, 313 ff. Vgl. auch die Besprechungen von Kemmer a. a. O.; Schlenker a. a. O. und Striemer a. a. O.

dieser Auffassung an, sprach den Angeklagten aber frei, weil es das zur Erfüllung des subjektiven Tatbestandes des § 303 StGB erforderliche Bewußtsein der Rechtswidrigkeit nicht für nachgewiesen erachtete.

Der II. Strafsenat des Reichsgerichts als Revisionsinstanz hob durch Urteil vom 25. September 1930 [130]) auch diese Entscheidung auf. Er erklärte, die zur Erörterung stehende Frage sei „rechtsgrundsätzlich zu verneinen; die in der Literatur vereinzelt vertretene Auffassung, der Leichnam bilde einen Bestandteil des Vermögens (der Erbschaft) des Verstorbenen und gehe deshalb nach § 1922 BGB in das Eigentum der Erben über, sei gänzlich abwegig".

Die vereinzelt vertretene Auffassung! Von einem „Schwanken wissenschaftlicher Lehrmeinungen" kann nicht gesprochen werden. Das umso weniger, als die fragliche Auffassung stets auf heftigste Kritik gestoßen ist, obgleich sie — man darf auch hier wohl sagen: selbstverständlich — davon ausgeht, daß das Eigentum der Erben starken Beschränkungen unterworfen sei [131]).

Im Brennpunkt der Kritik steht Oertmann [132]). Er meint, der Leichnam müsse schon aus dem Grunde im Eigentum der Erben stehen, weil sonst Einwirkungen Unberechtigter privatrechtlich nicht bekämpft werden könnten.

Diese Ansicht ist irrig; denn die Rechtsordnung gewährt den Angehörigen, die mit den Erben nicht personengleich zu sein brauchen, ein familienrechtliches Totensorgerecht, das ein „sonstiges Recht" i. S. des § 823 Abs. 1 BGB ist. An späterer Stelle [133]) wird hierauf noch einzugehen sein.

Oertmann [134]) meint ferner, der Leichnam müsse im Eigentum der Erben stehen, weil sonst Verfügungen, die der Verstorbene zu Lebzeiten über ihn getroffen habe und deren — beschränkte — Wirksamkeit allgemein anerkannt werde, schwerlich durchführbar seien.

Diese Argumentation überzeugt nicht. Sicherlich, der Mensch kann zu Lebzeiten über seinen künftigen Leichnam in gewissem Umfang

---

[130]) II 414/29; RGSt 64, 313 ff.

[131]) v. Blume, a. a. O. S. 377 bemerkt dazu zutr., daß „dem Recht der Erben mit Rücksicht auf seinen Gegenstand gerade die Wirkung vorenthalten wird, die es erst zum Eigentum machen würde". Vgl. auch Bohne, a. a. O. S. 143.

[132]) Komm. z. BGB, 3. Aufl. (1926), Vorbem. 6 e vor § 90 und in Leipz. Zschr., 19. Jahrg. 1925, Sp. 511 ff. Ähnlich Becker, System des heutigen Pandektenrechts, Bd. 1, S. 331. Weitere Angaben bei Bohne, a. a. O. Fußn. 105 auf S. 143. Vgl. auch Brunner in NJW 1953, S. 1173 f. und Kemmer, a. a. O. S. 433, der die Leiche des Privatpatienten eines Arztes als „fremde Sache" bezeichnet.

[133]) Vgl. die ausführliche Darstellung unten S. 84 ff.

[134]) Komm. z. BGB a. a. O.

Bestimmungen treffen[135]). Er kann z. B. darüber befinden, ob Erd- oder Feuerbestattung erfolgen soll[136]). Er kann auch die Einbalsamierung befehlen. Aber ist es Aufgabe der Erben, der Erben als solcher, derartige Anordnungen durchzuführen? Das wäre zunächst einmal zu beweisen!

Oertmann sagt aber nicht, der Leichnam müsse im Eigentum der Erben stehen, weil sonst Verfügungen, die der Verstorbene zu Lebzeiten über ihn getroffen habe, nicht durchsetzbar, nicht erzwingbar seien. Er wird jedoch einmal[137]) so verstanden. Es wird dann geprüft, ob die Befolgung der fraglichen Anordnungen durch eine Auflage oder dadurch gesichert werden kann, daß sie zur Bedingung für die Wirksamkeit einer testamentarischen Zuwendung gemacht wird. Diese Möglichkeit besteht. Sie besteht natürlich nur gegenüber Erben und — was hier belanglos ist — gegenüber Vermächtnisnehmern. Es kommt aber lediglich auf die Eigenschaft, die Stellung als Erbe an. Ob der Leichnam im Eigentum der Erben steht, ist gänzlich gleichgültig[138]). Im übrigen kann die Befolgung der fraglichen Anordnungen auch nicht nur durch eine Auflage oder Bedingung, sondern auch durch Einsetzung eines Testamentsvollstreckers gesichert werden[139]).

Oertmann[140]) meint schließlich, der Leichnam müsse im Eigentum der Erben stehen, weil es — wie sich aus § 1968 BGB ergebe — ja auch Pflicht der Erben sei, die Bestattung vorzunehmen.

Diese Beweisführung geht fehl. § 1968 BGB bestimmt zwar, daß es Pflicht der Erben ist, die Bestattung zu bezahlen. Hieraus kann aber nicht gefolgert werden, daß es auch Pflicht der Erben ist, die Bestattung vorzunehmen; denn bei der Abfassung des Bürgerlichen Gesetzbuches wurde davon ausgegangen, daß Recht und Pflicht, die Bestattung vorzunehmen, durch das öffentliche Recht geregelt wür-

---

[135]) Vgl. unten S. 89 f. und S. 114 f. Vgl. ferner Bode, a. a. O. S. 371; Hegemann, a. a. O. S. 46; H. R. Hoffmann in Der Öffentl. Gesundheitsdienst, 12. Jahrg. 1950/51, S. 23; Kemmer, a. a. O. S. 435; Schorn, a. a. O. S. 377 und Warneyer in Der Chirurg, 3. Jahrg. 1931, S. 497.

[136]) Dieses früher heftig umstrittene Recht ergibt sich jetzt positivrechtlich aus § 2 Abs. 1 des Gesetzes über die Feuerbestattung v. 15. Mai 1934 (RGBl. I 1934, S. 380 f.).

[137]) Vgl. Weiser, a. a. O. S. 36.

[138]) Vgl. Weiser a. a. O.

[139]) Die Aufgabe des Testamentsvollstreckers kann sogar auf die Verwirklichung der fraglichen Anordnungen beschränkt werden. Daß der Leichnam richtiger Ansicht nach nicht zum Nachlaß gehört und daher die Anordnungen, die der Verstorbene zu Lebzeiten über ihn getroffen hat, nicht den Nachlaß betreffen, steht nicht entgegen. Vgl. dazu Dietz, Erbrecht, Ein Grundriß, 1949, S. 249. Vgl. ferner Josef in Gruch. Beitr., Bd. 65 (1921), S. 310 f.; Schorn, a. a. O. S. 377 und unten Fußn. 279 auf S. 108.

[140]) Komm. z. BGB a. a. O.

den[141]). Hinzu kommt, daß die Pflicht, die Bestattung zu bezahlen, von dem Recht und der Pflicht, sie vorzunehmen, durchaus verschieden ist. Sie ist davon ebenso verschieden, wie die Pflicht, einem Lebenden Unterhalt zu gewähren, von dem Recht und der Pflicht, für seine Person zu sorgen[142]). Wäre das anders, so wäre nicht einzusehen, warum nicht auch der Mörder das Recht und die Pflicht haben sollte, die Bestattung des Ermordeten vorzunehmen; denn nach § 844 Abs. 1 BGB muß er die Kosten der Bestattung ersetzen[143]).

Hier meldet sich Weiser[144]). Er äußert, wenn es schon Pflicht der Erben sei, die Bestattung zu bezahlen, dann „erscheine es doch als billiges Korrelat dieser Verpflichtung, ihnen in irgendeiner Richtung ein Recht am Leichnam, insbesondere ein Eigentumsrecht, zuzuerkennen".

Dieser Standpunkt ist recht fragwürdig. Er ist aber bereits deswegen abzulehnen, weil die Verpflichtung der Erben durch die vermögensrechtlichen Vorteile der Erbschaft ausgeglichen wird[145]). Der Einwand, der Erblasser wäre vielleicht überschuldet gestorben, ist nicht stichhaltig; denn nach § 1942 Abs. 1 BGB können die Erben die Erbschaft ausschlagen. Alsdann haben sie auch nicht die Verpflichtung, die Bestattung zu bezahlen.

Aber nicht nur § 1968 BGB, sondern auch § 1922 BGB wird herangezogen. Das geschieht zunächst durch Sandheim[146]), dessen Ausführungen allerdings schwer verständlich sind[147]) und eine lückenlose Begründung vermissen lassen. Sie laufen darauf hinaus, daß der Körper des Menschen mit dem Tode Bestandteil des Vermögens und Eigentum der Erben werde.

Mit dem Tode! § 1922 BGB bestimmt jedoch, daß nur das beim Tode vorhandene Vermögen auf die Erben übergeht[148]).

---

[141]) Vgl. die Motvie z. BGB, Bd. 5, S. 535 und v. Blume, a. a. O. S. 390. Vgl. ferner auch Josef, a. a. O. S. 305.

[142]) v. Blume, a. a. O. S. 374.

[143]) RGZ 154, 271; v. Blume a. a. O.; H. R. Hoffmann, a. a. O. S. 24. Zu der ganzen Frage vgl. auch Brunner a. a. O.

[144]) a. a. O. S. 33.

[145]) A. A. Weiser, a. a. O. S. 34.

[146]) In das Recht, 9. Jahrg. 1905, Sp. 43.

[147]) Die Ursache liegt möglicherweise darin, daß Sandheim den Besitz i. S. des § 857 BGB, von dessen Ubergang auf die Erben er u. a. ausgeht, als „Hab und Gut" auffaßt, wie es vielfach der Volksmund tut. Sandheim prüft nämlich, „ob der menschliche Körper zum Vermögen im weiteren und zum Besitz im engeren Sinne gehört".

[148]) So bes. v. Dassel in Das Recht, 12. Jahrg. 1908, Sp. 411 und Völkers, ebd. 20. Jahrg. 1916, Sp. 250. Vgl. auch Schorn, a. a. O. S. 378 und Striemer, a. a. O. S. 1374.

Hier meldet sich Weiser[149]) abermals. Er trägt vor, § 1922 BGB sei sinngemäß auszulegen. Alsdann ergebe sich, daß die Erben „in die gesamte Rechts- und Vermögensstellung des Verstorbenen" einrückten. Sie träten infolgedessen auch zu seinem Leichnam in Beziehungen und zwar in solche, „die dem Verhältnis des lebenden Menschen zu seinem Körper entsprächen". Nun sei es zwar richtig, daß der lebende Mensch an seinem Körper kein Eigentum habe; er habe es aber nur deshalb nicht, „weil ihm sein Körper bedeutend näher stehe als jede ihm gehörende Sache". Wenn und soweit diese Intensität gelöst werde, etwa durch Abtrennung von Körperteilen, werde Eigentum erworben. Sei das aber der Fall, habe der lebende Mensch also Eigentum an den von ihm als der Persönlichkeit gelösten Körperteilen, „liege da nicht die Annahme nahe, daß dann, wenn sich gleichsam der ganze Körper von der Persönlichkeit löse, der Leichnam in das Eigentum der Gesamtrechtsnachfolger des Verstorbenen, der Erben, falle?"

Nein, diese Annahme liegt nicht nahe. Auch sie vermag nicht darüber hinweg zu täuschen, daß nur das beim Tode vorhandene Vermögen auf die Erben übergeht. Gewiß, § 1922 BGB ist sinngemäß auszulegen. Aber kommt man denn zu einem anderen Ergebnis, wenn man sagt, daß die Erben „in die gesamte Rechts- und Vermögensstellung des Verstorbenen" einrückten? Diese Wendung ist zudem sehr mißverständlich. Die Folgerungen, die aus ihr gezogen werden, treffen denn auch nicht zu. Erbfolge bedeutet nämlich nur Nachfolge in vermögensrechtliche Beziehungen und — § 857 BGB bestimmt es ausdrücklich — in den Besitz[150]). Bei den Beziehungen des lebenden Menschen zu seinem Körper handelt es sich jedoch nicht um vermögens-, sondern um personenrechtliche. In derartige Rechtsverhältnisse findet keine Nachfolge statt. Der Hinweis auf die Rechtsverhältnisse an abgetrennten Körperteilen ist nicht geeignet, das Gegenteil darzutun.

Übrigens sieht Weiser[151]) sich zu einer Einschränkung genötigt. Bei näherer Betrachtung stellt er nämlich fest, daß Volksanschauung, Sitte und Herkommen den nächsten Angehörigen Befugnisse zuerkennen, auch wenn sie nicht Erben sind. Er versucht nun zu vermitteln und erklärt, die Rechtsordnung gewähre dem überlebenden Ehegatten sowie den elterlichen Gewalthabern ein familienrechtliches Totenfürsorgerecht. Der Leichnam stehe daher nur dann im Eigentum der Erben, wenn es an einem überlebenden Ehegatten sowie an elterlichen Gewalthabern fehle.

149) a. a. O. S. 32 f.

150) Vgl. Dotterweich, a. a. O. S. 174; Palandt-Rechenmacher, BGB, Kurzkomm., 14. Aufl. (1955), Vorbem. 1 vor § 1922 und § 1922 Bem. 3. Unscharf BGH in JZ 1955, S. 214, der ausführt, das Erbrecht betreffe „vorwiegend Vermögensrechte".

151) a. a. O. S. 46 ff.

Zu vermitteln versucht auch von Schwerin[152]). Er vertritt zwar nicht die Auffassung, der Leichnam bilde einen Bestandteil des Vermögens (der Erbschaft) des Verstorbenen und gehe deshalb nach § 1922 BGB in das Eigentum der Erben über; er glaubt aber, daß der herrenlose Leichnam der freien Aneignung bei Privilegierung der Erben[153]) unterworfen sei. Ziel dieser Theorie ist die Schließung einer Lücke des Gesetzes, um den Fall der Überweisung des Leichnams an ein Museum oder anatomisches Institut in eine juristische Form zu bringen[154]).

Das kann jedoch nicht als gelungen erachtet werden; denn eine Lücke des Gesetzes vermag nur durch Gewohnheitsrecht oder im Wege einer Gesetzes- oder Rechtsanalogie ausgefüllt zu werden. Ein Gewohnheitsrecht, nach welchem der Leichnam der freien Aneignung bei Privilegierung der Erben unterliegt, besteht aber nicht[155]). Im Gegenteil: Ein gewohnheitsrechtlicher Rechtssatz bestimmt, daß die Aneignung ausgeschlossen ist. Diesem Rechtssatz kann eine Analogie nicht entgegengestellt werden. Es ist auch nicht ersichtlich, an welche Vorschriften sie angeknüpft werden sollte.

Abschließend kann nur nochmals betont werden: Ein alsbald zur Bestattung gelangender Leichnam hat eine sehr stark ausgeprägte Sonderstellung. Diese Sonderstellung ist Ausdruck einer Jahrtausende alten Kultur. Sie ist ein Faktum und widersteht dem Versuch, sie in die Formen der Eigentumsordnung hineinzuzwängen; denn sie findet ihre wichtigste Stütze gerade darin, daß der Leichnam herrenlos und daß seine Aneignung ausgeschlossen ist.

Ein alsbald zur Bestattung gelangender Leichnam ist also zwar eine Sache, aber keine „fremde" Sache. Infolgedessen kann durch Vornahme einer klinischen Sektion eine Sachbeschädigung i. S. des § 303 StGB nicht begangen werden[156]).

IX.

Die Vornahme klinischer Sektionen könnte sich schließlich im Einzelfall als Vergehen i. S. der §§ 223 bzw. 230 StGB darstellen.

---

[152]) In Seuff. Bl., Bd. 70 (1905), S. 664 und 666.

[153]) Nach v. Blume, a. a. O. S. 377 „nur ein schwacher Trost für das Pietätsgefühl". Ähnlich Josef, a. a. O. S. 313. Vgl. auch H. R. Hoffmann, a. a. O. S. 23.

[154]) Vgl. zu dieser Frage auch Brunner in NJW 1953, S. 1173 f.

[155]) Vgl. Bohne, a. a. O. Fußn. 107 auf S. 143 und Johnsen, a. a. O. S. 58 f.

[156]) So bes. Bohne, a. a. O. S. 147 mit weiteren Angaben. Vgl. auch OLG München a. a. O.; Josef a. a. O.; v. Ohlshausen, Komm. z. StGB, 11. Aufl. (1927), § 303 Bem. 2; RGRK (BGB), a. a. O. § 1 Bem. 1; Schläger, a. a. O. S. 793; Schorn, a. a. O. S. 363 und 375; Striemer, in Die Med. Welt, 3. Jahrg. 1929, S. 1374; Seesemann in Ärztl. Vereinsbl. f. Dtschl., Bd. 25 (1928), Sp. 721 und Warneyer in Der Chirurg, 3. Jahrg. 1931, S. 498. Vgl. auch Schumacher in Münch. Med. Wschr., 77. Jahrg. 1930, S. 1785. A. A. Amts- und Landgericht Königsberg, ersichtlich aus RGSt 64, 313 ff.; Rapmund und Dietrich, Ärztl. Rechts- und Gesetzeskunde, 2. Aufl. (1913), S. 195 und Kemmer, a. a. O. S. 433 hinsichtlich der Sektion der Leiche des Privatpatienten eines Arztes.

Der objektive Tatbestand dieser Vorschriften erfordert eine körperliche Mißhandlung oder Gesundheitsbeschädigung. Seine Verwirklichung ist nur bezüglich des lebenden Menschen möglich [157]). Vorliegend kommt sie bezüglich der Angehörigen des Verstorbenen in Betracht. Wie schon erwähnt [158]), findet die fragliche Maßnahme ja nicht immer deren Einverständnis. Häufig wird sie sogar für unverantwortlich gehalten, mit Schrecken betrachtet und regelrecht „perhorresziert". Erfolgt sie dennoch, besteht die Möglichkeit, daß die Bestürzung hierüber eine tiefgreifende seelische Erschütterung erzeugt. Daß sie auch eine exogene Depression und andere Leiden zu bringen vermag, ist unbestreitbar. Soweit bekannt, sind derartige Leiden bisher zweimal vor Gericht erörtert worden [159]).

Hat die Durchführung einer Obduktion den angegebenen Erfolg, erfüllt sie sowohl den Begriff der körperlichen Mißhandlung als auch den der Gesundheitsbeschädigung. Erstere verlangt nämlich lediglich eine „unangemessene, üble, schlimme Behandlung, durch die das körperliche Wohlbefinden nicht unerheblich beeinträchtigt wird" [160]). Letztere ist gegeben, wenn eine Krankheit hervorgerufen oder verschlimmert wird [161]). Beides kann — wie es hier der Fall ist — auch durch mittelbare und psychische Einwirkung sowie dadurch erfolgen, daß die geistige Funktion verletzt wird.

Freilich ist es notwendig, daß zwischen der Durchführung der Obduktion und dem beschriebenen Erfolg Kausalzusammenhang besteht. Wann dies der Fall ist, sagt für das Gebiet des Strafrechts die sog. Aequivalenztheorie. Sie, die praktisch anerkannt ist [162]), erfordert, daß die Handlung irgendwie für den Erfolg ursächlich war. Ursache ist dabei „jede Bedingung, die nicht hinweg gedacht werden kann, ohne daß der Erfolg entfiele" [163]). Daß diese Voraussetzungen hier gegeben sind, ist nicht zweifelhaft.

Das bedeutet, daß der objektive Tatbestand der §§ 223 bzw. 230 StGB durch Vornahme klinischer Sektionen erfüllbar ist. Die Verwirklichung ist rechtswidrig, es sei denn, daß ein Rechtfertigungsgrund gegeben ist. Hierauf wird noch zurückzukommen sein [164]).

---

[157]) Vgl. Schönke-Schröder, a. a. O. § 223 Bem. I und Schwarz, a. a. O. § 223 Bem. 1.

[158]) Vgl. oben S. 20 f. und 25 f.

[159]) Vgl. das Urt. d. LG Bonn v. 16. Mai 1928 in JW 1928, S. 2294 ff. und das Urt. d. OLG Freiburg v. 30. Juni 1953 in JZ 1953, S. 704 f.

[160]) Schönke-Schröder, a. a. O. § 223 Bem. III, 1. Vgl. auch Schwarz, a. a. O. § 223 Bem. 2 A.

[161]) Vgl. Schönke-Schröder, a. a. O. § 223 Bem. III, 2 und Schwarz, a. a. O. § 223 Bem. 2 B.

[162]) Vgl. Schönke-Schröder, a. a. O. Vorbem. IV vor § 1 mit weiteren Angaben.

[163]) Schönke-Schröder a. a. O.

[164]) Über die Rechtslage nach dem Entwurf eines allg. dtsch. StGB 1927

X.

Landesrechtliche Straftatbestände, deren Verwirklichung in Frage kommt, gibt es nur in Bayern und Bremen. Die betreffenden Bestimmungen, die an früherer Stelle bereits erwähnt wurden[165]), sind recht verschieden:

In Bayern wird nach Art. 60 Abs. 1 des Polizeistrafgesetzbuches vom 26. Dezember 1871 mit Geldstrafe bis zu 90.— Mark oder mit Haft bis zu 30 Tagen bestraft, wer zu einer Leichenöffnung schreitet, ehe die vorgeschriebene erste Leichenschau stattgefunden hat und Kennzeichen des erfolgten Todes eingetreten sind[166]).

In Bremen wird nach § 27 in Verbindung mit § 53 der Medizinalordnung vom 2. Juni 1901 die Durchführung einer Leichenöffnung mit Geldbuße bis zu 150.— Mark oder mit Haft geahndet, wenn sie gegen den Widerspruch der nächsten Verwandten geschieht[167]) [168]).

Die Verwirklichung vorstehend genannter Tatbestände ist rechtswidrig, wenn nicht ein Rechtsfertigungsgrund gegeben ist. Hierauf wird später eingegangen.

---

vgl. Schorn, a. a. O. S. 375 f. Über die frühere Partikulargesetzgebung und das ausländische Recht vgl. Bohne, a. a. O. S. 148.

Für das schweizerische Recht meint v. Tobel, Das Recht am menschlichen Körper unter besonderer Berücksichtigung der Leichensektion, Zür. jur. Diss. 1946 (zit. nach Hafter in Schweiz. Zschr. f. Strafrecht, 60. Jahrg. 1947, S. 393 ff.), daß die Durchführung einer Obduktion den Tatbestand des Art. 262 Ziff. 2 StGB erfülle, wenn sie nicht behördlich angeordnet sei und auch nicht mit der — zu Lebzeiten erteilten — Zustimmung des Verstorbenen oder mit Zustimmung der Angehörigen erfolge. A. A. offenbar Hafter a. a. O., der sich bes. gegen die durch von Tobel vorgenommene Kennzeichnung als „heimliche" Sektion wendet und darauf hinweist, daß die kantonal-rechtlichen Ordnungen betr. die pathologische Sektion Basel, Bern, St. Gallen und Zürich ein Verfügungsrecht der Krankenhäuser über die Leichen verstorbener Patienten vorsehen. Vgl. auch Bleuler in Psychiatr. Wschr., 3. Jahrg. 1901/02, S. 199 und H. R. Hoffmann, a. a. O. S. 26.

Das italienische Strafgesetzbuch v. 19. Okt. 1930 (dtsch. Übersetzung v. Bunge in Samml. außerdeutscher Strafgesetzbücher, Bd. 50, 1933) bedroht wegen Verbrechens gegen das Andenken Verstorbener in Art. 413 Abs. 1 denjenigen mit Strafe, der „in gesetzlich nicht zugelassenen Fällen einen Leichnam oder einen Teil davon zu wissenschaftlichen oder Lehrzwecken zerschneidet oder anderweit benutzt". Vgl. dazu H. R. Hoffmann a. a. O. mit weiteren Angaben über das ausländische Strafrecht.

Über das kirchenrechtliche Strafrecht vgl. oben Fußn. 110 auf S. 25 f.

[165]) Vgl. oben S. 17 f.

[166]) Die Vorschrift dient in erster Linie gesundheitspolizeilichen Zwecken. Es sollen durch sie die Obduktion Scheintoter und die Übertragung von Krankheiten verhindert werden.

[167]) Ist der Täter ein Medizinalbeamter oder eine Medizinalperson, so tritt nach § 53 Abs. 2 der Medizinalordnung die Verfolgung nur auf Antrag der Medizinalkommission ein. Vgl. dazu oben S. 18.

[168]) Geschütztes Rechtsgut ist die Pietät. Vgl. dazu Berger, a. a. O. S. 10.

DRITTER TEIL

Die Rechtswidrigkeit klinischer Sektionen als Folge einer etwa gegebenen anderen als strafrechtlichen Tatbestandsmäßigkeit.

Maßgebend für ein Unrechtsurteil ist nicht nur das Strafrecht, sondern auch das übrige öffentliche Recht und das Privatrecht [1]). Beide Gebiete sind nicht leicht zu überblicken.

I.

Es wäre denkbar, daß die Vornahme klinischer Obduktionen im Einzelfall ein Grundrecht der Menschenwürde [2]) verletzte. Ein solcher Fall könnte insbesondere dann gegeben sein, wenn der Eingriff nicht in pietätvoller Weise durchgeführt würde oder wenn er gegen den zu Lebzeiten geäußerten Willen des Verstorbenen erfolgt. Nach Lage der Dinge könnte es sich freilich immer nur um die Mißachtung des Grundrechtes des Verstorbenen handeln. Die Fähigkeit des Menschen, Träger von Rechten und Pflichten zu sein, endigt aber mit dem Tode [3]). Es ist nicht ersichtlich, warum die Fähigkeit, Träger von Grundrechten zu sein, eine Ausnahme machen sollte.

Es erscheint jedoch nicht angezeigt, sich hiermit zu begnügen; denn die gegenwärtig erörterte Frage ist sehr wichtig. Sie ist es umso mehr, als die Vornahme klinischer Sektionen in der Öffentlichkeit als Schändung der Menschenwürde betrachtet und erklärt wird, die Obduzenten ließen häufig jedes ästhetische Gefühl vermissen [4]).

Es besteht aber auch gar keine Veranlassung, sich mit dem bisherigen Ergebnis zu begnügen. Gewiß, einige Schriftsteller glauben, daß die Innehabung von Rechten, die zu Lebzeiten existieren, nach dem Tode anhält [5]). Doch ist das Grundrecht der Menschenwürde zu Lebzeiten vorhanden? Das ist sehr zweifelhaft. Es könnte sich aus Art. 1 Abs. 1 GG ergeben. Dort heißt es:

> „Die Würde des Menschen ist unantastbar. Sie zu achten und zu schützen ist Verpflichtung aller staatlichen Gewalt."

---

[1]) Vgl. dazu bes. Mezger, Strafrecht, Lehrb., 3. Aufl. (1949), S. 162 mit Hinweis auf RGSt 61, 247 und 63, 218.

[2]) Der Ausdruck „Grundrecht der Menschenwürde" ist allgemein gebräuchlich. Besser und verständlicher wäre die Wendung „Grundrecht auf Achtung der Menschenwürde".

[3]) Vgl. die Ausführungen oben S. 42 ff.

[4]) Vgl. oben S. 20 und Fußn. 84 u. 85 ebd.

[5]) Näheres oben S. 42 ff.

Diese Bestimmung ist sehr undurchsichtig. Ihr Wortlaut läßt eine sichere Erkenntnis nicht zu. Er spricht ebensogut für die Annahme einer allgemeinen Einleitung [6]), wie für die Annahme einer Norm des objektiven Rechts [7]), wie für die Annahme eines Grundrechtes [8]). Auch der Zusammenhang der Vorschrift hilft nicht weiter. Jedoch deutet es stark auf das Vorliegen einer allgemeinen philosophischen Einleitung, wenn Art. 1 Abs. 2 GG fortfährt, das Deutsche Volk bekenne sich „darum" zu unverletzlichen und unveräußerlichen Menschenrechten [9]). Diese Auffassung gewinnt durch Abs. 3, wo gesagt

---

[6]) So bes. v. Mangoldt, D. Bonn. Grundgesetz, Komm., 1953, Art. 1 Bem. 1 u. 2, der Art. 1 GG in seiner Gesamtheit als einen Vorspruch, eine „allgemeine Erklärung über die rechtliche Bedeutung der nachfolgenden Artikel" betrachtet, ihn aber gleichwohl nicht für rechtlich belanglos hält. Die fragliche Vorschrift habe „grundsätzliche Bedeutung für den ganzen Grundrechtsteil. . . Mit ihr sei für diesen letzteren ein Leitsatz aufgestellt, der die Auslegung der Grundrechte nicht selten in andere Bahnen als unter der WRV lenken müsse. . . Zwar solle also ein Grundrecht auf Achtung der Menschenwürde . . . nicht unmittelbar gewährt werden; aber es solle doch das ganze Leben unter der neuen Ordnung unter diesem Vorzeichen stehen . . . M. a. W.: Der Satz von der Menschenwürde sei eine unmittelbar wirksame Norm des objektiven Rechts, die in der Form einer allgemein gültigen Generalklausel der staatlichen Hoheitsgewalt in allen Aufgabenbereichen eine unüberschreitbare Grenze setze. . . Das Gebot beziehe sich aber nicht nur . . . auf das Verhältnis des einzelnen zum Staat, sondern ergreife auch die Beziehungen der einzelnen oder Gruppen von ihnen zueinander." Vgl. auch v. Mangoldt in Arch. d. Öffentl. Rechts, Bd. 75 (1949), S. 273 ff.

[7]) So bes. v. Mangoldt, D. Bonn. Grundgesetz, Komm., 1953, Art. 1 Bem. 1 u. 2. Ausführl. Wiedergabe oben Fußn. 6 auf S. 61. Vgl. auch Bonn. Komm., 1950, Art. 1 Bem. II, 1 a, 1 c u. 2 a. Der dort eingenommene Standpunkt ist nicht völlig durchsichtig. Auch BGH in NJW 1954, S. 649 trifft keine klare Entscheidung. Er, der über die Verwertung des sog. Lügendetektors als Beweismittel im Strafverfahren zu befinden hatte, sagt lediglich, daß die fragliche Verwertung nach Art. 1 Abs. 1 GG und § 136 a StPO unzulässig sei. Zu Art. 1 Abs. 1 GG wird keine weitere Ausführung gemacht als die, daß die Vorschrift auch für den einer Straftat Verdächtigen gelte und in Art. 2 und 104 Abs. 1 GG sowie in §§ 136 a, 69 Abs. 3, 81 c, 161 Abs. 2 und 163 Abs. 2 StPO „sinngemäß enthalten" sei. Zur Anwendung des Lügendetektors vgl. i. ü. auch Kohlhaas in JR 1953, S. 450.

[8]) So bes. Giese, Grundgesetz f. d. Bundesrepublik Deutschland, Komm., 1949, Art. 1 Bem. II, 1, wo die in Art. 1 Abs. 1 GG angesprochene Würde des Menschen ohne jede Begründung als „oberstes Menschenrecht" bezeichnet wird. Dieser Ansicht steht auch Nawiasky, D. Grundgedanken d. Grundgesetzes f. d. Bundesrepublik Deutschland, 1950, S. 20 nahe, der sich aber nicht festlegt und lediglich erklärt, Art. 1 Abs. 1 GG „könnte" ein Grundrecht der Menschenwürde enthalten. Vgl. auch BGHZ 13, 338, der ebenfalls keine Begründung gibt; Enneccerus-Nipperdey, Lehrb. d. Bürgerl. Rechts, Allg. T., 14. Aufl. (2. Halbb., 1952), S. 293 und Nipperdey in Neumann-Nipperdey-Scheuner, Die Grundrechte, Bd. 2 (1954), S. 1 ff.

[9]) Vgl. Nawiasky, a. a. O. S. 20 f., der mit Recht auch darauf hinweist, daß „die in Art. 8, 9, 11, 12 und 16 GG geregelte Versammlungsfreiheit, Vereins- und Koalitionsfreiheit, Freizügigkeit, Freie Berufswahl und Unentziehbarkeit der Staatsangehörigkeit einschl. eines Auslieferungsverbotes

wird, daß „die nachfolgenden Grundrechte" Gesetzgebung, Verwaltung und Rechtsprechung binden, wo also die Würde des Menschen nicht einbezogen ist[10]). Freilich hat Art. 1 Abs. 1 GG das Gepräge einer Mußvorschrift[11]). Auch ist Art. 79 Abs. 3 GG zu erwägen[12]). Er bestimmt, daß Verfassungsänderungen, durch welche „die in Art. 1 niedergelegten Grundsätze" berührt werden, unzulässig sind. Falls Art. 1 Abs. 1 GG überhaupt „Grundsätze" enthält, ist es wenig wahrscheinlich, daß er nur die Gestalt einer Einleitung hat. Zudem steht er unter der Überschrift: „Die Grundrechte"[13]). Auch das führt aber nicht zu einer klaren Lösung.

Den wirklichen Sinn der Vorschrift erschließt nur die sog. historische Interpretation[14]). Die Entwicklung[15]), die sie zu beobachten hat, beginnt im absoluten Staat[16]). Hier, wo die öffentliche Gewalt

---

ausdrücklich nur den Deutschen eingeräumt und daher gar keine Menschenrechte sind und daß Art. 18 GG — sicher sachlich gerechtfertigt — bei Mißbrauch die Verwirkung einzelner Grundrechte vorsieht, während doch in Art. 1 Abs. 2 GG von Unverletzlichkeit gesprochen wird". Vgl. auch Bonn. Komm., a. a. O. Art. 1 Bem. II, 3 f. und Giese, a. a. O. Vorbem. II vor Art. 1.

[10]) Vgl. Walter G. Becker in JZ 1951, S. 329 und Nawiasky a. a. O. Freilich enthält Abschnitt I GG nicht alle Grundrechte. Weitere derartige Rechte bringen die Abschnitte IX und XI GG.

[11]) Hierauf verweist für Art. 100 d. Verf. d. Freist. Bayern v. 2. Dez. 1946 der Beschl. d. Bayerischen Verfassungsgerichtshofes v. 22. März 1948 in SJZ 1948, Sp. 551.

[12]) Art. 79 Abs. 3 GG ist stark umstritten. Vgl. bes. Bonn. Komm., a. a. O. Art. 1 Bem. II, 5 b mit Hinweisen; Nawiasky, a. a. O. S. 20 f. und 121 und Scheuner in Festg. f. Erich Kaufmann, 1950, S. 313 ff. Das Hauptproblem dürfte Art. 79 Abs. 3 i. Verb. m. Art. 1 Abs. 2 GG sein. Nawiasky, a. a. O. S. 21 glaubt, daß Art. 1 Abs. 2 GG „keine Rechtsnorm enthalte, welche die anschließenden Grundrechtsartikel in einem Satz zusammenfasse und vorwegnehme." Zu Art. 79 Abs. 3 i. Verb. m. Art. 1 Abs. 3 GG vgl. das Urteil des BVerfGer. v. 18. Dez. 1953 — 1 BvL 106/53 — in JZ 1954 S. 32 ff.

[13]) Giese a. a. O. hält auch die allgemeine Voranstellung der Grundrechte für wichtig.

[14]) v. Mangoldt, a. a. O. Vorbem. 1 vor Art. 1 bezeichnet die Entstehungsgeschichte des Abschnitts I GG und die allgemeinen Überlegungen über seinen Inhalt und Zweck zutr. als „für die Auslegung seiner Bestimmungen von so großer Wichtigkeit wie das wohl bei kaum einem anderen Teil des Grundgesetzes der Fall ist". v. Mangoldt war Mitglied des Parlamentarischen Rates und als Berichterstatter für die Grundrechte tätig. Seine Ansicht hat daher besonderes Gewicht. Vgl. auch Jerusalem in SJZ 1950, Sp. 1, der ausführt, daß sich das Wesen der Grundrechte „allein aus den philosophischen Ideen, aus denen sie im Schoße der internationalen Kulturgemeinschaft historisch erwachsen sind, ergebe".

[15]) Zur Geschichte der Grundrechte vgl. vor allem Anschütz, D. Verf. d. Dtsch. Reiches, Komm., 14. Aufl. (1932), S. 505 ff.; Hatschek, Dtsch. u. Preuß. Staatsrecht, Bd. 1 (1930), S. 211 ff.; Jerusalem, a. a. O. Sp. 1 f. und Nawiasky, a. a. O. S. 18 ff.

[16]) Die christlich-mittelalterliche Konzeption der Grundrechte ist nicht unmittelbar relevant; denn erst das 18. Jahrh. hat „den Schwerpunkt der politischen Theorie von Ursprung und Amt des Herrschers hinweg auf das

in der Hand des Monarchen vereinigt war, entstand die Forderung, die staatliche Macht zu beschränken und der Einzelperson eine Sphäre eigenen Beliebens zu schaffen. Der Untertan verlangte Freiheitsrechte, die gegen die öffentliche Gewalt gerichtet waren und ihm die Möglichkeit gaben, hoheitlicher Einmischung in seine Individualsphäre zu begegnen.

Dieses Begehren wurde in steigendem Maße erfüllt. Bedeutsam ist vor allem die déclaration des droits des hommes et des citoyens vom 27. August 1789. Die Menschenrechte, die sie verkündete, waren dem Staat übergeordnet; sie wurden als natürliche, unveräußerliche, heilige Rechte aufgefaßt [17]). Dem Staat fiel die Aufgabe zu, sie zu sichern und zu wahren [18]). Die Freiheitsrechte gaben ihm — dem bürgerlichen Rechtsstaat — Inhalt und Zweck. Die Stellung, die sie einnahmen, kam darin zum Ausdruck, daß ihre Erklärung nicht Bestandteil einer die staatliche Organisation regelnden Verfassungsurkunde, sondern selbständig war [19]). Ferner sagte die déclaration in Art. 2:

„Le but de toute association politique est la conservation des droits naturels et imprescriptibles de l'hommes."

Dieses Ziel, die Grundrechte zu erhalten, verfolgte auch die Einführung der Gewaltenteilung [20]). Sie bot den Anreiz, die Grundrechte der Verfassungsurkunde einzugliedern [21]). Das sollte sie gewährleisten; tatsächlich minderte es aber ihre Kraft; denn als Bestandteil einer Verfassungsurkunde waren die Grundrechte nicht mehr eigenständig. Sie teilten das Schicksal des Gesamtwerkes. Es bildete sich die Meinung, ihre Träger seien „dem allgemeinen Willen, wie er in vom Parlament beschlossenen Gesetzen zum Ausdruck gelangte, unterworfen" [22]). Das bedeutete, daß die Grundrechte vom Staat abhängig, daß sie abänderbar und beschränkbar geworden waren. Der Liberalismus tastete sie freilich nicht an; denn er

---

Verhältnis der Regierenden zu den Regierten" gelegt: Paul Hazard, La pensée européenne au XVIII e siècle, Bd. 1 (1946), S. 254; zit. nach Scheuner a. a. O.

[17]) Vgl. Präambel der déclaration v. 27. Aug. 1789 und Jerusalem a. a. O.

[18]) Vgl. Carl Schmitt in Handb. d. Dtsch. Staatsrechts, Bd. 2 (1932), S. 580.

[19]) So bes. Nawiasky, a. a. O. S. 18 f.

[20]) Vgl. Nawiasky, a. a. O. S. 19 und Carl Schmitt, a. a. O. und Fußn. 25 ebd. Die Einführung der Gewaltenteilung bedeutete ein zweites Mittel der Sicherung der Einzelsphäre, weil sie, wenn der aktive Staat an die Rechtssetzung der im Parlament vertretenen Bürgerschaft gebunden war, den Grundsatz der Gesetzmäßigkeit der Verwaltung im Gefolge hatte.

[21]) Hierzu und zum Folgenden vgl. Nawiasky a. a. O.; Scheuner a. a. O. und Carl Schmitt, a. a. O. S. 580, der die Grundrechte mit Gneist (Gesetz und Budget, 1879, S. 7) als „Generalpostulate der Gesellschaft an den Staat" bezeichnet.

[22]) Nawiasky a. a. O.

wollte die Individualsphäre gerade schützen [23]). Dieses Bestreben trat jedoch zurück, als dem Staat die Aufgabe erwuchs, der Einzelperson vermehrt Leistungen zu erbringen. Die darin verkörperte kollektive Daseinsverantwortung verlieh dem Staat eine neue, expansive Gestalt; die eigene Wirklichkeit gab ihm Sinn und Zweck.

Es erhob sich aber das Verlangen, dem Staat die legislative Allmacht zu nehmen und die Grundrechte auch gegenüber der Gesetzgebung zu sichern. Die Wissenschaft nahm dieses Begehren in steigendem Maße auf [24]) und bezeichnete die Grundrechte als fundamentale, „vorstaatliche" Rechte, die sogar dem Verfassungsgesetz übergeordnet und vom Staat nicht zu gewähren, sondern nur zu garantieren seien [25]).

---

[23]) Der Liberalismus hielt eine Sicherung der Individualsphäre gegenüber der Gesetzgebung für geradezu überflüssig. Vgl. Hatschek, a. a. O. S. 226 f.; Nawiasky a. a. O. und Kaufmann, Die Gleichheit vor dem Gesetz, Veröffentlichungen d. Verf. d. Staatsrechtslehrer, Heft 3 (1937), S. 16 f.; zit. nach Scheuner a. a. O.

[24]) Vgl. Nawiasky, a. a. O. S. 19 f. Es handelt sich weniger um eine Änderung des Gesichtspunktes als um eine Verschiebung des Schwerpunktes; das neue Begehren zielt nämlich in erster Linie darauf, eine auf „legalem" Wege erfolgende Verletzung der Grundrechte zu verhindern.

[25]) Unter der Herrschaft der WRV wurde diese Frage, die ursprünglich eine religionsphilosophische war, heftig diskutiert. Carl Schmitt, a. a. O. Fußn. 24 wies zutr. darauf hin, „daß es keineswegs ‚Metaphysik' oder ‚Metajurisprudenz' oder ‚Philosophie' oder ‚Naturrecht' oder ‚Soziologie' oder dergleichen sei, von vor- oder überstaatlichen Rechten zu sprechen, wenn man das Prinzip einer freien, den Staat als ihre Schutzorganisation aus sich heraus stellenden Gesellschaft anerkenne; für den konsequenten Liberalismus angelsächsischer Denkart z. B. sei es umgekehrt ‚Staatsmetaphysik' und ‚Staatsbeamtenphilosophie', nur vom Staat gewährte und zu seiner Verfügung stehende Rechte anzunehmen." Diese Ansicht mündete teilweise in die sog. Neue Lehre. Zu ihr vgl. Carl Schmitt, Verfassungslehre, 1928, S. 11 ff., 18 ff., 20 ff. und 102 ff. sowie Triepel in DJZ, 31. Jahrg. 1926, Sp. 849.

Die neuere Entwicklung hat die Ansicht, daß es fundamentale, vorstaatliche Rechte gibt, dem Grunde nach bestätigt. Vgl. dazu Giese, a. a. O. Vorbem. II vor Art. 1 und Allg. Staatsrecht, Grundriß, 1948, S. 30 f., der Menschenrechte und vorstaatliche Rechte begrifflich gleichsetzt. Die weiter geäußerte Ansicht, daß es „die naturrechtliche Rechts- und Staatsauffassung" sei, die das Bestehen unabdingbarer, selbst den Verfassungsgeber bindender Menschenrechte annehme, ist nach Lage der Dinge jedoch nicht ganz zutreffend. Vgl. dazu auch Nawiasky, a. a. O. S. 121, der von „Staatsfundamentalnormen" spricht und Coing, Die obersten Grundsätze des Rechts, 1947, S. 225 ff., der demgegenüber die Bezeichnung „Urrechte" vorschlägt.

Die Rechtsprechung erkennt sog. überpositives Recht heute ebenfalls an. Zust. schon das Urt. d. BVerfGer. v. 23. Okt. 1951, zusammengefaßt abgedruckt in JZ 1951, S. 728 ff. Wesentlich ferner das Urt. des BVerfGer. v. 18. Dez. 1953 in JZ 1954, S. 32 ff., dem das Urt. des BVerfGer. v. 26. Febr. 1954 in JZ 1954, S. 188 ff. nicht entgegensteht. Übereinstimmend schließlich die Entscheidungen des Bayerischen Verfassungsgerichtshofes v. 28. Juni u. 10. Okt. 1948, inhaltlich erwähnt bei Roemer in SJZ 1949, Sp. 26.

Aber die erörterte Frage ist nicht unbestritten. A. A. vor allem Thoma in Handb. d. Dtsch. Staatsrechts, Bd. 2 (1932), S. 137 ff. und 607 f., der aber

Die gleiche Ansicht vertraten der bayerische und der württembergisch-badische Verfassungsgeber. Sie haben — 1946 — die Achtung der Menschenwürde erstmalig verbrieft [26]).

Der Verfassungskonvent auf Herrenchiemsee teilte ihre Gedanken. Er, der als Sachverständigenausschuß das Grundgesetz vorbereitete, gab Art. 1 des Entwurfes [27]) die Fassung:

> „Der Staat ist um des Menschen willen da, nicht der Mensch um des Staates willen.
>
> Die Würde der menschlichen Persönlichkeit ist unantastbar. Die öffentliche Gewalt ist in allen ihren Erscheinungsformen verpflichtet, die Menschenwürde zu achten und zu schützen."

Abs. 1 brachte eine allgemeine Einleitung [28]). Abs. 2 machte keine sichere Aussage. Doch zeigt die beigefügte Erläuterung [29]), daß er das fragliche Grundrecht der Menschenwürde formulierte.

Auch der Parlamentarische Rat, der das Grundgesetz geschaffen hat, betrachtete die Grundrechte als vorstaatliche Rechte [30]). Er wollte sie dem Verfassungswerk eingliedern, um die neue Ordnung mit

---

für etwaige völkerrechtskräftige Grundrechte sowie für das Prinzip der Gleichheit vor dem Gesetz eine Ausnahme macht, vor- oder überstaatliche Geltung also anerkennt. A. A. ferner RGZ 118, 327. In der Entscheidung ist ausgeführt, „der Gesetzgeber sei selbstherrlich und an keine anderen Schranken gebunden als diejenigen, die er sich selbst in der Verfassung oder in anderen Gesetzen gezogen habe". Zur Kritik vgl. v. Hippel in Handb. d. Dtsch. Staatsrechts, Bd. 2 (1932), S. 546 ff. und in DJZ, 33. Jahrg. 1928, Sp. 1517 ff. Vgl. schließlich noch Hatschek, a. a. O. S. 241 ff.; Jerusalem, a. a. O. Sp. 1 ff.; Nawiasky in JZ 1954, S. 717 ff. und Radbruch in SJZ 1946, Sp. 105 ff.

[26]) Art. 100 Verf. d. Freist. Bayern v. 2. Dez. 1946; Art. 1 Abs. 1 Verf. f. Württemberg-Baden v. 28. Nov. 1946, der eine Umschreibung gibt. Vgl. dazu Nawiasky, a. a. O. S. 26, der zutr. darauf hinweist, daß Art. 100 Verf. d. Freist. Bayern v. 2. Dez. 1946, der „Würde der menschlichen Persönlichkeit" formuliert, das Wesentliche deutlicher hervorhebt. Daß er ein Grundrecht enthält, klärt der Beschluß des Bayerischen Verfassungsgerichtshofes v. 22. März 1948 in SJZ 1948, Sp. 550 ff. Vgl. dazu auch Roemer in SJZ 1949, Sp. 24 ff.

[27]) Enthalten in Bericht über den Verfassungskonvent auf Herrenchiemsee v. 10.—23. 8. 1948, 1948. Vgl. auch Art. 21 des Entwurfes, der die Grundrechte für unantastbar erklärte, und Art. 108 des Entwurfes, der vorsah, daß Anträge auf Änderung des Grundgesetzes, durch welche die freiheitliche und demokratische Grundordnung beseitigt würde, unzulässig seien. Daß besagte Grundordnung von der Mehrheit der Versammlung als überpositives Recht betrachtet wurde, beweist der Bericht über den Verfassungskonvent, Darst. T., Kap. 9.

[28]) Vgl. v. Mangoldt, a. a. O. Art. 1 Bem. 1.

[29]) Bericht über den Verfassungskonvent auf Herrenchiemsee v. 10.—23. 8. 1948, 1948, S. 21. Vgl. auch v. Mangoldt a. a. O.

[30]) Bonn. Komm., a. a. O. Art. 1 Bem. I; Jerusalem, a. a. O. Sp. 3 f.; v. Mangoldt in Arch. d. Öffentl. Rechts, Bd. 75 (1949), S. 275 ff. und a. a. O. Vorbem. 2 vor Art. 1 mit Nachweisen.

Freiheitsgeist zu erfüllen und ihre Festigkeit zu sichern[31])[32]). Der Unterausschuß, der zuerst beauftragt war, änderte jedoch Art. 1 des auf Herrenchiemsee beratenen Entwurfes sehr stark. Er erarbeitete eine Fassung, welche die Grundrechte als Freiheitsrechte kennzeichnen, ihre Absicht und Natur offenbaren sollte[33]). Der Ausschuß für Grundsatzfragen billigte das, beschloß aber eine andere Fassung, welche die interpretierende Eigenart erhöhte[34]). Der Hauptausschuß — seine Beweggründe sind nicht niedergelegt — wählte eine dritte Fassung, die auf Art. 1 Abs. 2 des in Herrenchiemsee angenommenen Entwurfes zurückging und das Bekenntnis zu unverletzlichen und unveräußerlichen Menschenrechten einfügte[35]). Eine geringe redaktionelle Korrektur, die er später vornahm[36]), gab Art. 1 seine heutige Gestalt. Das Plenum hat sie ohne erklärende Aussprache verabschiedet.

Die geschilderte Entwicklung ist zweispurig. Die der Einzelperson gegebene Individualsphäre und die dem Staat verliehende Natur bilden ihre Objekte. Erst korrespondieren beide: die Grundrechte beherrschen die öffentliche Gewalt; ihre Erhaltung gibt dem Staat Sinn und Zweck. Später wird die Verbindung eine andere: die Grundrechte sind dem Parlament anvertraut, zwingen also nur die vollziehende Gewalt; die Aufgabe, sie zu bewahren, wird verdrängt. Im Staat ist keine die Grundrechte hütende Schutzorganisation mehr verkörpert[37]). Die jetzt vordringende Lehre, welche die Grundrechte als naturgegebene, vorstaatliche Rechte betrachtet, hat restaurative Eigenart. Sie hat jedoch — rückschauend ist es zu sagen — keine wirksame Substanz. Es fehlt das tragende und erklärende Element,

---

[31]) v. Mangoldt, D. Bonn. Grundgesetz, Komm., 1953, Vorbem. 1 vor Art. 1 mit Hinweis auf Sten. Ber., S. 204 u. 223.

[32]) Die Einstellung, die der Parl. Rat. gezeigt hat, enthält offensichtlich eine Verneinung des „Relativismus als Anschauung der Demokratie". Vgl. dazu Scheuner a. a. O.

[33]) Bonn. Komm. a. a. O. Vgl. auch v. Mangoldt, a. a. O. Vorbem. 2 vor Art. 1.

[34]) Drucks. 203; der Ausschuß gab u. a. Art. 1 Abs. 3 einen Zusatz, der besagte, die nachfolgenden Grundrechte seien „für unser Volk aus unserer Zeit" formuliert worden.

[35]) Die Vorbereitungsarbeit hatten der Allg. Redaktionsausschuß (Beschl. v. 25. Jan. 1949; Drucks. 543) und ein interfraktioneller Fünferausschuß (Beschl. v. 5. Febr. 1949; Drucks. 591) geleistet. Materialien über deren Beratungen liegen nicht vor. Vgl. Bonn. Komm. a. a. O. und v. Mangoldt, a. a. O. Art. 1 Bem. 1.

[36]) In vierter Lesung; vgl. Bonn. Komm. a. a. O.

[37]) Das gilt bes. von dem Staat der WRV. Nach Lage der Dinge mußte der Einwand entstehen, andere als positivierte Rechte gebe es nicht. Die Verfassungspraxis aber konnte erklären, die Individualsphäre bestimme der gemeine Nutzen. Vgl. Jerusalem a.a. O. A. A. offenbar Carl Schmitt in Handb. d. Dtsch. Staatsrechts, Bd. 2 (1932), Fußn. 24 auf S. 580. Für das heutige Recht vgl. Art. 1 Abs. 3 Verf. f. Rheinland-Pfalz v. 18. Mai 1947.

das Eelement, das dem Staat, der nicht mehr Schutzorganisation ist, eine innere, „materielle" Verpflichtung gibt, die Grundrechte anzuerkennen, sie zu sichern und zu wahren [38]).

Solches Element ist die Achtung der Menschenwürde. Sie hat fundamentale Bedeutung; denn sie enthält eine die Grundrechte und ihre Beziehung zu dem Staat charakterisierende Gesamtentscheidung. Freilich ändert sie ihre Gestalt: der Schutz gilt nicht mehr der Einzelperson, wie sie der Liberalismus sah; er gilt der Persönlichkeit [39]). Die Folge ist, daß er die gesamte öffentliche Gewalt bindet. Wo die Achtung der Menschenwürde verbrieft ist, ersetzt sie die obengenannte Bestimmung:

„Le but de toute association politique est la conservation des droits naturels..."

Gewiß, sie gibt dem Staat nicht Inhalt und Zweck. Aber sie gibt ihm eine Aufgabe. Eine wichtige Aufgabe; denn Verfassungstheorie und -praxis haben die Erkenntnis gezeitigt, daß die Grundrechte nicht nur die bürgerliche Emanzipation vom Staat ausdrücken, sondern mithelfen, die staatliche Ordnung zu sichern [40]).

Die beschriebene Konzeption ist die eigentliche. Die Beziehung, die sie herstellt, ist mehr als eine allgemeine, mehr als eine programmatische Erklärung; denn sie empfiehlt nicht, sie gebietet. Wo sie verbürgt ist, besteht eine aktuelle, zwingende Norm. Sie gibt dem Staat eine Verpflichtung, der Einzelperson eine Begünstigung. Aber sie gibt keine Klage, gibt nicht die Möglichkeit, das dem Staat

---

[38]) Vgl. Thoma, a. a. O. S. 139 u. RGZ 118, 327, die beide zu dem Ergebnis kommen, der Gesetzgeber sei selbstherrlich. v. Mangoldt, a. a. O. Art. 1 Bem. 4 sieht das Problem umgekehrt, wenn er ausführt, die Erfahrung habe „gelehrt, daß auch bei den Volksvertretungen der Sinn für den Wert der Persönlichkeit verloren gehen und die Aufgabe vergessen werden könne, Schützer der Individualsphäre zu sein".

[39]) Diese Auffassung geht zurück auf Rud. Smend, Verfassung und Verfassungsrecht, 1928, S. 107 ff. Vgl. dazu v. Mangoldt, a. a. O. Art. 1 Bem. 2 mit weiteren Angaben. Vgl. ferner auch Nipperdey a. a. O. und Scheuner a. a. O.

[40]) Grundlegend hierzu wiederum Rud. Smend a. a. O. Vgl. auch Scheuner a. a. O., der zutr. darauf hinweist, daß Art. 18 GG, der die Möglichkeit einer Verwirkung enthält, die konstituierende Bedeutung der Grundrechte klarlegt und daß „das Recht der Gegenwart geradezu gekennzeichnet wird von der Tendenz, die Verteidigungslinien der Verfassung weit vorzuverlegen". Mit dieser Ansicht haben die Grundrechte eine zentrale Stellung im staatsrechtlichen Denken gefunden. Vgl. dazu auch die Vorträge auf der Arbeitstagung des staatsbürgerl. Sachreferats d. Zentralkomitees d. dtsch. Katholiken in Bonn v. 20. u. 21. Juni 1953. Ein Bericht findet sich in JZ 1953, S. 614 f. Vgl. ferner Anschütz, a. a. O. S. 505 f. Ganz anders sieht Bonn. Komm., a. a. O. Art. 1 Bem. II, 1 c, 2 a u. 2 c die Dinge. Er erklärt, daß Art. 1 Abs. 1 GG eine absolute Feststellung enthalte und dem Staat eine Verpflichtung auferlege. Letztere, die vom Staat auch positiv ein Tun verlange, mache einen erschöpfenden Katalog der Grundrechte entbehrlich. Vgl. auch Coing in SJZ 1947, Sp. 641 ff.

vorgeschriebene Verhalten vor Gericht zu verlangen [41] [42]). Die der Einzelperson zufließende Begünstigung ist nur eine sog. Reflexwirkung.

Die beschriebene Konzeption ist die eigentliche! Ihre Natur begründet die Vermutung, daß der Verfassungsgeber sie bestätigt. Gewiß, der Parlamentarische Rat hat verschiedene Wege erörtert: Der Unterausschuß, der zuerst tätig war, betonte die interpretierende Kraft, welche die Achtung der Menschenwürde besitzt. Doch das besagt nicht, daß die gebilligte Fassung eine reine Vorrede darstellte. Auch der Hauptausschuß, der die heutige Fassung erarbeitete, hat nicht gezeigt, daß er eine solche wünschte. Er, der die auf Herrenchiemsee gewählte Fassung berücksichtigte, hat die hier geschaffene „Präambel" [43]) — Abs. 1 — gerade beseitigt. Nur Abs. 2 wurde verwertet, Abs. 2, der keine sichere Aussage machte. Die erzielte Übereinstimmung ist groß. Aber sie ist eine äußere, redaktionelle. Die Tatsache, daß sie besteht, bekräftigt nicht die auf Herrenchiemsee gegebene Erläuterung, welche die Achtung der Menschenwürde als Grundrecht bezeichnete [44]); denn jene Erläuterung war selbständig. Es ist möglich, daß sie durch eine andere ersetzt wurde. Aufschluß gibt die Absicht, die Grundrechte dem Verfassungswerk einzugliedern, um die neue Ordnung zu sichern. Sie, nur sie bewirkte das besondere, förmliche Bekenntnis zu unverletzlichen und unveräußerlichen Menschenrechten [45]). Beide Momente, die Absicht und das förmliche Bekenntnis sind genau die, welche die Achtung der

---

[41]) Dagegen ist es Aufgabe der Gerichte, im Rahmen der sog. Normenkontrolle wie überhaupt im Rahmen der Überprüfung der Staatsakte die Innehaltung der Verpflichtung zu überwachen. Vgl. v. Mangoldt, a. a. O. Art. 1 Bem. 2 und Jerusalem, a. a. O. Sp. 1 ff.

[42]) Der Beschluß des Bayerischen Verfassungsgerichtshofes v. 22. März 1948 a. a. O. enthält eine petitio principii. Er behauptet nämlich zu Art. 118 Verf. d. Freist. Bayern v. 2. Dez. 1946, der die Gleichheit vor dem Gesetz verbürgt, „daß derjenige, dessen Lebensgut durch ein Grundrecht geschützt sei, auch selber Wahrer dieses Lebensgutes sein solle, daß er also einen Anspruch . . . habe". Zu Art. 100 Verf. d. Freist. Bayern, der von der Würde der menschlichen Persönlichkeit spricht, heißt es dann, „der Träger eines höchsten sittlichen Wertes, der Würde der menschlichen Persönlichkeit, müsse auch selbst berufen sein, ihn gegenüber rechtswidrigen Eingriffen des Staates durchzusetzen".

[43]) Nach v. Mangoldt, a. a. O. Art. 1 Bem. 1 war es „einhellige Meinung des Ausschusses für Grundsatzfragen, daß es nicht Aufgabe des Gesetzgebers sein könne, derartige allgemeine Sentenzen, mit denen nur Selbstverständliches gesagt werde, niederzuschreiben". Ob diese Auffassung richtig war, ist jedoch zumindest zweifelhaft. Vgl. dazu Jerusalem, a. a. O. Sp. 7.

[44]) Nach v. Mangoldt, a. a. O., will Art. 1 GG „ganz andere Wege einschlagen" als Art. 1 des auf Herrenchiemsee geschaffenen Entwurfes. Nach dem oben Gesagten ist dies zutr.

[45]) Materiell liegt dieses Bekenntnis schon in der Anerkennung der Grundrechte als vorstaatliche Rechte. So zutr. v. Mangoldt, a. a. O. Vorbem. 10 vor Art. 1. Vgl. auch oben Fußn. 9 auf S. 61 f.

Menschenwürde besitzt, wo sie als eine die Grundrechte und ihre Beziehung zu dem Staat charakterisierende Gesamtentscheidung verbürgt ist [46]) [47]).

So ist besagte Vermutung erhärtet: Art. 1 Abs. 1 GG ist nicht Einleitung; er ist aktuelle, zwingende Norm, Norm des objektiven Rechts; er ist eine Vorschrift, welche die Achtung der Menschwürde als das Prinzip verbrieft, das die Grundrechte der Persönlichkeit verbindet, ihre universale Reichweite festlegt und dem Staat die innere, „materielle" Verpflichtung gibt, sie — die Grundrechte — zu sichern und zu wahren.

Art. 1 Abs. 1 GG ist keine Vorschrift, welche die Achtung der Menschenwürde als Grundrecht verbrieft. Das fragliche Grundrecht der Menschenwürde gibt es nicht [48]). Schon zu Lebzeiten nicht! Eine Fortdauer, die seine Innehabung nach dem Tode begründete, kommt also gar nicht in Betracht. Sie wäre nicht möglich, selbst wenn die Rechtsfähigkeit des Menschen nach dem Tode anhielte.

Die Konsequenz ist eine sehr nüchterne. Sie lautet: Weil es das fragliche Grundrecht der Menschenwürde — das Interesse hat die Innehabung nach dem Tode — nicht gibt, ist seine Mißachtung nicht möglich. Es ist nicht möglich, daß die Vornahme klinischer Sektionen sie verwirklicht.

II.

Die bisherige Untersuchung hat die gestellte Aufgabe erweitert. Sie hat gezeigt, daß die Achtung der Menschenwürde als eine Gesamtentscheidung verbrieft ist. Art. 1 Abs. 1 GG, der sie formuliert, ist Norm des objektiven Rechts. Die Verpflichtung, die er erzeugt, gilt dem Staat. Sie gebietet ihm, die Grundrechte zu sichern und zu wahren.

Besteht die Möglichkeit, daß die Durchführung klinischer Obduktionen sie verletzt?

Die Verpflichtung gilt dem Staat. Gewiß, auch ihm gibt die fragliche Maßnahme eine Rolle: Die pathologische Anatomie wird nicht

---

46) Diese Konzeption zu Grunde gelegt, war es nicht „auf jeden Fall unrichtig, wenn das Grundgesetz den Satz von der Unantastbarkeit der Würde des Menschen an die Spitze des ganzen Grundrechtskataloges setzte", wie Jerusalem, a. a. O. Sp. 2 meint.

47) Eine Vorschrift, die wie Art. 18 GG eine Verwirkung gewisser Grundrechte vorsieht, ist hiermit durchaus zu vereinbaren. Vgl. Giese, Grundgesetz f. d. Bundesrepublik Dtschl., Komm. 1949, Vorbem. II vor Art. 1.

48) Ebenso ausdrücklich v. Mangoldt, a. a. O. Art. 1 Bem. 1 und 2.

nur geduldet; sie wird auch — begrenzt — gefördert [49]). Doch das berührt nicht die Aufgabe, die Grundrechte zu sichern und zu wahren. Das einzige derartige Recht, das eine Lockerung oder Schmälerung erfahren könnte, wäre das auf körperliche Unversehrtheit. Solches Recht besteht; Art. 2 Abs. 2 Satz 1 Grundgesetz hat es positiviert [50]). Aber er hat nicht seine Innehabung nach dem Tode festgelegt, hat nicht die Integrität des Verstorbenen verbürgt. Sie nennt der Sprachgebrauch nicht körperliche; sie dient nicht der Entfaltung der Persönlichkeit, die der Zusammenhang — Art. 2 Abs. 1 sowie Art. 2 Abs. 2 Satz 2 GG — schirmt [51]). Sie hat der Verfassungsgeber nicht betrachtet [52]). Der Schutz, der gewährt wird, betrifft die Integrität des lebenden Menschen.

Freilich besteht die Möglichkeit, daß die Vornahme klinischer Sektionen die Gesundheit der Angehörigen des Verstorbenen verletzt. Besagte Möglichkeit ist — wie bereits erörtert [53]) — dann gegeben, wenn die Angehörigen die Leichenöffnung nicht gestattet haben und die Bestürzung über sie eine Krankheit erzeugt. Nach Lage der Dinge kann aber nur die geistige Funktion eine Beeinträchtigung erfahren. Ihre Integrität ist durch Art. 2 Abs. 2 Satz 1 GG aber nicht verbürgt; denn körperliche Unversehrtheit ist, wie auch die Entstehungsgeschichte der Bestimmung zeigt [54]), nur die äußere Unversehrtheit, eine Unversehrtheit, welche die Durchführung klinischer Obduktionen nicht tangiert.

---

[49]) Das diesbezügliche Vorbringen der medizinischen Wissenschaft — vgl. oben S. 23 f. — trifft zu.

[50]) Vgl. Bonn. Komm., a. a. O. Art. 2 Bem. II und v. Mangoldt in Arch. d. Öffentl. Rechts, Bd. 75 (1949), S. 277.

[51]) Wie Bonn. Komm., a. a. O. Art. 2 Bem. II, 1 a zutr. feststellt, besteht die Entfaltung der Persönlichkeit im Handeln. Dementsprechend ist in Art. 2 GG „an die allgemeine Freiheit zum Handeln in den verschiedensten Lebensbereichen gedacht. Der einzelne soll sich auswirken können". Noch weiter geht v. Mangoldt a. a. O., der die Ansicht vertritt, daß „die Freiheitsrechte, welche in den auf Art. 2 GG folgenden Artikeln verbrieft sind, im Grunde genommen nur eine Konkretisierung der allgemeinen Rechte und Freiheiten dieses Artikels auf einzelnen Lebensgebieten" darstellen.

[52]) Art. 2 Abs. 2 Satz 1 GG enthielt ursprünglich nur das Recht auf Leben. Das Recht auf körperliche Unversehrtheit wurde vom Hauptausschuß auf Vorschlag des Ausschusses für Grundsatzfragen in zweiter Lesung eingefügt. Maßgebend hierfür war die Erinnerung an die nationalsozialistische Zeit, insbesondere an die dort vorgenommenen Zwangssterilisationen. Vgl. dazu Bonn. Komm., a. a. O. Art. 2 Bem. II, 2 c und v. Mangoldt, a. a. O. S. 280.

[53]) Vgl. oben S. 58 mit Nachweisen.

[54]) Vgl. oben Fußn. 52 auf S. 70. Vgl. ferner Giese, a. a. O. Art. 2 Bem. II, 4, der den die körperliche Unversehrtheit betr. Schutz auf die seelische Unversehrtheit ausdehnt. Vgl. schließlich Walter G. Becker in JR 1951, S. 329.

III.

Die geschilderte Erkenntnis erwuchs der Auffassung, daß die Achtung der Menschenwürde als eine Gesamtentscheidung verbrieft ist. Wird eine andere Konzeption gewählt, eine Konzeption, die keine die Grundrechte und ihre Beziehung zu dem Staat charakterisierende Kraft besitzt, ist die Folge, daß die Achtung der Menschenwürde als Maxime eine Art innere Selbständigkeit erlangt. Der württembergisch-badische Verfassungsgeber schildert — 1946 — die Gestalt, die sie erhält. Er sagt [55]):

> „Der Mensch ist berufen, in der ihn umgebenden Gemeinschaft seine Gaben in Freiheit und in der Erfüllung des ewigen Sittengesetzes zu seinem und der anderen Wohl zu entfalten [56])."

Die gleiche Bestimmung trifft — 1947 — der Verfassungsgeber für Rheinland-Pfalz. Er formuliert [57]):

> „Der Mensch ist frei. Er hat ein natürliches Recht auf die Entwicklung seiner körperlichen und geistigen Anlagen und auf die freie Entfaltung seiner Persönlichkeit innerhalb der durch das natürliche Sittengesetz gegebenen Schranken [58]) [59])."

Das Zitat — das erste wie das zweite — sagt, daß die Achtung der Menschenwürde als Achtung der Würde der Persönlichkeit betrachtet wird [60]). Der Begriff der Persönlichkeit, der verwandt wird, ist

---

[55]) Art. 1 Abs. 1 Verf. f. Württemberg-Baden v. 28. Nov. 1946.

[56]) Die Tatsache, daß diese Bestimmung bezüglich der Menschenwürde den „Versuch einer Definition" enthält, wird ausdrücklich vermerkt von Bonn. Komm., a. a. O. Art. 1 Bem. II, 1 a.

[57]) Art. 1 Abs. 1 Verf. f. Rheinland-Pfalz v. 18. Mai 1947.

[58]) Diese Bestimmung ist auch sonst sehr aufschlußreich. Indem sie nämlich von einem „natürlichen Recht" spricht, läßt sie erkennen, daß sie das Bestehen unabdingbarer Menschenrechte voraussetzt, also annimmt, daß es vorstaatliche Rechte gibt, die auch den Verfassungsgeber binden. Vgl. dazu Giese, Allg. Staatsrecht, Grundriß, 1948, S. 30 f.

[59]) Die Vorschrift betrachtet — wie gesagt — die Achtung der Menschenwürde nicht als eine die Grundrechte und ihre Beziehung zu dem Staat charakterisierende Gesamtentscheidung. Die hierdurch entstehende Lücke gleicht aber Art. 1 Abs. 2 Verf. f. Rheinland-Pfalz wieder aus. Die Vorschrift besagt nämlich:

> „Der Staat hat die Aufgabe, die persönliche Freiheit und Selbständigkeit des Menschen zu schützen sowie das Wohlergehen des einzelnen und der innerstaatlichen Gemeinschaften durch die Verwirklichung des Gemeinwohls zu fördern."

[60]) Bonn. Komm. a. a. O. erklärt, „Würde des Menschen bedeute, was den Menschen im spezifischen und wesenhaften Sinne ausmache". Vgl. auch Art. 1 Abs. 2 des auf Herrenchiemsee geschaffenen Entwurfes — oben S. 65 — und Art. 100 Verf. d. Freist. Bayern v. 2. Dez. 1946, die beide von „Würde der menschlichen Persönlichkeit" sprechen.

der der Ethik[61])[62]). Seine Grundlage bildet der Freiheitswille[63]), der Drang, das innere Selbst zu beherrschen. Er benötigt eine enge Verbindung zu der Gemeinschaft[64]). Besteht sie, gibt sie der Einzelperson Aufgabe und Ziel, vermittelt sie der Individualität die Sozialität[65]), erzeugt sie höchste geistig-sittliche Werte[66]). Derartige Werte sind notwendig. Ihre Entfaltung und Innehabung sind unverzichtbar und unantastbar. Ihre Natur ergibt, daß derjenige, der sie trägt, Würde besitzt, eine Würde, die als Attribut der Schöpfung erscheint, die also das Menschentum selbst betrifft[67]).

---

[61]) Der Beschluß des Bayerischen Verfassungsgerichtshofes v. 22. März 1948 a. a. O. sagt für Art. 100 Verf. d. Freist. Bayern ausdrücklich, daß das geschützte Gut, nämlich die Würde der menschlichen Persönlichkeit, „dem Bereich der Sittlichkeit angehöre". Dementsprechend entnimmt Roemer in SJZ 1949, Sp. 26 der Entscheidung mit Recht die Feststellung, daß ethische und allgemeinphilosophische Sätze verfassungsrechtlich unmittelbar relevant seien.

[62]) Die ethische Bewertung ist das Moment, das die Begriffe Person und Persönlichkeit trennt. Allerdings läßt sich eine formelmäßige Definition der Persönlichkeit kaum geben. Die Versuche, die diesbezüglich gemacht worden sind, sind sämtlich durch Anlehnung an eine philosophische Grundhaltung relativiert. Immerhin können aber gewisse Bestandteile als feststehend erachtet werden. Sie reichen für die juristische Arbeit aus und sind im Text dargestellt. Eine genauere Übersicht bieten Eisler-Roretz, Wörterb. d. philosoph. Begriffe, Bd. 2, 4. Aufl. (1929), S. 393 ff.

[63]) Er ist das Moment, das das zwecksetzende Ich trägt. Kant, Kritik d. prakt. Vernunft, S. 105; zit. nach Eisler-Roretz, a. a. O. S. 394, identifiziert sogar: „Persönlichkeit ist die Freiheit und Unabhängigkeit von dem Mechanismus der ganzen Kultur."

[64]) Der Begriff der Gemeinschaft wird der Psychologie entlehnt. Eisler-Roretz, a. a. O. S. 393 führen an: „Persönlichkeit ist etwas, was das Individuum erst in der Sozietät, in Wechselwirkung mit anderen erwirbt."

[65]) Die lebensvolle Verbindung zu der Gemeinschaft eröffnet der Einzelperson Tugend und Gesetz. Vgl. Müller-Walbaum, Die Welt als Schuld und Gleichnis, 1920, S. 164 ff., zit. nach Eisler-Roretz, a. a. O. S. 396.

[66]) „Das Wesen der Persönlichkeit liegt in der Kraft, allen Reizen durch Spannungen und folgende Lösungen so zu begegnen, daß jede derartige Bewegung neue sittliche Inhalte, neue Gesetzgebungen und, eingeschlossen darin, neue Zwecke erzeugt": E. Vohwinkel, Beitr. zur Philosophie und Pädagogik, 1912, S. 119; zit. nach Eisler-Roretz a. a. O. Der Beschluß des Bayerischen Verfassungsgerichtshofes v. 22. März 1948 a. a. O. sagt, „der Mensch als Person sei Träger höchster geistig-sittlicher Werte und verkörpere einen sittlichen Eigenwert, der unverlierbar und auch jedem Anspruch der Gemeinschaft, insbesondere allen rechtlichen und politischen Zugriffen des Staates und der Gesellschaft gegenüber eigenständig und unantastbar sei".

[67]) Dementsprechend erklärt der mehrfach erwähnte Beschluß des Bayerischen Verfassungsgerichtshofes v. 22. März 1948 a. a. O., daß ein Verstoß gegen Art. 100 Verf. d. Freist. Bayern v. 2. Dez. 1946, aus dem ein Grundrecht auf Achtung der Menschenwürde hergeleitet wird, nur vorliege, wenn „über die Auswirkung für den Betroffenen selbst hinaus die menschliche Würde als solche ohne Berücksichtigung der Einzelperson getroffen erscheine".

Ist es möglich, daß die Vornahme klinischer Sektionen sie verletzt?

Nach Lage der Dinge könnte es sich nur um eine Mißachtung bezüglich des Verstorbenen handeln. Jedoch ist gewiß, daß Würde der Persönlichkeit als Würde des Verstorbenen nicht zu existieren vermag. Sie hätte keine Grundlage. Es fehlte der Freiheitswille; es fehlte die Individualität [68]).

Im übrigen müßte die fragliche Tätigkeit, sollte das Gut, das erörtert wird, eine Beeinträchtigung erfahren, sittliche Bereiche durchdringen. Die Tatsache, daß es sittliche Werte sind, die das als Achtung der Menschenwürde bezeichnete Verhalten verlangen, erfordert es. Sie ergibt, daß nur derjenige Vorgang eine Schädigung zu bringen vermag, der über das Interesse der Einzelperson hinaus das Menschentum als solches berührt [69]).

Das zeigt, daß die Durchführung klinischer Obduktionen das genannte Gut — Würde der Persönlichkeit als Würde des Verstorbenen — nicht verletzte, selbst wenn es vorhanden wäre; denn die fragliche Maßnahme — gleich wie sie geartet ist — läßt sittliche Bereiche ungeschoren. Auch die sog. Stammgebiete der Moral [70]), die — wie die bisherige Untersuchung zeigt — hier gemeint sind, ergreift sie nicht. Eine andere Auffassung wäre nur begründet, sofern innere [71]), unmittelbare und ursprüngliche Gesetze, d. h. Gesetze, die das Innere mitteilt, die eine direkte Gewißheit trägt und die der bezeichnete Verfassungsgeber dogmatisch richtig ewige bzw. natürliche nennt, eine Mißachtung erführen. Besagte Mißachtung wiederum könnte nur vorliegen, sofern das Werturteil, das sie behauptete, in der Öffentlichkeit generell und ohne abgeleitete Maßstäbe erginge. Jedoch ist sicher, daß die erörterte Tätigkeit eine derartige Einstufung nicht kennt [72]).

IV.

Das heißt aber nicht, daß die Vornahme klinischer Sektionen in der Öffentlichkeit allgemein gebilligt würde. Solches geschieht bekanntlich nicht. Vielmehr sind weite Kreise der Bevölkerung der Ansicht, daß der fragliche Vorgang verwerflich sei. Die Gründe sind früher [73]) dargestellt. Sie sind hauptsächlich das Pietätsgefühl, das religiöse Gefühl und — sofern das zu Lebzeiten erteilte Ein-

---

[68]) Vgl. Bonn. Komm., a. a. O. Art. 1 Bem. II a, der das Da-sein als das „wichtigste Merkmal menschlicher Individualität" bezeichnet.

[69]) Vgl. oben S. 72 und Fußn. 67 ebd.

[70]) Vgl. Rein, Grundriß der Ethik, 3. Aufl. (1910), S. 91 ff.

[71]) Vgl. Rein a. a. O.

[72]) Vgl. oben S. 20 f. und 25 f. Vgl. ferner Walter G. Becker, a. a. O. S. 329.

[73]) Vgl. oben S. 20 f.

verständnis des Verstorbenen bzw. das Einverständnis dessen Angehörigen fehlt — das Rechtsgefühl.

Derartige Momente berücksichtigt vielleicht § 826 BGB [74]) [75]). Er statuiert deliktische Haftung und erfordert ein Verhalten, das eine gegen die guten Sitten verstoßende, vorsätzliche Schädigung darstellt.

Erste Voraussetzung ist eine Schädigung. Hierunter fällt jede nachteilige Beeinflussung fremder Vermögens- und Nichtvermögenslage [76]). Mittelbare Beeinflussung genügt [77]).

Zweite Voraussetzung ist, daß die Schädigung vorsätzlich geschieht. Der Vorsatz muß die Schädigung selbst beherrschen [78]). Das tut er, sofern der Täter das Bewußtsein der Beeinträchtigung und den Willen hat, trotzdem zu handeln [79]). Auch bedingter Vorsatz genügt [80]). Er besteht, wenn der Täter das Bewußtsein hat, daß der Erfolg möglich ist und wenn er eine derartige Möglichkeit in den Willen aufnimmt und unter der Voraussetzung, daß sie eintritt, billigt [81]). Er besteht nicht, wenn die fragliche Möglichkeit so gering ist, daß der Täter glaubt, er müßte nicht ernstlich mit ihr rechnen [82]).

---

[74]) Die Vorschrift ist ihrer Aufgabe nach subsidiärer Natur. Das bedeutet aber nicht, daß sie auch nur subsidiär zur Anwendung käme. Vielmehr ist eine Konkurrenz mit anderen Ansprüchen auch aus Vorschriften des 25. Titels des BGB durchaus möglich. Eine Ausnahme macht lediglich § 839 BGB, der eine Sonderregelung darstellt. Vgl. dazu RGZ 120, 97; Erman-Drees, Handkomm. z. BGB, 1952, § 826 Bem. 1 b, aa; Esser, Lehrb. d. Schuldrechts, 1949, S. 471 und Palandt-Gramm, BGB, Kurzkomm., 14. Aufl. (1955), § 826 Bem. 1 u. 7.

[75]) Daß die gegen die guten Sitten verstoßende, vorsätzliche Schädigung, die § 826 BGB erfordert, als solche rechtswidrig ist, wenn nicht ein Rechtfertigungsgrund vorliegt, ist heute fast allgemein anerkannt. Vgl. dazu RGZ 155, 59; Enneccerus-Lehmann, Lehrb. d. Bürgerl. Rechts, 13. Bearb. (1950), S. 899; Erman-Drees, a. a. O. § 826 Bem. 4 und Esser, a. a. O. S. 470.

[76]) RGRK (BGB), 10. Aufl. (1953), § 826 Bem. 4. Vgl. auch Enneccerus-Lehmann, a. a. O. S. 897 und Esser a. a. O., der „irgendeine Art von reparablen Schäden" verlangt.

[77]) Enneccerus-Lehmann, a. a. O. S. 898; Erman-Drees, a. a. O. § 826 Bem. 5 b; Palandt-Gramm, a. a. O. § 826 Bem. 4 und RGRK (BGB) a. a. O. Um eine Klarstellung der Begriffe „unmittelbare" und „mittelbare" Schädigung bemüht sich OLG Freiburg in JZ 1953, S. 704 f.

[78]) Hier liegt ein Unterschied zu § 823 Abs. 1 BGB. Vgl. zu der Frage BGH in NJW 1951, S. 596 ff.; Erman-Drees, a. a. O. § 826 Bem. 5 a und Palandt-Gramm, a. a. O. § 826 Bem. 3 a.

[79]) Erman-Drees a. a. O. Absicht der Schädigung ist nicht erforderlich. Vgl. dazu Erman-Drees a. a. O.; Esser, a. a. O. S. 470 und RGRK (BGB), a. a. O. § 826 Bem. 3.

[80]) RGZ 76, 319; 90, 108; 143, 51; Erman-Drees a. a. O.; Esser a. a. O.; Palandt-Gramm a. a. O. und RGRK (BGB) a. a. O.

[81]) Vgl. RGZ 90, 108; 143, 51; 157, 219 f. und Erman-Drees a. a. O.

[82]) RG in JW 1929, S. 3149; BGH in NJW 1951, S. 597 mit weiteren Angaben. Vgl. auch Erman-Drees a. a. O. und Palandt-Gramm, a. a. O. § 826 Bem. 3 a.

Jedoch ist die Kenntnis der Person, die Nachteil erfahren könnte, ohne Belang [83]).

Dritte Voraussetzung ist, daß die vorsätzliche Schädigung, wie sie gerade beschrieben wurde, die guten Sitten verletzt. Die guten Sitten, die das Gesetz im Auge hat, sind die gemeinrechtlichen boni mores [84]). Der Begriff, der sie trägt, hat enge Beziehung zu der Moral [85]). Jedoch sind seine Merkmale durchaus selbständig [86]). Eine hergebrachte Erläuterung nennt sie „das Anstandsgefühl aller billig und gerecht Denkenden" [87]). Sie trifft das Richtige: Sofern eine Tat nicht nur begrenzt vorkommt [88]), ist Maßstab die die Volksgesamtheit beherrschende Anschauung [89]), die Anschauung, die allgemein für gesund erachtet wird [90]), die Anschauung, die der Durchschnittsbürger teilt [91]). Eine besondere, nur einzelne Teile der Bevölkerung beherrschende Ansicht, wird nicht beachtet, sei sie vornehm oder lax [92]). Das gleiche gilt für die nicht gefestigte, nicht sittlich fundierte, hauptsächlich für die propagandamäßig erzeugte oder gelenkte Ansicht [93]).

Ob die guten Sitten eine Mißachtung erfahren, ist objektiv zu beurteilen [94]). Sämtliche Tatumstände sind zu erwägen [95]). Die Verwerflichkeit kann sich offenbaren im Hinblick auf das angewandte Mittel und mit Rücksicht auf das erstrebte Ziel [96]). Demgemäß ist es möglich, daß ein Verhalten, das für sich betrachtet keinerlei Makel

---

[83]) RG in JW 1936, S. 3111; Erman-Drees, a. a. O. § 826 Bem. 5 b. Vgl. auch Palandt-Gramm a. a. O. und RGRK (BGB) a. a. O.

[84]) Lehmann, Allg. T. d. BGB, 8. Aufl. (1954), S. 183.

[85]) Vgl. Enneccerus-Lehmann, a. a. O. S. 897; Esser a. a. O. und Lehmann a. a. O.

[86]) So bes. Esser a. a. O. Vgl. auch Enneccerus-Lehmann, a. a. O. S. 898.

[87]) RGZ 48, 124 f.; 51, 381; 73, 113; 115, 417 f. und ständig. Ebenso die herrsch. Lehre. Vgl. Enneccerus-Lehmann, a. a. O. S. 899; Erman-Drees, a. a. O. § 826 Bem. 2 a; Esser a. a. O.; Lehmann a. a. O.; Palandt-Gramm, a. a. O. § 826 Bem. 2 und RGRK (BGB), a. a. O. § 826 Bem. 2.

[88]) Vgl. Palandt-Gramm, a. a. O. § 826 Bem. 2 a. Vgl. ferner RGZ 48, 124 f. sowie auch Erman-Drees a. a. O.

[89]) Lehmann, a. a. O. Vgl. auch Enneccerus-Lehmann, a. a. O. S. 898 und Erman-Drees a. a. O.

[90]) Esser a. a. O. mit weiteren Angaben. Vgl. auch RGRK (BGB) a. a. O.

[91]) Vgl. Erman-Drees a. a. O. und RGRK (BGB) a. a. O.

[92]) RGZ 55, 373; 145, 399 f.; Enneccerus-Lehmann a. a. O.; Esser, a. a. O. S. 470; Lehmann a. a. O.; Palandt-Gramm a. a. O. und RGRK (BGB) a. a. O.

[93]) Erman-Drees a. a. O. Vgl. auch Lehmann a. a. O.

[94]) Vgl. Palandt-Gramm a. a. O. und RGRK (BGB) a. a. O.

[95]) RGZ 140, 190; 148, 52; Erman-Drees, a. a. O. § 826 Bem. 2 b und Palandt-Gramm a. a. O.

[96]) Erman-Drees a. a. O.; Esser, a. a. O. S. 470 f. und RGRK (BGB) a. a. O. Vgl. auch Coing in NJW 1947/48, S. 213 ff. Eine Übersicht über die Kasuistik geben u. a. Palandt-Gramm, a. a. O. § 826 Bem. 8 und RGRK (BGB), a. a. O. § 826 Bem. 5.

trägt, Tadel erhält wegen der Häufigkeit, mit der es wiederholt wurde [97]).

Ob der Handelnde die Sittenwidrigkeit erkannt hat, ist gleichgültig [98]). Die innere Einstellung spielt grundsätzlich keine Rolle. Eine Ausnahme gilt, sofern besagte Einstellung die Qualität der Tat selbst zu kennzeichnen vermag [99]). Verwerflichkeit fehlt regelmäßig, wenn der Täter die Umstände, durch welche sie begründet würde, nicht kannte [100]) oder wenn er das fragliche Verhalten irrtümlich für erlaubt hielt [101]). Jedoch ist nur derjenige Irrtum beachtlich, der nicht grob fahrlässig, nicht unverantwortlich leichtsinnig verschuldet wurde [102]).

Vorbezeichnete Merkmale sind derart eng, daß die Durchführung klinischer Sektionen sie nicht zu erbringen vermag.

Gewiß, eine Schädigung ist möglich [103]). Sie könnte eintreten, wenn eine Leichenöffnung den Angehörigen nicht genehm wäre und wenn die Bestürzung über sie eine Krankheit erzeugte, die ärztliche Behandlung erforderte. Auch eine Aufhebung oder Minderung der Erwerbsfähigkeit kommt in Betracht [104]).

Indes besteht kein Grund zu der Annahme, daß eine derartige Schädigung vorsätzlich erfolgte [105]). Zwar ist zu erwägen, daß die pathologische Anatomie den Willen des Verstorbenen, wie er zu Lebzeiten geäußert wurde, bzw. den Willen der Angehörigen verhältnismäßig oft nicht beachtet [106]); aber das besagt nicht, daß sie wüßte oder fürchtete, solches Vorgehen könnte den Angehörigen Nachteil bringen. Im Gegenteil! Die Verbreitung, die das genannte Vorgehen gefunden hat, ergibt, daß das Bewußtsein, der fragliche

---

[97]) Vgl. RGZ 58, 223; 140, 397 und Erman-Drees a. a. O.

[98]) RGZ 79, 23; 120, 148; 123, 278 f.; 136, 298; 155, 333; 161, 233; RG in JW 1932, S. 398; Erman-Drees, a. a. O. § 826 Bem. 2 c, aa und Esser, a. a. O. S. 470. Vgl. auch Palandt-Gramm, a. a. O. § 826 Bem. 2 a.

[99]) RGZ 74, 230; 79, 417 f.; RG in JW 1932, S. 938. Die innere Einstellung, die der Täter gezeigt hat, ist also erheblich für die Frage, ob eine Handlung objektiv die Merkmale der Sittenwidrigkeit erfüllt. Vgl. dazu Erman-Drees, a. a. O. § 826 Bem. 2 c; Esser a. a. O. und RGRK (BGB), a. a. O. § 826 Bem. 2. Verwerflichkeit der Gesinnung für sich allein genügt aber nicht.

[100]) Vgl. RGZ 136, 298; 161, 233; Enneccerus-Lehmann, a. a. O. S. 899; Erman-Drees, a. a. O. § 826 Bem. 2 c, aa und RGRK (BGB) a. a. O. mit weiteren Angaben. Daß die Verwerflichkeit aber immer fehlte, wenn der Täter die Umstände nicht kennt, ist unrichtig. Vgl. dazu RGZ 97, 255. A. A. insoweit Esser a. a. O.

[101]) RGZ 123, 279; 155, 238. Vgl. auch Erman-Drees a. a. O.; Esser a. a. O. und Palandt-Gramm, a. a. O. § 826 Bem. 2 c.

[102]) RG in JW 1934, S. 2137 mit weiteren Angaben. Vgl. auch Erman-Drees a. a. O.; Esser a. a. O. und Palandt-Gramm a. a. O.

[103]) Vgl. oben S. 58 und Fußn. 159 ebd. und S. 70.

[104]) Eine derartige Schädigung wäre auch adaequat verursacht. Vgl. dazu LG Bonn in JW 1928, S. 2297 und unten S. 84 mit weiteren Angaben.

[105]) Vgl. LG Bonn a. a. O.

[106]) Vgl. oben S. 10 f. mit Nachweisen.

Erfolg werde oder könnte eintreten, nicht vorhanden ist; denn alle medizinische Wissenschaft, auch die pathologische Anatomie, dient der Heilung bzw. Gesunderhaltung. Es wäre absurd zu glauben, daß sie hierbei bewußt eine Methode beobachtete, die — bestimmt oder vielleicht — neue Leiden verursachte. Freilich wäre es denkbar, daß eine Leichenöffnung im Einzelfall für die Allgemeinheit große Wichtigkeit hätte [107]). Doch wäre sie so bedeutsam, daß die medizinische Wissenschaft die geistige Integrität der Einzelperson — lediglich die geistige Integrität kommt als verletzbar in Betracht [108]) — der Heilung bzw. Gesunderhaltung der Allgemeinheit opferte? Eine derartige Lage wurde bisher nicht beschrieben. Wie sie gemeistert würde, ist schwer zu beurteilen. Jedoch darf die medizinische Wissenschaft — bis das Gegenteil feststeht — verlangen, daß ihre Tätigkeit gesetzmäßig genannt wird.

Darüber hinaus ist der Hinweis notwendig, daß die erörterte Schädigung, selbst wenn sie vorsätzlich erfolgte, die guten Sitten nicht berührte [109]). Sicherlich, weite Kreise der Bevölkerung sind der Leichenöffnung feindlich gesinnt. Eine noch größere Zahl mißbilligt sie, wenn sie ohne das zu Lebzeiten erklärte Einverständnis des Verstorbenen bzw. ohne das Einverständnis dessen Angehörigen erfolgt. Hier ist es sogar der ganz überwiegende Teil, der sie ablehnt. Jedoch ist es nicht die Volksgesamtheit. Freilich ist der fragliche Vorgang auch nicht allgemein bekannt. Daher ist zu prüfen, wie der Durchschnittsbürger urteilen würde, sofern er die erforderliche Kenntnis hätte und sämtliche Tatumstände berücksichtigte. Umstände, die wesentlich sind, sind die angewandte Technik, welche die größtmögliche Schonung der Leichen erstrebt und — mit oder ohne ästhetisches Gefühl der Obduzenten [110]) — erreicht [111]), der verfolgte Zweck, der hauptsächlich ein medizinisch-wissenschaftlicher, also ein idealer, jedoch stets ein innerlich werthafter ist [112]), und die enorme Wichtigkeit, welche die Durchführung der Sektionen — generell betrachtet — besitzt und die natürlich mittelbar auch die einzelne Leichenöffnung bedeutsam macht [113]). Die Erkenntnis der Notwendigkeit der Sektionen ist der Gedanke, der die Problematik erzeugt; denn er ist der Anlaß, daß die Ärzte den Willen

---

107) Vgl. unten S. 150 ff.

108) Vgl. oben S. 70.

109) Dies ist heute fast allgemein anerkannt. Vgl. bes. Walter G. Becker, a. a. O. Fußn. 7 auf S. 329, der auch zu der Tagespresse Stellung nimmt; Bohne, a. a. O. Fußn. 47 auf S. 120 f. und Schorn in Dtsch. Zschr. f. d. ges. Gerichtl. Med., Bd. 14 (1930), S. 376. A. A. hauptsächlich Kornfeld in Zschr. Strafr. Wiss., Bd. 28 (1908), S. 67 ff.

110) Vgl. oben S. 20 mit Nachweisen.

111) Vgl. oben S. 7 f.

112) Vgl. oben S. 8 ff.

113) Vgl. oben S. 27.

des Verstorbenen, wie er zu Lebzeiten geäußert wurde, bzw. den Willen der Angehörigen vielfach nicht wahren. Aber hierbei besteht nicht selten die Überzeugung, daß es nicht das Pietätsgefühl oder religiöse Gesichtspunkte, sondern eine abergläubisch-mystische oder egoistisch-gehässige Vorstellung sei, die den Willen des Verstorbenen bzw. den Willen dessen Angehörigen gebäre [114]), eine Vorstellung, die eine Beachtung nicht verdiene. Freilich waltet eine derartige Überzeugung nicht immer. Doch auch dann, wenn sie nicht vorhanden ist, fehlt das Gefühl, daß die fragliche Tätigkeit verwerflich sei [115]). Der Grund ist nicht zuletzt die Tatsache, daß die medizinische Fachliteratur [116]) immer wieder die Ansicht formuliert, eine straf- oder zivilrechtliche Haftung sei nicht möglich. Ob das richtig ist, ist hier belanglos. Wichtig ist nur, daß genannte Tatsache die Annahme ausschließt, die Überzeugung, welche die Ärzte regiert, sei grob fahrlässig verschuldet.

Der bezeichnete Sachverhalt ist fest gefügt. Zwar kann er nicht darüber hinwegtäuschen, daß eine Leichenöffnung ohne das zu Lebzeiten erteilte Einverständnis des Verstorbenen bzw. ohne das Einverständnis dessen Angehörigen bedenklich stimmt; auch diejenige Obduktion, die für die Allgemeinheit ganz besondere Wichtigkeit hat, macht keine Ausnahme; zumindest liegt eine ganz besondere Wichtigkeit nicht vor, wenn die Bedeutsamkeit nur dadurch entsteht, daß die Vornahme der Sektionen generell betrachtet sehr notwendig ist [117]).

Aber der beschriebene Eindruck wird gemildert; denn die pathologische Anatomie benutzt eine untadelige Technik; die Ziele, die sie verfolgt, sind über alle Zweifel erhaben; die innere Einstellung ist lauter.

Der Durchschnittsbürger, der das berücksichtigt, findet zu einer klaren Lösung. Er wird erklären: Sicherlich gibt es gute Gründe, daß die Vornahme klinischer Sektionen ohne das zu Lebzeiten erteilte Einverständnis des Versorbenen bzw. das Einverständnis der

---

[114]) Vgl. oben S. 21 f. mit Nachweisen.

[115]) Vgl. oben S. 20 ff. sowie die Einwendungen der Beklagten in dem mehrfach erwähnten Urt. des LG Bonn v. 16. Mai 1928 in JW 1928, S. 2294 ff. Vgl. ferner OLG Breslau in HRR 17. Jahrg. 1941, Nr. 478; Bode in Zentralbl. f. Allg. Path. u. Path. Anatomie, Bd. 86 (1950), S. 372; W. Fischer, ebd., S. 417 ff. und Friese in Der Öffentl. Gesundheitsdienst, 3. Jahrg. 1937/38, Teilausg. A, S. 444.

[116]) Vgl. bes. B. Fischer, Der Sektionskurs, 1919, S. 7; W. Fischer, a. a. O. S. 417 und 419 und Rössle in Virch. Arch., Bd. 296 (1936), S. 535. Vgl. ferner Becherer in Der Krankenhausarzt, 5. Jahrg. 1931/32, S. 73; Dix in Zschr. f. d. ges. Krankenhauswesen, 25. Jahrg. 1929, S. 607; Gräff in Zentralbl. f. Allg. Path. u. Path. Anatomie, Bd. 88 (1952), S. 184; Hauptmann in Psychiatr.-Neurol. Wschr., 32. Jahrg. 1930, S. 423 und Eberh. Schmidt in Der Krankenhausarzt, 25. Jahrg. 1952, S. 209 ff.

[117]) Vgl. unten S. 150 f.

Angehörigen nicht statthaft erscheint. Doch — gleichgültig wie oft sie erfolgt — eine unehrenhafte, unschickliche, gegen das Anstandsgefühl verstoßende Maßnahme ist sie nicht.

Das schon genannte [118]) Urteil des Landgerichts in Bonn vom 16. Mai 1928 [119]) enthält eine teilweise andere Ansicht. Dies ist der Tatbestand, der ihm zu Grunde liegt:

> In der Kinderklinik einer Universität war ein Kind gestorben. Unmittelbar vor der Beerdigung ließ der Vater den Sarg öffnen. Hierbei wurde ersichtlich, daß der Leichnam eine Obduktion erfahren hatte. Der Vater behauptet, der Anblick habe bewirkt, daß die mitanwesende Mutter erkrankt sei [120]).

Die Entscheidung des Gerichts, welche ohne ihre Zusammenhänge zitierbar erscheint, besagt, daß der geschilderte Sachverhalt, soweit er das Vorgehen der Ärzte beleuchtet, die Regel darstelle. Die pathologische Anatomie sei durchweg bestrebt, die Obduktion vor der Angehörigen Entdeckung zu bewahren. Dies verdiene eine scharfe Rüge; denn ohne Einwilligung der Angehörigen sei die Sektion nicht zulässig. Das den Willen der Angehörigen ausschaltende Verhalten der Ärzte sei „sittenwidrig und anstößig". Freilich verfolge die Leichenöffnung rein ideale Zwecke. Auch ethisch könne sie kein Unwerturteil erfahren. Doch liege „das Unsittliche" auch „nicht in der Sektion selbst, sondern in der Heimlichkeit, mit der sie hinter dem Rücken der Angehörigen vorgenommen" werde.

§ 826 BGB sei nicht anwendbar; denn der „Vorsatz sittenwidriger Schädigung" habe zweifellos gefehlt; auch der Beweggrund der Ärzte und ihr „Handeln als solches" sei nicht „unsittlich" gewesen.

Dieses Erkenntnis hat starke Beachtung gefunden [121]). Überwiegend wurde es abgelehnt [122]). Hierbei fielen harte Worte [123]). Sachliche Kritik war seltener. Erstaunlicherweise; denn Anlaß hätte es genug gegeben. Schon der erste Punkt, der berührt wurde, bot eine Möglichkeit. Er, der besagt, daß die pathologische Anatomie die Obduktion regelmäßig zu verbergen trachte, ist eine Übertreibung,

---

[118]) Vgl. oben S. 52.

[119]) 3 S 706/27; in JW 1928, S. 2294 ff. mit Anmerkungen von Ebermayer und Straßmann.

[120]) Der Vater verlangt Schadensersatz. Seine Klage richtet sich gegen den Direktor der Kinderklinik, gegen den Leiter des pathologischen Instituts und gegen die Universität.

[121]) Vgl. bes. die Ausführungen von Walter G. Becker, a. a. O. S. 330 ff.; Ebermayer in Dtsch. Med. Wschr., 55. Jahrg. 1929, S. 799; Eberh. Schmidt, a. a. O. S. 210 ff.; Schorn, a. a. O. S. 376 f. und Wassermann in Die Med. Welt, 2. Jahrg. 1928, S. 1722 ff.

[122]) Vgl. bes. Hauptmann, a. a. O. S. 422; Eberh. Schmidt a. a. O. und Seemann in Ärztl. Vereinsbl. f. Dtschl., Bd. 56 (1929), Sp. 299 ff.

[123]) Straßmann in JW 1928, S. 2296 f. bezeichnet das Urteil als eine „durch und durch schiefe Darstellung". Zust. Hauptmann a. a. O.

die falsche Eindrücke erzeugt. Gewiß besteht kein Zweifel, daß die Bevölkerung die Vorgänge vielfach nicht kennt; auch ist nicht zu leugnen, daß verhältnismäßig wenig geschieht, sie aufzuklären. Selbst die Patienten der Universitätskliniken und Krankenhäuser — gleichgültig, ob Aufnahmebedingungen oder Hausordnung eine sog. Sektionsklausel[124]) enthalten oder nicht — sind nicht immer unterrichtet. Das gleiche gilt für ihre Angehörigen und häufig ist es gerade die beschriebene Unkenntnis, die bewirkt, daß eine Leichenöffnung nicht untersagt wird[125]). Aber die Patienten und ihre Angehörigen sind nicht sämtlich gegen eine Obduktion. Insbesondere die Angehörigen sind es nicht. Oft verlangen sie die fragliche Maßnahme sogar[126]). Daher kann man nicht erklären, der Wunsch, die Leichenöffnung zu verbergen, obwalte regelmäßig. Wo der beteiligte Personenkreis sein Einverständnis gegeben hat, wäre er nämlich ohne Sinn. Doch auch sonst ist das etwaige Verlangen, die Leichenöffnung vor Entdeckung zu bewahren, nicht das primäre Moment. Der tragende Gedanke liegt wesentlich näher. Er betrifft die besondere, bei Patienten und Angehörigen vorhandene Lage sowie die Notwendigkeit der Obduktion. Freilich erzeugt seine Durchführung eine den Willen der Angehörigen ausschaltende vollendete Tatsache. Aber das macht das Verhalten der Ärzte nicht „sittenwidrig und anstößig". Die mitgeteilte andere Ansicht beruht offenbar darauf, daß der Begriff der Sittenwidrigkeit keine genaue Analyse erfahren hat. Nur so ist es zu erklären, daß er mit „Unsittlichkeit" gleichgesetzt wird. Indes sind seine Merkmale selbständig. Sie verlangen eine Gesamtschau. Die Obduktion und ihre Begleitumstände getrennt zu beurteilen, geht nicht an. Außerdem ist es die Leichenöffnung und nicht ihre sog. „Heimlichkeit", welche eine Schädigung zu bringen vermag. Die — umstrittene — „Heimlichkeit" wäre nicht ursächlich[127]).

§ 826 BGB wurde nicht völlig erkannt. Das zeigt der Umstand, daß der „Vorsatz sittenwidriger Schädigung" erörtert wird. Er ist nicht erforderlich. Der Vorsatz der Schädigung genügt[128]).

---

[124]) Vgl. oben S. 10 und Fußn. 44 ebd. mit Nachweisen.

[125]) Hiermit rechnen verschiedentlich auch die Ärzte. Vgl. die Ausführungen von H. R. Hoffmann in Der Öffentl. Gesundheitsdienst, 12. Jahrg. 1950/51, S. 20 u. 26. Zu der ganzen Frage vgl. ferner Dix, a. a. O. S. 607 u. 609; Friese, a. a. O. S. 445 u. 448; Hauptmann, a. a. O. S. 423; Eberh. Schmidt, a. a. O. S. 212; Striemer in Die Med. Welt, 3. Jahrg. 1929, S. 1375 f. und Wollenweber in Der Öffentl. Gesundheitsdienst, 13. Jahrg. 1951/52, S. 67. A. A. G. B. Gruber in Der Krankenhausarzt, 25. Jahrg. 1952, S. 160.

[126]) Vgl. oben S. 9 und die Hinweise Fußn. 42 ebd.

[127]) Dies ist wiederum auch die Ansicht des LG Bonn, das a. a. O. S. 2297 ausdrücklich bemerkt, die Handlung bestehe in der Sektion der Leiche.

[128]) Insoweit mißverständlich auch Esser, a. a. O. S. 469, der den Ausdruck „vorsätzliche sittenwidrige Schädigung" gebraucht. Richtiger wäre: sittenwidrige vorsätzliche Schädigung. Vgl. dazu oben S. 74 ff.

Immerhin ist das Ergebnis des Landgerichts in Bonn richtig. Trotzdem befriedigt es nicht ganz. Der Grund ist die Argumentation, die vorhergeht. Sie ist nicht ganz beachtet. Hierdurch entsteht das Gefühl, daß nicht alle Momente genannt sind. Sehr nahe tritt der Gedanke an die Tragweite [129]), die eine abweichende Auffassung gehabt hätte.

V.

Eine weitere Möglichkeit wäre, daß die Vornahme klinischer Sektionen im Einzelfall die Merkmale des § 823 Abs. 1 BGB erfüllt. Besagte Vorschrift bezeichnet ebenso wie die vorher erörterte eine obligatio ex delicto.

Der objektive Tatbestand des § 823 Abs. 1 BGB erfordert, daß das Leben, der Körper, die Gesundheit, die Freiheit, das Eigentum oder ein sonstiges Recht anderer verletzt wird. Hier sind als Objekte lediglich der Körper, die Gesundheit, das Eigentum und ein sonstiges Recht fraglich.

Körper ist nur die äußere Hülle des lebenden Menschen [130]). Die stoffliche Wirklichkeit des Verstorbenen wird Leichnam genannt [131]). Das gilt auch für die juristische Fachsprache [132]). Hätte der Gesetzgeber eine abweichende Terminologie bevorzugt, wäre es gewiß unmittelbar erkenntlich. Zumindest wäre das fragliche Gut nicht ausgerechnet zwischen Leben und Gesundheit genannt; denn beide Werte sind — ebenso wie Freiheit und Eigentum — elementare Werte des lebenden Menschen. Dabei macht der Umstand, daß der Körper geschützt wird, eine Garantie der Gesundheit nicht entbehrlich. Auch der weitere Zusammenhang ergibt, daß Körper nur die äußere Hülle des lebenden Menschen ist. So sagt § 843 BGB, daß, sind Körper oder Gesundheit verletzt, für eine hierdurch eingetretene Aufhebung oder Minderung der Erwerbsfähigkeit sowie für eine Vermehrung der Bedürfnisse grundsätzlich eine Geldrente geschuldet wird [133]). § 847 Abs. 1 BGB, der auch wieder Körper und Gesundheit nebeneinanderstellt, ergibt, daß der Verletzte auch für

---

[129]) Über Bedeutung und Tragweite der Entscheidung des LG Bonn vgl. Ebermayer in Dtsch. Med. Wschr., 54. Jahrg. 1928, S. 1853 und 55. Jahrg. 1929, S. 799; Philipsborn in Zschr. f. d. ges. Krankenhauswesen, 25. Jahrg. 1929, S. 610; Seesemann a. a. O. und Warneyer in Der Chirurg, 3. Jahrg. 1931, S. 500.

[130]) Vgl. oben S. 70 und Walter G. Becker in JR 1951, S. 329 mit weiteren Angaben.

[131]) Vgl. Becker a. a. O.

[132]) Mit Unrecht einschränkend Becker a. a. O., der auf den Titel einer Greifsw. jur. Diss. von v. Alvensleben aus dem Jahre 1909 verweist, welche „Die Rechtsverhältnisse am toten menschlichen Körper" behandelt.

[133]) Über die Bedeutung der Vorschrift im Hinblick auf die §§ 249 ff. BGB vgl. Esser, a. a. O. S. 489 f.

Nachteile, die nicht Vermögensnachteile sind, eine billige Entschädigung in Geld verlangen kann [134]). Erwerbsfähigkeit, Vermehrung der Bedürfnisse und Nichtvermögensschaden gibt es aber nur bezüglich des lebenden Menschen. Auch Ansprüche sind immer Ansprüche des lebenden Menschen [135]).

Das Nebeneinander Körper — Gesundheit ist auch sonst beachtlich. Der Umstand, daß es nicht überflüssig ist, ergibt nämlich, daß der Begriff der Beeinträchtigung eine weite Auslegung erfahren muß. Allerdings gilt das nur für Körperverletzung und Schädigung der Gesundheit zusammen; denn es kommt vordringlich darauf an, daß jeder das geschützte Wohlbefinden herabsetzende Eingriff erfaßt wird. Die Frage, worunter er fällt, ist zweitrangig. Daher genügt es, daß Körperverletzung und Schädigung der Gesundheit, für sich betrachtet, eine wortgetreu-enge Interpretation erhalten. Einzige Voraussetzung ist, daß das genannte Ziel — der umfassende Schutz — erreicht wird. Das vorausgeschickt, bedeutet Körperverletzung eine äußere Einwirkung, eine Beeinträchtigung der Integrität, wie sie äußerlich sichtbar ist [136]). Schädigung der Gesundheit ist eine Störung innerer Vorgänge, wobei es gleichgültig ist, ob die körperliche oder die geistige Funktion verletzt wird [137]). Auch die Art der Einwirkung — physische oder psychische — spielt keine Rolle [138]). Störung durch seelische Eindrücke reicht also aus. Natürlich sind Körperverletzung und Schädigung der Gesundheit auch gleichzeitig möglich [139]).

Ist Körper nur die äußere Hülle des lebenden Menschen und fällt unter Beeinträchtigung lediglich eine Störung der Integrität, wie sie äußerlich sichtbar ist, so ist sicher, daß die Vornahme klinischer Sektionen nicht relevant ist.

Jedoch wäre es möglich, daß die Durchführung klinischer Obduktionen im Einzelfall eine Schädigung der Gesundheit darstellte. Die Gesundheit, die eine Störung erfahren könnte, ist die der Angehörigen. Wie schon erwähnt [140]), findet die erörterte Maßnahme ja

---

[134]) Es handelt sich in erster Linie um Schmerzensgeld. Vgl. dazu Esser, a. a. O. S. 490 f. Vgl. ferner OLG Freiburg in JZ 1953, S. 704 f.

[135]) Voraussetzung dafür, daß Ansprüche gegeben sind, ist nämlich die Fähigkeit, Träger von Rechten und Pflichten zu sein. Genannte Fähigkeit gibt es aber nur bezüglich des lebenden Menschen. Vgl. dazu die Ausführungen oben S. 42 ff.

[136]) Erman-Drees, a. a. O. § 823 Bem. 4 a und Palandt-Gramm, a. a. O. § 823 Bem. 4b. Vgl. oben S. 70.

[137]) OLG Freiburg in JZ 1953, S. 705. Vgl. Erman-Drees a. a. O. und Palandt-Gramm a. a. O. mit weiteren Angaben.

[138]) Vgl. RGZ 133, 270 ff.; 157, 11 ff.; OLG Freiburg a. a. O.; Erman-Drees a. a. O.; RGRK (BGB), a. a. O. § 823 Bem. 5 und Palandt-Gramm, a. a. O. § 823 Bem. 10.

[139]) So ausdrücklich Erman-Drees, a. a. O. § 823 Bem. 4 a.

[140]) Vgl. oben S. 20 f. u. 25 f.

nicht immer ihr Einverständnis. Häufig wird sie sogar regelrecht „perhorresziert“. Erfolgt sie dennoch, erzeugt die Bestürzung hierüber eventuell eine seelische Erschütterung, die eine exogene Depression und andere Leiden im Gefolge haben kann. Letztere sind, wie ebenfalls bereits gesagt [141]) bisher zweimal Streitgegenstand gewesen.

Vor Gericht erhob sich die Frage, ob der behauptete Nachteil beachtlich sei [142]). Zweifel daran begründet die Tatsache, daß eine sog. Fernwirkung vorliegt. Leichenöffnung, seelische Erschütterung und Schädigung sind die Punkte, die sie — nacheinander — berührt. Die herrschende Ansicht [143]) besagt aber, daß grundsätzlich eine unmittelbare Beeinträchtigung erforderlich sei. Ihre Stütze ist das Gesetz. Es enthält mehrfach Hinweise, daß Ansprüche nur derjenige besitzt, gegen den die unerlaubte Handlung begangen wurde [144]). So formuliert § 823 Abs. 1 BGB — die Vorschrift, welche gerade erörtert wird —: Wer Leben, Körper usw. „eines anderen“ verletzt, ist „dem anderen“ zum Ersatz des „daraus entstehenden“ Schadens verpflichtet. § 824 BGB, der die wirtschaftliche und berufliche Gefährdung „eines anderen“ betrifft, gebraucht ähnliche Worte. Auch er spricht vom Ersatz des „dem anderen daraus entstehenden“ Schadens. Das gleiche tut § 825 BGB. Hier wird der erschlichene oder erzwungene außereheliche Beischlaf behandelt. Wieder ist vom Ersatz des der Frau „daraus entstehenden“ Schadens die Rede. Die Ansicht, es sei eine unmittelbare Schädigung notwendig, trifft demnach zu. Sie zeigt aber nicht deutlich genug, worauf es ankommt: Ob ein geschütztes Rechtsgut oder Recht verletzt ist oder nicht. Liegt eine Beeinträchtigung vor, spielt es keine Rolle, wie sie zustande kam. Es wurde ja immer das Rechtsgut bzw. Recht „eines anderen“ verletzt. Natürlich ist der Verantwortliche nur „dem anderen“ zum Ersatz verpflichtet [145]). Könnte ein Dritter, der nicht selbst ein Rechtsgut oder ein Recht eingebüßt hat, Restitution verlangen, wäre das Prinzip nämlich aufgegeben. Der Verpflichtete vergütete keine „dem anderen daraus entstandenen“ Nachteile.

Die Beeinträchtigung, welche erörtert wird, trifft ein geschütztes Rechtsgut; ihr Gegenstand ist die Gesundheit der Angehörigen.

---

[141]) Vgl. oben S. 58 und Fußn. 159 ebd. mit Nachweisen.

[142]) Vgl. das Urt. des OLG Freiburg v. 30. Juni 1953 in JZ 1953, S. 704 f. Die Entscheidung erfreut durch ihre Klarheit. Sie konzentriert sich auf die Frage, ob ein Anspruch auf Schmerzensgeld gegeben ist.

[143]) Vgl. die Übersicht in dem mehrfach erwähnten Urt. des OLG Freiburg v. 30. Juni 1953 in JZ 1953, S. 704 f.

[144]) Vgl. OLG Freiburg, a. a. O. S. 705 und Erman-Drees, a. a. O. Vorbem. 6 vor § 823.

[145]) Esser a. a. O. Vgl. auch OLG Freiburg a. a. O.; Erman-Drees a. a. O.; RGRK (BGB), a. a. O. § 823 Bem. 11 und Soergel-Lindenmaier, BGB, Komm., 8. Aufl. (1952), § 823 Bem. 9.

Freilich hat eine derartige Schädigung nur Bedeutung, wenn sie adaequat verursacht wurde. Dieses Prinzip, das praktisch anerkannt ist [146]), erfordert eine Handlung, welche die Störung lückenlos herbeigeführt hat und dafür nach Lage der Dinge auf Grund allgemeiner Erfahrung generell geeignet war [147]). Das Verhalten, das erörtert wird, trägt solches Merkmal. Zwar schiebt sich zwischen Obduktion und Schädigung ein Glied in die Kette ein: Die seelische Erschütterung; aber die Länge der Kette ist belanglos [148]). Fraglich ist nur, ob die seelische Erschütterung eine atypische Folge ist. Dies ist nicht der Fall; vielmehr besteht nach allgemeiner Erfahrung immer die Möglichkeit, daß eine Leichenöffnung bei Angehörigen, die eine derartige Maßnahme für unverantwortlich halten, Bestürzung und Schock erzeugt [149]). Besagte Möglichkeit ist insbesondere dann gegeben, wenn die Obduktion durch Besichtigung der Leiche des Verstorbenen — man läßt den Sarg vor der Beerdigung öffnen — bekannt wird [150]).

Das bedeutet, daß der objektive Tatbestand des § 823 Abs. 1 BGB — Schädigung der Gesundheit — durch Vornahme klinischer Sektionen erfüllbar ist. Die Verwirklichung ist rechtswidrig, sofern nicht ein Rechtfertigungsgrund Platz greift. Hierauf wird später eingegangen.

Das Eigentum, das die erörterte Vorschrift ferner nennt, könnte nur dadurch eine Beeinträchtigung erfahren, daß die Durchführung klinischer Sektionen eine Sache verletzte, die entsprechend gebunden ist. Als derartige Sache käme lediglich der Leichnam in Betracht. Die entseelte, alsbald zur Bestattung gelangende Hülle des Menschen steht aber in niemandes Eigentum. Sie ist — wie schon erwähnt [151]) — herrenlos und der Aneignung entzogen.

Übrig bleibt ein sonstiges Recht.

Wer, so sagt § 823 Abs. 1 BGB, „das Leben, den Körper, die Gesundheit, die Freiheit, das Eigentum oder ein sonstiges Recht" verletzt, ist schadensersatzpflichtig. Das verbindende Wort „oder" begründet die Annahme, daß das Gesetz entweder Leben, Körper, Gesundheit und Freiheit als Rechte betrachtet oder lediglich Eigentum und sonstiges Recht zusammengefaßt hat. Weil der Gesetzgeber sich

---

[146]) Vgl. Erman-Drees, a. a. O. Vorbem. 5 d vor § 823; Esser, a. a. O. S. 463 f.; Palandt-Gramm, a. a. O. Vorbem. 6 vor § 823; RGRK (BGB), a. a. O. Vorbem. 5 a vor § 823 und Soergel-Lindenmaier, a. a. O. S. 705.

[147]) Vgl. Esser, a. a. O. S. 91 und RGRK (BGB) a. a. O.

[148]) Vgl. Erman-Drees, a. a. O. Vorbem. 5 d und 6 vor § 823.

[149]) Vgl. dazu bes. OLG Freiburg a. a. O. Vgl. ferner auch RGZ 133, 270 ff.; 157, 11 ff.; Erman-Drees, Vorbem. 5 d, cc vor § 823 mit weiteren Angaben; Kemmer in Dtsch. Zschr. f. d. ges. Gerichtl. Med., Bd. 18 (1932), S. 433 und Schumacher in Münch. Med. Wschr., 77. Jahrg. 1930, S. 1785.

[150]) Vgl. das Urt. des LG Bonn v. 16. Mai 1928 in JW 1928, S. 2294 ff.

[151]) Vgl. die ausführliche Darstellung oben S. 48 ff.

allgemein sehr sorgfältig ausdrückt, Leben, Körper, Gesundheit und Freiheit aber offensichtlich keine Rechte sind, ist nur letztere Alternative sinnvoll [152]). Sie, die grammatisch sicherlich vertretbar ist [153]), schließt nicht aus, daß der weitere Zusammenhang eine Bedeutung hat. Leben, Körper, Gesundheit und Freiheit sind elementare Werte und es ist gewiß kein Zufall, daß sie und ein sonstiges Recht nebeneinander gestellt sind. Beide Momente, der weitere Zusammenhang und die unmittelbare Beziehung Eigentum — sonstiges Recht zwingen zu der Annahme, daß der Ausdruck „sonstiges Recht" inhaltlich begrenzt ist. Er bezeichnet ein Recht, das mit Leben, Körper, Gesundheit, Freiheit und Eigentum die unbedingte Unantastbarkeit, mit Eigentum außerdem die rechtliche Struktur gemeinsam hat [154]). Ein solches Recht schließt andere aus. Jedermann hat es zu wahren, für jedermann ist es verletzbar. Man bezeichnet es als absolutes Recht [155]) [156]).

Ist es möglich, daß die Vornahme klinischer Sektionen im Einzelfall eine Mißachtung darstellt?

Als absolutes Recht, das die Beeinträchtigung erfahren könnte, kommt nur ein Recht der Angehörigen in Betracht. Ein Recht des Verstorbenen, dessen Leichnam Gegenstand der Obduktion ist, scheidet aus, weil die Fähigkeit des Menschen, ein Recht zu haben, mit dem Tode endet [157]).

Das fragliche Recht der Angehörigen könnte nur ein solches sein, das in eigener Person entstanden ist. Ein Recht, das zu Lebzeiten des Verstorbenen in dessen Person begründet und mit dem Tode auf die Angehörigen übergegangen wäre, ist nicht denkbar; dieses Recht stellte nämlich ein Persönlichkeitsrecht dar, ein Recht also, das mit dem Tode erlischt [158]).

---

[152]) Enneccerus-Lehmann, a. a. O. S. 881. Vgl. auch RGRK (BGB), a. a. O. § 823 Bem. 9 und Soergel-Lindenmaier, a. a. O. § 823 Bem. 6.

[153]) Enneccerus-Lehmann, a. a. O. Fußn. 3.

[154]) RGRK (BGB) a. a. O. Vgl. auch Erman-Drees, a. a. O. § 823 Bem. 7 a.

[155]) Die Ansicht, daß „sonstiges Recht" nur ein absolutes Recht ist, wird heute allgemein vertreten. Vgl. z. B. Erman-Drees a. a. O.; Palandt-Gramm, a. a. O. § 823 Bem. 6; RGRK (BGB) a. a. O. und Soergel-Lindenmaier a. a. O.

[156]) Nach herrsch. Lehre gehört jedes absolute Recht hierher. A. A. Neumann-Duesberg in SJZ 1950, Sp. 483.

[157]) Vgl. die Ausführungen oben S. 42 ff.

[158]) Vgl. oben S. 45 und Fußn. 92 ebd. mit weiteren Angaben. Widersprüchlich Josef in Gruch. Beitr., Bd. 65 (1921), S. 304 f. und in Leipz. Zschr., 23. Jahrg. 1929, Sp. 176, der ausführt, der Mensch habe „eine gewisse rechtliche Herrschaft hinsichtlich seines Leibes, die bei seinem Tode nicht gänzlich erlösche, sondern in gewissem Umfang auf die Hinterbliebenen übergehe" und der dann nach einer Rechtsgrundlage für die Herrschaft der Hinterbliebenen sucht, die er im Gewohnheitsrecht findet. Ähnlich Brunner in NJW 1953, S. 1173 f., der annimmt, daß der Mensch an seinem Körper Eigentum habe und der dieses Recht auf die Erben übergehen läßt. Vgl. dazu v. Staudinger-Boehmer, Komm. z. BGB, 11. Aufl. (1954), § 1922 Bem. 150 mit weiteren Angaben.

Der für das Recht der Angehörigen gegebene Rahmen wäre notwendig begrenzt; denn ein alsbald zur Bestattung gelangender Leichnam ist kein Wirtschaftsgut. Er hat nicht die Aufgabe, äußere Bedürfnisse zu befriedigen [159]).

Würde das erörterte Recht existieren, könnte es nur eine Quelle haben: das Herkommen. Dieses gebietet den Angehörigen, den Leichnam in ihre Obhut zu nehmen, ihn zu bewahren und zu versorgen. Auch die Bestattung bezeichnet es als ihre Aufgabe. Der sterbliche Überrest des Menschen soll Schutz erhalten. Den Angehörigen obliegt es, ihn zu geben und den Leichnam würdig auf die letzte Reise zu bringen. Wie ihre Aufgabe betrachtet wird, zeigt der Umstand, daß man sie die „letzte Pflicht" nennt [160]).

Damit die übertragene Aufgabe erfüllbar ist, gibt das Herkommen den Angehörigen Befugnisse. Sie gehen dahin, den Leichnam und etwa abgetrennte Teile in Besitz zu nehmen bzw. — sofern andere den Besitz vorher haben — herauszuverlangen, Einwirkungen Dritter zu verhindern bzw. — wenn eine eingetretene Störung weiterbesteht — sie zu unterbinden und für eine angemessene Bestattung zu sorgen [161]).

Durch vorstehende Regelung teilweise schon erfaßt sind Befugnisse, die das Herkommen den Angehörigen mehr mit Rücksicht auf ihre besondere Lage zuspricht. Es handelt sich um die Entscheidung darüber, ob eine Leichenöffnung erfolgen [162]) und — im Zusammen-

---

[159]) Vgl. oben S. 51. Vgl. ferner v. Blume in Arch. civ. Prax. Bd. 112 (1914), S. 376 ff. und Bohne, a. a. O. S. 143 ff.

[160]) Vgl. v. Blume, a. a. O. S. 379.

[161]) Vielfach wird eine Definition zusammengefaßt dahin gegeben, daß die Angehörigen befugt seien „über den Leichnam zum Zwecke angemessener Bestattung zu verfügen und Einwirkungen Unberechtigter zu verhindern". Da es aber Einwirkungen gibt, die mit dem Ziel angemessener Bestattung vereinbar sind, auch wenn nicht die Angehörigen, sondern andere Personen sie vornehmen, bleibt ungewiß, wer Unberechtigter ist und welche Einwirkungen die Angehörigen zu verhindern befugt sind. Es steht daher auch nicht abschließend fest, wann ein Anspruch auf Unterlassung bzw. auf Herausgabe gegeben ist und wann die Polizei auf Grund des § 14 PVG, der inhaltlich ein Bestandteil des Verwaltungsrechts aller deutschen Länder ist, eingreifen darf. Zu der ganzen Frage vgl. unten S. 106 f. und die dort angegebene Literatur. Vgl. ferner unten S. 156 ff.; Bode, a. a. O. S. 374; Bohne, a. a. O. S. 146, 149 ff. und 154; Josef in Gruch. Beitr., Bd. 65 (1921), S. 304 ff.; Palandt-Danckelmann, BGB, Kurzkomm., 14. Aufl. (1955), Vorbem. 4 b vor § 90; Peterssen-Schmitz in Die Med. Welt, 11. Jahrg. 1937, S. 1792 und Soergel-Siebert, BGB, Komm., 8. Aufl. (1952), § 90 Bem. 3.

[162]) Vgl. Bode, a. a. O. S. 371 f.; Bohne, a. a. O. S. 154; H. R. Hoffmann in Der Öffentl. Gesundheitsdienst, 12. Jahrg. 1950/51, S. 24; Josef in Leipz. Zschr., 23. Jahrg. 1929, Sp. 176; RGRK (BGB), 9. Aufl. (1939), § 1 Bem. 1; Schläger in Dtsch. Ärztebl. 71. Jahrg. 1941, S. 421; Eberh. Schmidt in Der Krankenhausarzt, 25. Jahrg. 1952, S. 210 f. mit weiteren Angaben; Tietz in Strafrechtl. Abhandl., Heft 291 (1931), S. 24 f. und Wassermann in Die Med. Welt, 2. Jahrg. 1928, S. 1723 f.

hang mit ihr — das eine oder andere Organ zum Zwecke der Konservierung zurückbehalten werden darf [163]). Das gleiche gilt für die Frage, ob ein Bildnis des Verstorbenen angefertigt werden soll [164]) und für verschiedene andere den Leichnam bzw. abgetrennte Teile betreffende Vorgänge [165]).

Auch die Entscheidung über die Durchführung einer Obduktion weist das Herkommen also den Angehörigen zu. Die Tatsache, daß weite Kreise der Bevölkerung die fragliche Maßnahme für verwerflich halten, steht hierzu nicht in Gegensatz; denn die Ablehnung betrifft die Leichenöffnung selbst. Die ganz überwiegende Zahl derer, die sie ausspricht, ist sich bewußt, daß ein persönlicher Standpunkt vorliegt. Zwar billigt sie die andere, der Obduktion günstige Entscheidung nicht; aber sie läßt sie zu. Hierbei ist — im Hinblick auf bestehende Unklarheit [166]) — erneut zu erklären, daß der erörterte Vorgang nicht identisch ist mit einer Zergliederung, wie sie in anatomischen Instituten geschieht. Bezüglich letzterwähnter Maßnahme ist es zweifelhaft, ob den Angehörigen die Entscheidung eingeräumt wird [167]).

Das Herkommen bestimmt ferner, wer zu den Angehörigen zählt [168]). Es sind dies der Ehegatte, Verwandte und Verschwägerte gerader und der Seitenlinie, der Verlobte und Personen, welche zu Lebzeiten des Verstorbenen dessen besondere Zuneigung erhalten

---

[163]) Diese Befugnis, die in der Praxis u. U. sehr wesentlich ist, wird allgemein übersehen. Vgl. zu der Frage OLG Breslau in HRR 17. Jahrg. 1941 Nr. 478.

[164]) Vgl. Berger, Das Recht des Arztes zur Leichenobduktion, Hall. jur. Diss. 1932, S. 28; Bohne, a. a. O. S. 154 und Weiser, Die Fürsorge für den Leichnam, Marb. jur. Diss., 1933, S. 51. Vgl. ferner RGRK (BGB) a. a. O.

[165]) Es handelt sich v. a. um die Entscheidung über die Abnahme einer Totenmaske, die Abformung anderer Körperteile und die Umbettung der Leiche. Vgl. zu der Frage Berger a. a. O.; Bohne a. a. O.; H. R. Hoffmann a. a. O.; Rapmund und Dietrich, Ärztl. Rechts- und Gesetzeskunde, 2. Aufl. (1913), S. 215 f.; v. Staudinger-Boehmer a. a. O. und Weiser, a. a. O. S. 49 ff. Bezüglich der Entscheidung über die Umbettung der Leiche vgl. ferner die Polizeiverordnung des Preuß. Ministers des Innern (Kommissar des Reichs) über das Leichenwesen v. 18. April 1933 (Preuß. Ges. Samml. 1933, S. 149 ff.), geändert durch VO. v. 28. Juni 1933 (Preuß. Ges. Samml. 1933, S. 238), VO. v. 6. Febr. 1934 (Preuß. Ges. Samml. 1934, S. 60) und VO. v. 10. April 1942 (Preuß. Ges. Samml. 1942, S. 17).

[166]) Vgl. oben Fußn. 3 auf S. 3. Vgl. ferner Josef in Gruch. Beitr., Bd. 65 (1921), S. 311 f.

[167]) Vgl. dazu Bohne a. a. O., Crusen, Der strafrechtl. Schutz des Rechtsgutes der Pietät, 1890, S. 37; Hegemann, Der Leichnam im Rechtssystem, Erl. jur. Diss. 1912, S. 37; H. R. Hoffmann a. a. O.; Josef a. a. O.; Rausnitz in Das Recht, 7. Jahrg. 1903, Sp. 595; Schorn, a. a. O. S. 378; Striemer, a. a. O. S. 1374 und Tietz, a. a. O. S. 24 f.

[168]) Vgl. dazu Berger, a. a. O. S. 27; Bohne, a. a. O. S. 152 ff.; Josef, a. a. O. S. 306 und RGRK (BGB) a. a. O.

und erwidert haben[169]). Für alle, die genannt sind, ist Geschäftsfähigkeit erforderlich. Besteht unter den Angehörigen keine Einigkeit, geht der Wille, den der Ehegatte erklärt, vor. Sodann sind die Abkömmlinge des Verstorbenen berufen. Es folgen die Eltern, die Schwiegersöhne und -töchter und die Geschwister. Die letzte Stelle haben andere Verwandte und Verschwägerte, der Verlobte und die Freunde des Verstorbenen. Näher stehende schließen entferntere aus[170]). Sind gleichnahe Verwandte, Verschwägerte oder andere zu den Angehörigen rechnende Personen sich nicht einig, so ist derjenige Wille maßgebend, der die Ruhe des Verstorbenen mehr begünstigt. Bei Indifferenz gilt die Entscheidung, welche nach Lage der Dinge die üblichere ist[171]).

Aber die beschriebene Regelung hat nur grundsätzliche Bedeutung. Sie gilt z. B. nicht für Abkömmlinge, die zu Lebzeiten des Verstorbenen dessen Feinde gewesen sind[172]). Umgekehrt kann etwa ein Freund vorab berufen sein, wenn er sich vor dem Tode des Verstorbenen dessen sehr angenommen hatte und eine Beziehung bestand, die starke innere Zugehörigkeit ausdrückte[173]). Eine feste seelische Verbindung ist das, worauf es ankommt. Die Eigenschaft als Ehegatte, die Art der Verwandtschaft und der Grad der Schwägerschaft kennzeichnen ihre Nähe nur in der Regel. Daher sind die Verhältnisse des Verstorbenen zu erwägen[174]). Sie offenbaren endgültig, wer im Einzelfall berufen ist . Die Personen, die festgestellt werden, bezeichnet man als die Hinterbliebenen[175]).

---

[169]) Vgl. dazu Bohne, a. a. O. S. 153 f. sowie auch Walter G. Becker, a. a. O. S. 331.

[170]) Vgl. dazu Berger a. a. O.; Bohne, a. a. O. S. 152 ff. und Weiser, a. a. O. S. 46 ff.

[171]) Selbstverständlich kommt eine Rangordnung aber nur in Betracht, wenn die Entscheidung, bezüglich derer sie fraglich ist, inhaltlich in das — pflichtgemäße — Ermessen der Angehörigen gestellt ist. Beständе z. B. keine Einigkeit darüber, ob eine Bestattung erfolgen soll, so müßte, wenn der Leichnam der Bestattung nicht in wissenschaftlichem Interesse entzogen werden soll, die Polizei die fragliche Maßnahme gem. § 14 PVG, der inhaltlich ein Bestandteil des Verwaltungsrechts aller deutscher Länder ist, erzwingen. Vgl. dazu Bohne, a. a. O. S. 154 und Josef, a. a. O. S. 305 u. 307. Das pflichtgemäße Ermessen der Angehörigen ist ferner bes. durch Treu und Glauben begrenzt. Vgl. dazu Josef, a. a. O. S. 308 und RGRK (BGB) a. a. O.

[172]) Vgl. H. R. Hoffmann, a. a. O. S. 23.

[173]) Vgl. Walter G. Becker a. a. O., der auf das „tatsächliche persönliche Zugehörigkeitsverhältnis" abstellt. Ebenso Bohne, a. a. O. S. 152 ff. und Enneccerus-Nipperdey, Lehrb. d. Bürgerl. Rechts, 14. Aufl. (1. Halbb., 1952), S. 497.

[174]) Vgl. Berger, a. a. O. S. 27 mit weiteren Angaben.

[175]) Vgl. Walter G. Becker, a. a. O. S. 331 mit Hinweis auf § 22 des Kunstschutz- und § 7 des Feuerbestattungsgesetzes; Bohne, a. a. O. S. 153 und Fußn. 136 ebd. mit Hinweis auf § 189 Abs. 2 („Abs. 3" ist offenbar ein Druckfehler) StGB und § 393 StPO. Vgl. ferner v. Blume, a. a. O. S. 392 ff.;

Erbrechtliche Verhältnisse sind ohne Belang. Zwar ist es möglich, daß die Hinterbliebenen Gesamtnachfolger des Verstorbenen sind. Aber dies ist nicht erforderlich; denn der Leichnam ist kein Nachlaßgegenstand [176]). Die Befugnis, die über ihn gewährt wird, hat nicht vermögensrechtliche Natur. Hinzu kommt, daß die Erben, hauptsächlich die gesetzlichen Erben, zu Lebzeiten des Verstorbenen dessen besondere Zuneigung oft nicht erfahren und nur eine lose Verbindung gepflegt haben. Die innere Beziehung ist aber — wie gesagt — das wesentliche [177]).

Mit der Ausübung der Befugnisse, welche die Hinterbliebenen innehaben, kann ein Dritter betraut werden [178]). Voraussetzung ist, daß der Leichnam Schutz genießt, daß er eine würdige Behandlung und eine angemessene Bestattung erhält. Die Ruhe des Verstorbenen darf nicht angetastet werden.

Eine Abtretung läßt das Herkommen nicht zu [179]). Dies wird verständlich, wenn man bedenkt, daß die Befugnisse, welche die Hinterbliebenen innehaben, hauptsächlich mit Rücksicht auf die übertragene Aufgabe gegeben und daß sie das notwendige Korrelat [180]) hierzu sind. Freilich besteht eine derartige Wechselwirkung nicht generell. Einige Befugnisse gewährt das Herkommen mehr mit Rücksicht auf die besondere Lage, in der die Hinterbliebenen sich befinden. Doch auch hier würde der Übergang auf eine andere Person Widerspüche erbringen; denn ein Dritter hat nicht das Interesse, das das Herkommen zu Grunde legt.

Das Herkommen sagt letztlich, daß der Wille des Verstorbenen die Hinterbliebenen bindet [181]). Jedoch wird auch hier Geschäftsfähig-

---

Josef, a. a. O. S. 306; RGRK (BGB) a. a. O.; Striemer in Die Med. Welt, 3. Jahrg. 1929, S. 1373 und Tietz, a. a. O. S. 20.

[176]) Vgl. die Ausführungen oben S. 48 ff.

[177]) Daß die erbrechtliche Beziehung belanglos ist, wird bes. betont von Berger, a. a. O. S. 25 ff.; Bohne, a. a. O. S. 152; Erman-Bartholomeyczik, Handkomm. z. BGB, 1952, § 1922 Bem. 6; Josef, a. a. O. S. 307 f.; RGRK (BGB) a. a. O. und v. Staudinger-Boehmer a. a. O. Vgl. auch Walter G. Becker a. a. O.; Bode, a. a. O. S. 371; H. R. Hoffmann, a. a. O. S. 23 und Schläger, a. a. O. S. 421. A. A. offenbar Welzel, Das Dtsch. Strafrecht in seinen Grundzügen, 2. Aufl. (1949), S. 208, der ausführt, daß ein Krankenhaus „hinter den Erben" zur Obhut an der Leiche berechtigt sei.

[178]) Vgl. Weiser, a. a. O. S. 56 mit weiteren Angaben.

[179]) A. A. offenbar Weiser a. a. O., der ausführt, daß auf die Befugnisse „zugunsten eines Dritten verzichtet" werden könne.

[180]) Berger, a. a. O. S. 25 f. Vgl. auch Eberh. Schmidt, a. a. O. S. 211.

[181]) Vgl. dazu Berger, a. a. O. S. 14 ff. u. 29; Walter G. Becker, a. a. O. S. 330; Bohne, a. a. O. S. 155; Enneccerus-Nipperdey, a. a. O. S. 497 und Fußn. 18 ebd. mit weiteren Angaben; Josef, a. a. O. S. 308 f. u. 312 und Weiser, a. a. O. S. 56 ff. Vgl. ferner H. R. Hoffmann, a. a. O. S. 23; Kemmer, a. a. O. S. 435; Liertz-Paffrath, Handb. d. Arztrechts, 1938, S. 166; Palandt-Danckelmann, a. a. O. Vorbem. 4b vor § 90 und Palandt-Rechenmacher, BGB, Kurzkomm., 14. Aufl. (1955), § 1968 Bem. 2. Vgl. schließlich Ponsold-Schmidt,

keit begehrt. Eine formgerechte Erklärung ist nicht notwendig. Es genügt, daß der Wille erkennbar gehegt wurde [182]). Ist das der Fall, sind die Hinterbliebenen verpflichtet, die getroffene Bestimmung zu vollziehen. Für eine eigene Entscheidung besteht kein Raum [183]). Jedoch muß die Anordnung des Verstorbenen gültig sein. Dies ist sie nicht, wenn ihre Durchführung nicht möglich ist oder wenn sie Ergebnisse hätte, die das Herkommen mißbilligt [184]). Die Frage der Gültigkeit ist objektiv zu beurteilen; sämtliche Umstände sind zu erwägen. Zeigt sich, daß die Anordnung Willkür besitzt, wird Gültigkeit in der Regel nicht gegeben sein. Das gleiche gilt, wenn die Anordnung des Verstorbenen gegen Entgelt geschah [185]) oder wenn ihre Durchführung verhindern würde, daß der Leichnam eine würdige Behandlung und eine angemessene Bestattung erhält [186]). Ein Beispiel bildet die Anordnung, daß der Leichnam in das Schaufenster einer Sarghandlung zu bringen [187]) oder daß er unbekleidet aufzubahren sei.

Die Befugnisse, welche durch die beschriebene Regelung gegeben sind, und die Personen, welche sie innehaben, sind mitunter schwer zu klären. Das gleiche gilt für die Frage, ob eine Bestimmung des Verstorbenen vorliegt, welche Entscheidung sie trifft und ob sie Gültigkeit besitzt. Derartige Zweifel verlangen eine Besinnung auf

---

Lehrb. d. Gerichtl. Med., 1950, Fußn. 1 auf S. 60; RGRK (BGB) a. a. O.; Schorn, a. a. O. S. 377; Soergel-Siebert, a. a. O. § 90 Bem. 3 und Warneyer, a. a. O. S. 497.

[182]) Vgl. Bohne, a. a. O. S. 155; Enneccerus-Nipperdey a. a. O.; Schorn a. a. O. und RGRK (BGB) a. a. O. Vgl. ferner Walter G. Becker, a. a. O. S. 331; Erman-Böhle-Stamschräder, Handkomm. z. BGB, 1952, § 1 Bem. 4 und Soergel-Eder, BGB, Komm., 8. Aufl. (1954), § 1968 Bem. 4. A. A. Weiser, a. a. O. S. 60 f.

[183]) Die Befugnisse der Hinterbliebenen sind nicht ausgeschlossen, sondern beschränkt. Sie gehen dahin, die Anordnungen des Verstorbenen zu vollziehen und gegensätzliche Einwirkungen Dritter zu verhindern bzw. zu unterbinden. Vgl. dazu Enneccerus-Nipperdey a. a. O.

[184]) Der Hauptfall ist der, daß die Anordnung gegen die guten Sitten verstößt. Vgl. zu der Frage Enneccerus-Nipperdey a. a. O.; Josef, a. a. O. S. 311; Schorn, a. a. O. S. 377 f. und Weiser, a. a. O. S. 61 f. Vgl. ferner H. R. Hoffmann, a. a. O. S. 23 und Schlenker, Der strafrechtl. Schutz der Leiche, Erl. jur. Diss. 1934, S. 24.

[185]) Auch hier sind aber sämtliche Umstände zu erwägen. Vgl. zu der Frage Berger, a. a. O. S. 16 f.; Enneccerus-Nipperdey, a. a. O. Fußn. 18 auf S. 497; Josef, a. a. O. S. 311 f.; Kemmer, a. a. O. S. 435; Schläger in Med. Klinik, 27. Jahrg. 1931, S. 794 und Warneyer, a. a. O. S. 497. Vgl. ferner Oppenheimer in Leipz. Zschr., 22. Jahrg. 1928, Sp. 1534; Peterssen-Schmitz, a. a. O. S. 1792 und Soergel-Siebert, BGB, Komm., 8. Aufl. (1952), § 90 Bem. 3.

[186]) Vgl. Bohne, a. a. O. S. 145 und Fußn. 115 ebd.

[187]) In den ehemals preuß. Gebieten ist die öffentliche Ausstellung einer Leiche ausdrücklich verboten durch § 4 der Polizeiverordnung des Ministers des Innern (Kommissar des Reichs) über das Leichenwesen v. 18. April 1933 (Preuß. Ges. Samml. 1933, S. 149 ff.). Vgl. zu der Frage auch Walter G. Bekker, a. a. O. S. 330; Bohne a. a. O. und Jellinek, Verwaltungsrecht, 3. Aufl. (1948), S. 136.

das Gut, das durch die erörterte Regelung geschützt wird. Es ist dies der Leichenfrieden, die Ehrfurcht, welche die entseelte Hülle des Menschen genießt. Hinzu kommt das Andenken des Verstorbenen, das Gefühl der Zusammengehörigkeit, das mit dem Tode nicht erlischt. Beide Momente verbinden sich unter der Bezeichnung: Pietät [188]). Dabei wird hauptsächlich das Interesse geschützt, das die Hinterbliebenen haben, der besondere Anteil, den sie auf Grund der Familienbeziehung nehmen. Doch auch ein Interesse der Allgemeinheit ist gegeben. Es gründet auf die Tatsache, daß die Achtung der Totenruhe für das gedeihliche Zusammenleben der Gemeinschaft unerläßlich ist [189]). Bezüglich der Pflege der Erinnerung, die Lebenden gegenüber Verstorbenen innewohnt, ist der Gedanke maßgebend, daß die sittliche Ordnung gefestigt wird. Die Schutzwürdigkeit tritt klar hervor. Sie besteht gegenüber jedermann. Ihr Hinweis auf die familienrechtliche Beziehung, welche Lebenden untereinander zukommt, ist nicht zu übersehen [190]).

Ausgang der Erkenntnis war ein sonstiges Recht i. S. des § 823 Abs. 1 BGB. Nähere Betrachtung zeigte, daß Ursache für die Entstehung hier nur das Herkommen sein kann. Dessen Inhalt wurde erörtert. Übrig bleibt die Feststellung, daß, soll ein Recht auf das Herkommen zurückgehen, dieses bestimmte äußere Kennzeichnen mitbringen muß. Erforderlich ist, daß es eine dauernde, im ganzen gleichförmige Übung verkörpert und daß der Wille der Gemeinschaft, Recht zu verwirklichen, es stützt [191]). Dies sind die Merkmale für Gewohnheitsrecht. Es fragt sich, ob das geschilderte Herkommen sie erfüllt.

Die erste Voraussetzung — eine dauernde, im ganzen gleichförmige Übung — ist gegeben [192]). Sehr ausgeprägt erscheint sie bezüglich der Befugnis, den Leichnam und etwa abgetrennte Teile in Besitz zu nehmen bzw. herauszuverlangen, Einwirkungen Dritter zu verhindern bzw. zu unterbinden und für eine angemessene Bestattung zu sorgen. Der Brauch, der dies erlaubt, hat Jahrtausende überstan-

---

[188]) Vgl. oben S. 25. Bezüglich des Interesses an der Wahrung des Leichenfriedens als Bestandteil der Pietät vgl. ferner Kohler, Studien aus dem Strafrecht, Bd. 1 (1890), S. 204 ff. u. 212 ff. Zu der ganzen Frage vgl. schließlich H. R. Hoffmann, a. a. O. S. 23.

[189]) Vgl. oben S. 25 und Bohne, a. a. O. S. 125, der mit Recht erklärt, daß ein Interesse gegeben sein muß, da sonst die Leiche eines Verstorbenen, der keine Hinterbliebenen hat, ohne sittliche Bedenken verkauft werden könnte. Ebenso Schorn, a. a. O. S. 368. Vgl. auch Walter G. Becker a. a. O.

[190]) Vgl. v. Blume, a. a. O. S. 390, der zutr. feststellt, daß der Tod zwar den leiblichen Verband vernichtet, „nicht aber das Gefühl der Zusammengehörigkeit, das die Toten mit den Lebenden verbindet". Vgl. ferner H. R. Hoffmann a. a. O.

[191]) Vgl. oben S. 51 mit Nachweisen und Josef, a. a. O. S. 305.

[192]) Vgl. dazu bes. Josef a. a. O.

den [193]). Doch auch die ergänzende Befugnis, welche mehr mit Rücksicht auf eine besondere Lage verliehen ist, gibt es seit jeher. Freilich hat sie nicht immer die Entscheidung über eine Leichenöffnung umfaßt. Dies bürgerte sich aber ein, als mit dem Aufblühen der Naturwissenschaft besagte Maßnahme das ihr im Mittelalter gegebene Gepräge verlor und eine tiefer fundierte Erkenntnisquelle wurde. Heute hat die Sitte, welche die Entscheidung darüber, ob eine Leichenöffnung erfolgen soll, zuläßt, historische Gestalt [194]). Das gleiche gilt für die Bestimmung, wer die Befugnisse im Einzelfall besitzt: Die Hinterbliebenen. Auch der übrige Inhalt, der das den Leichnam beherrschende Herkommen ausmacht, ist alt überliefert. Namentlich der Satz, daß der Wille des Verstorbenen die Hinterbliebenen grundsätzlich bindet, war und ist für alle Kulturvölker ein Begriff.

Der Gesetzgeber hat die beschriebene Übung mehrfach bestätigt. Wichtig sind die §§ 455, 456 und 460, Teil II, Titel 11 ALR. Dort heißt es, daß die Wahl des Begräbnisortes durch die „Hinterlassenen" geschieht, wenn eine Bestimmung des Verstorbenen nicht gegeben ist [195]). Ähnlich hatte sich das Landesrecht über die Art der Bestattung geäußert [196]). § 2 des (Reichs-) Gesetzes über die Feuerbestattung vom 15. Mai 1934 [197]), das jetzt gilt, sagt, daß die Entscheidung, ob Erd- oder Feuerbestattung erfolgen soll, den Angehörigen zusteht. Die Frage, wer zu den Angehörigen zählt, wird so beantwortet, wie es der erörterte Brauch tut. Das gleiche gilt für das Problem, welche Ansicht vorgeht, wenn unter den Angehörigen keine Einigkeit besteht. Ein Unterschied ergibt sich lediglich dadurch, daß Schwiegersöhne und -töchter vor die Eltern des Verstorbenen gesetzt und Freunde gar nicht berufen sind [198]). Auch hat die innere Beziehung keine Beachtung erfahren. Immerhin ist aber den Angehörigen die Entscheidung nur gegeben, wenn eine Bestimmung des Verstorbenen fehlt. Hierdurch wird die Abweichung gemildert. Große Bedeutung hat sie ohnehin nicht. Dies bewirkt der Umstand, daß § 2 des Gesetzes über die Feuerbestattung zu den Angehörigen auch Verschwägerte zählt, genannte Personen aber bei Angabe der Rang-

---

[193]) Vgl. Josef a. a. O.

[194]) Vgl. den Überblick über die geschichtliche Entwicklung des Sektionswesens bei Bohne in Festg. f. Rich. Schmidt, Bd. 1 (1932), S. 105 ff.

[195]) Vgl. dazu RG in Das Recht, 19. Jahrg. 1915, Sp. 306 f.; RGSt 64, 315; Josef, a. a. O. S. 305; Palandt-Rechenmacher, a. a. O. § 1968 Bem. 2 und RGRK (BGB) a. a. O.

[196]) Vgl. den Überblick bei Berger, a. a. O. S. 6.

[197]) RGBl. I 1934, S. 380 f. Vgl. dazu oben S. 13; Walter G. Becker, a. a. O. S. 330; Erman-Bartholomeyczik, a. a. O. § 1922 Bem. 6; RGRK (BGB) a. a. O. und v. Staudinger-Boehmer a. a. O.

[198]) Sind Angehörige i. S. des Gesetzes nicht vorhanden, darf Feuerbestattung nur erfolgen, wenn eine entsprechende Bestimmung des Verstorbenen gegeben ist.

folge nicht mehr aufführt. Die Vorschrift erscheint daher ungenau. Ihr Schema erinnert an die §§ 22 KunstUrhG, 189 Abs. 2 StGB und 361 Abs. 2 und 393 Abs. 2 StPO [199]). Auch hier sind den Angehörigen gewisse, durch das Ableben des Verstorbenen begründete Rechte eingeräumt. Das Gut, das geschützt wird, ist überall das gleiche: Die Pietät [200]).

Die erörterte Übung wurde ferner bezüglich der Entscheidung über die Vornahme einer Obduktion anerkannt. Dies geschah in Bremen, wo § 27 der Medizinalordnung vom 2. Juni 1901 [201]) besagte Maßnahme verbietet, wenn die nächsten Verwandten des Verstorbenen ihr widersprechen. Zuwiderhandlungen sind nach § 53 der Medizinalordnung — wie erwähnt [202]) — strafbar. Nicht so weit geht die in der Ostzone geltende Anordnung der Deutschen Wirtschaftskommission vom 9. März 1949 [203]), welche auf die Todesursache abstellt. Ist letztere nicht feststellbar, kann die Durchführung einer Leichenöffnung auch gegen das Verbot der Angehörigen erfolgen. Wird der Blick über die Grenze gerichtet, findet er zu einer Bestimmung in Niederösterreich. Dort ergibt die Verordnung betreffend das Vorgehen bei außerämtlichen Leichenöffnungen vom 2. März 1887 [204]), daß die Vornahme einer Obduktion ohne Einwilligung der nächsten Anverwandten nicht gestattet ist. § 31 des Krankenanstaltsgesetzes vom 15. Juli 1920 [205]), das in ganz Österreich gilt, hat dieses Verbot im Hinblick auf das öffentliche und wissenschaftliche Interesse gelockert. Etwaige der Durchführung einer Obduktion entgegenstehende Wünsche des Verstorbenen oder dessen Angehörigen sind nur erheblich, wenn ein solches Interesse fehlt. Dieses Prinzip wurde im Jahre 1947 auch in Frankreich eingeführt [206]). Jedoch sei hier nur das Recht des deutschen Kulturkreises betrachtet.

Die Verwaltung hat die fragliche Übung teilweise ebenso bekräftigt. Sehr aufschlußreich ist die Anweisung, die der Hamburger Senat unter dem 10. Februar 1928 an die Gesundheitsbehörde der

---

[199]) Vgl. Bohne, a. a. O. Fußn. 136 auf S. 153 mit weiteren Angaben und Josef a. a. O., die jedoch beide § 361 Abs. 2 StPO als nicht hierher gehörend betrachten. Vgl. ferner Walter G. Becker, a. a. O. S. 331 und H. R. Hoffmann a. a. O.

[200]) Vgl. oben S. 45; Bohne, a. a. O. S. 153 sowie auch Schorn in Dtsch. Zschr. f. d. ges. Gerichtl. Med., Bd. 14 (1930), S. 363. Nicht hierher gehört § 52 Abs. 2 StGB. Vgl. Bohne, a. a. O. Fußn. 136 auf S. 153 und Josef, a. a. O. Fußn. 6.

[201]) Ges. Bl. d. Freien Hansestadt Bremen 1901 Nr. 17, S. 97 ff., zit. nach Berger, a. a. O. S. 9 f. und Fußn. 22 ebd. Vgl. oben S. 18.

[202]) Vgl. oben S. 18 und 59.

[203]) Vgl. oben S. 15 und Fußn. 66 ebd. mit Fundstelle.

[204]) LGBl. 1887 Nr. 10; zit. nach Berger, a. a. O. S. 28.

[205]) StGBl. 1920, S. 1381; zit. nach Berger, a. a. O. S. 28 und Fußn. 113 ebd. Vgl. auch oben Fußn. 72 auf S. 17 mit weiteren Angaben.

[206]) Vgl. dazu oben Fußn. 72 auf S. 17 mit weiteren Angaben.

Stadt gerichtet hat [207]). In ihr wird verfügt, daß eine Leichenöffnung gegen den Einspruch der Angehörigen nur dann vorzunehmen ist, wenn dies im Hinblick auf eine der Volksgesundheit drohende Gefahr notwendig erscheint. Wesentlich ist ferner der Erlaß des Preußischen Ministers des Innern vom 22. Dezember 1932 [208]), in dem die Krankenhäuser darauf hingewiesen werden, daß es sich empfehle, das Einverständnis der Angehörigen des Verstorbenen einzuholen, wenn eine Sektion erforderlich sei.

Interessehalber sei erwähnt, daß im Zusammenhang mit der anatomischen Zergliederung ähnliche Grundsätze verwirklicht sind. Das Hauptbeispiel bildet § 210 Abs. 3 der Strafvollzugsordnung vom 22. Juli 1940 [209]), für das Land Nordrhein-Westfalen in der Fassung der AV des Justizministers vom 11. August 1948 [210]). Die Vorschrift besagt, daß der Tod von Gefangenen unverzüglich den nächsten Angehörigen bekanntzugeben ist. Dies hat mit der Aufforderung zu geschehen, sich innerhalb einer Frist über die Bereitschaft, die Bestattung zu übernehmen, zu erklären. Wird von den Angehörigen die Bestattung nicht oder nicht rechtzeitig übernommen, so ist der Leichnam, wenn nicht Ablieferung für Lehrzwecke zu erfolgen hat, der Polizeibehörde zu übergeben. Die Grundlage für die Ablieferung enthalten die Erlasse des Preußischen Ministers des Innern vom 9. Juni und 10. Dezember 1889 [211]). In ihnen ist gesagt, daß die Leichen von Strafgefangenen den anatomischen Instituten zu übergeben sind, es sei denn, daß die Angehörigen widersprechen und die Bestattung übernehmen. Ergänzende Erlasse [212]), unter dem 30. Juni 1933 zusammengefaßt [213]), erweitern das Prinzip auf Personen, die in Hospitälern, Armenanstalten u. a. gestorben sind und keine Angehörigen hinterlassen. Dieselbe Behandlung verlangen sie für die Leichen Unbekannter. Voraussetzung ist stets, daß die Ablieferung nach verständigem Ermessen und unter Berücksichtigung der Umstände angebracht erscheint. Dementsprechend findet sie nicht statt, wenn ihr Unterbleiben dem Verstorbenen zu dessen Lebzeiten ausdrücklich zugesichert wurde [214]).

---

[207]) Vgl. oben S. 19 und Fußn. 78 ebd. mit Fundstelle.

[208]) Der Erlaß ist, soweit er hier in Frage kommt, wiedergegeben in dem mehrfach erwähnten Urt. d. OLG Breslau v. 8. Nov. 1940 in HRR, 17. Jahrg. 1941, Nr. 478. Vgl. auch Ermel in Münch. Med. Wschr., 88. Jahrg. 1941, S. 924.

[209]) Dtsch. Justiz 1940, Nr. 21 (Sonderveröffentlichung).

[210]) JMBl. 1948, S. 252. Eine Übersicht über das Strafvollzugsrecht der anderen Länder der Bundesrepublik findet sich bei Röhl in JZ 1954, Fußn. 9 auf S. 65 f.

[211]) MinBliV. 1889, S. 133 u. 222.

[212]) Es handelt sich um die Erlasse des Preußischen Ministers des Innern v. 24. Sept. 1919 (MinBliV. 1919, S. 434); 14. Aug. 1925 (nicht veröffentlicht); 14. Jan. 1926 (MinBliV. 1926, S. 59) und 4. Mai 1927 (MinBliV. 1927, S. 491).

[213]) Runderlaß des Preußischen Ministers des Innern v. 30. Juni 1933 (MinBliV. I 1933, S. 781).

[214]) Vgl. dazu Josef, a. a. O. S. 312 mit weiteren Angaben.

Und die Rechtsprechung? Auch sie hat die festgestellte Übung zu Grunde gelegt. Den Beweis gibt das mehrfach erwähnte Urteil des Landgerichts in Bonn vom 16. Mai 1928 [215]), das sich verhältnismäßig eingehend mit der Materie beschäftigt. Es führt aus, durch Sitte und Herkommen [216]) sei den Angehörigen das Recht gegeben, den Leichnam in ihre Obhut zu bringen, ihn zu bewahren und Art und Ort der Bestattung zu regeln. Dieses Recht umfasse auch die Entscheidung über die Durchführung einer Obduktion. Daß es bestehe, sei allgemein anerkannt, gesetzlich nicht zuletzt durch § 168 StGB, wo der Gewahrsam an der Leiche ausdrücklich genannt werde. Das fragliche Recht stehe den Hinterbliebenen zu, nicht etwa den Erben. Die Art der Entstehung charakterisiere es als Gewohnheitsrecht.

Noch keine derartig klare Linie zeigt ein Urteil des Oberlandesgerichts in Hamburg vom 20. April 1901 [217]), das die Entscheidung über den Ort der Bestattung betrifft. Jedoch klingt an, daß in erster Linie der Ehegatte des Verstorbenen für berechtigt gehalten wird. Dies ist auch die Ansicht des Oberlandesgerichts in Frankfurt, das mit Urteil vom 3. Juli 1906 [218]) hinzufügt, der Umstand, daß § 1968 BGB den Erben die Kosten der Bestattung auferlege, bedeute keine Entscheidung über das Recht, Art und Ort der Bestattung zu regeln. Ein Urteil des Oberlandesgerichts in Hamburg vom 1. Februar 1908 [219]) läßt die Frage, wer über den Ort der Bestattung zu befinden hat, die Hinterbliebenen oder die Erben, wieder dahingestellt. Das gleiche tut ein Urteil des Oberlandesgerichts in Hamburg vom 3. März 1920 [220]), das dadurch Interesse gewinnt, daß es bei Uneinigkeit unter den Hinterbliebenen bzw. Erben auf die Angemessenheit abstellt. Ferner wird erstmalig gesagt, daß der Wille des Verstorbenen vorgehe, gleichviel, ob er in eine formgerechte Erklärung gekleidet sei oder nicht. Zusammenfassende Art besitzt ein Urteil des Oberlandesgerichts in Breslau vom 8. November 1940 [221]). Es erklärt ebenso eindeutig wie kurz, daß den nächsten Angehörigen des Verstorbenen das erörterte Recht an der Leiche zustehe.

Die Rechtsprechung des Reichsgerichts verläuft ungefähr parallel. Gewiß, der IV. Zivilsenat hat mit Urteil vom 3. Dezember 1903 [222])

---

[215]) 3 S 706/27; in JW 1928, S. 2294 ff. Vgl. oben S. 52 und 79 f.

[216]) Im Zusammenhang hiermit nennt das Urt. d. LG Bonn auch religiöse Anschauungen und Pietät. Beide sind indes für das fragliche Gewohnheitsrecht nur mittelbar relevant.

[217]) Rechtspr. Bd. 2 (1901), S. 426 f.

[218]) Rechtspr. Bd. 14 (1907), S. 248.

[219]) Rechtspr. Bd. 16 (1908), S. 262 ff.

[220]) Bf V 81/19; in Leipz. Zschr., 14. Jahrg. 1920, Sp. 666. Vgl. dazu Josef in Gruch. Beitr., Bd. 65 (1921), S. 304 f.

[221]) 4 U 938/40; in HRR, 17. Jahrg. 1941, Nr. 478. Vgl. Ermel in Münch. Med. Wschr., 88. Jahrg. 1941, S. 923 f.

[222]) IV 217/03; in Seuff. Arch., Bd. 59 (1904), S. 308 ff. und in DJZ, 9. Jahrg. 1904, Sp. 265. Vgl. oben S. 52.

nur erklärt, daß es für die Entscheidung darüber, ob eine Urne angemessen aufgestellt sei, in erster Linie auf den „Standpunkt des Verstorbenen" ankomme; auch später läßt er — Urteil vom 7. März 1912 [223]) — die Frage, wer Art und Ort der Bestattung festlegt, dahingestellt. Jedoch wird erneut gesagt, daß der Wille des Verstorbenen vorgehe. Die offengebliebene Entscheidung fällt ein Urteil des Reichsgerichts — wieder IV. Zivilsenat — vom 13. März 1913 [224]). Es lautet dahin, daß die genannte Befugnis den Hinterbliebenen gebühre. Der VI. Zivilsenat — Urteile vom 28. Oktober 1920 [225]) und 5. Juli 1923 [226]) — läßt die Frage, wer über Art und Ort der Bestattung zu befinden hat, erneut unbeantwortet. Auch er betont aber, daß in erster Linie der Wille des Verstorbenen maßgebend sei. Hinzugefügt wird, auf eine formgerechte Erklärung komme es nicht an. Der II. Strafsenat des Reichsgerichts geht weiter. Mit Urteil vom 25. September 1930 [227]) stellt er fest, den nächsten Angehörigen sei ein Recht an der Leiche des Verstorbenen gegeben. Es umfasse hauptsächlich die Entscheidung über Art und Ort der Bestattung; auch verleihe es die Befugnis, Einwirkungen Unberechtigter zu verhindern. Dieses Recht, das gewohnheitsrechtliche Natur habe, sei eine „Fortwirkung des familienrechtlichen Fürsorgeverhältnisses". Hierauf aufbauend will der IV. Zivilsenat des Reichsgerichts — Urteil vom 5. April 1937 [228]) — die Angelegenheit offenbar zu Ende bringen. Er bestätigt die vorerwähnte Entscheidung; ergänzend sagt er, daß unter den Angehörigen eine Rangfolge bestehe, für die § 2 Abs. 3 des Feuerbestattungsgesetzes richtungweisend sei. In erster Linie sei jedoch der Wille des Verstorbenen maßgebend, unabhängig davon, ob er in eine formgerechte Erklärung gekleidet sei oder nicht.

Abweichende Erkenntnisse gibt es kaum. Zitierbar wäre vielleicht das bekannte Urteil des Amtsgerichts in Königsberg vom 31. Oktober 1928 [229]), das behauptet, ein alsbald zur Bestattung gelangender Leichnam stehe im Eigentum, und das insoweit vom Landgericht in Königsberg als Berufungsinstanz gebilligt wurde [230]). Indes ist Eigentum der Angehörigen zu Grunde gelegt und auch dies hat das gerade angeführte Urteil des Reichsgerichts vom 25. September 1930 bean-

---

[223]) IV 447/11; in JW 1912, S. 540 f. und in Gruch. Beitr., 56. Jahrg. 1912, S. 1007 ff. Vgl. oben S. 52.

[224]) IV 590/12; in JW 1913, S. 652 f. Vgl. dazu Kemmer in Dtsch. Zschr. f. d. ges. Gerichtl. Med., Bd. 18 (1932), S. 432.

[225]) VI 261/20; RGZ 100, 172 f. Vgl. dazu Kemmer, a. a. O. S. 432 u. 434.

[226]) VI 1308/22; RGZ 108, 217 ff. Vgl. dazu Kemmer, a. a. O. S. 434.

[227]) II 414/29; RGSt 64, 313 ff. Vgl. oben S. 53 und Kemmer, a. a. O. S. 432 u. 434.

[228]) IV 18/37; RGZ 154, 269 ff.

[229]) Ersichtlich aus RGSt 64, 313 ff. Vgl. oben S. 52.

[230]) Ersichtlich aus RGSt 64, 313 ff. Vgl. oben S. 52 f.

standet[231]). Die fragliche Entscheidung erwuchs also nicht in Rechtskraft. Freilich wurde ihre Grundansicht später erneut erörtert und zwar durch ein Urteil des Landgerichts in Köln vom 11. März 1948[232]). Diesmal ist Eigentum der Erben gemeint. Zwar bleibt die Frage offen; das Erkenntnis besagt aber, daß zumindest ein ausschließliches Verfügungsrecht der Erben über die Leiche und etwa abgetrennte Ersatzstücke bestehe. Als ihre Stütze bezeichnet sie u. a. das mehrfach genannte Urteil des Reichsgerichts vom 25. September 1930 und das „natürliche Rechtsempfinden". Beide Momente sind jedoch nicht stichhaltig; denn durch die mitgeteilte Entscheidung des Reichsgerichts wurde ein Verfügungsrecht der Hinterbliebenen abgeleitet und betont, daß die Erbfolge keine Rolle spiele. Ferner ist gesagt, die fragliche Befugnis gehe auf religiöse und sittliche Anschauungen zurück. Das bedeutet aber zugleich, daß nach Ansicht des Reichsgerichts das natürliche Rechtsempfinden[233]) für ein ausschließliches Verfügungsrecht der Hinterbliebenen und nicht für ein solches der Erben spricht. Der mit Urteil des Kammergerichts vom 10. März 1911[234]) angeführte § 1968 BGB begründete das letztere auch nicht. Besagte Vorschrift betrifft nämlich nur die Kosten der Bestattung. Eine Befugnis, über die Art der Vornahme zu befinden, verleiht sie nicht. Hierauf wurde schon früher eingegangen[235]).

Unmittelbar zu der Entscheidung über die Durchführung einer Obduktion hat sich die Rechtsprechung noch einmal in jüngster Zeit geäußert. Es geschah dies durch Urteil des Bundesgerichtshofes vom 26. März 1953[236]) und zwar im Zusammenhang mit der Frage, welche Beziehung Universitätskliniken und ihre Patienten verbindet. Das Erkenntnis besagt, daß das Verhältnis in der Regel bürgerlichrechtliche Natur habe. U. a. bestehe nämlich kein Zwang, öffentliche Anstalten aufzusuchen. Die Gewaltunterworfenheit sei weitgehend dieselbe wie bei Patienten privater Krankenhäuser. Dies, so führt das Urteil des Bundesgerichtshofes ferner aus, zeige sich auch dadurch, daß die Vornahme einer Obduktion ohne das Einverständnis der Angehörigen unzulässig sei.

All das ergibt, daß die Übung, welche bezüglich der Leiche des Menschen Befugnisse statuiert und die Hinterbliebenen sie innehaben läßt, sich fest eingebürgert hat. Die Art, wie dies geschehen ist, zwingt zu der Annahme, daß auch die zweite Voraussetzung für Gewohnheitsrecht — der Wille der Gemeinschaft, eine bindende

---

231) Vgl. oben S. 53.
232) 6 S 704/47; in MDR 1948, S. 365.
233) Vgl. dazu auch Dotterweich in JR 1953, S. 174.
234) Rechtspr. Bd. 22 (1911), S. 180.
235) Vgl. oben S. 54 f.
236) III ZR 220/52; in JR 1953, S. 551 f. mit Anmerkung von Wolff, der aber auf das hier erörterte Problem nicht eingeht.

Regel zu verwirklichen — vorliegt [237]). Sicher hat die Rechtsprechung mit der Aussage, wer im Einzelfall zu befinden hat, die Hinterbliebenen oder die Erben, längere Zeit gezögert. Indes liegt hierin keine Unsicherheit; denn überall, wo die Antwort offenblieb, bestand zwischen Hinterbliebenen und Erben Identität [238]). Das genannte Verhalten war also eher ein Ausdruck der Vorsicht, der die spätere klare Stellungnahme umso wertvoller macht. Der Umstand, daß dabei die im Volk herrschende Überzeugung — die Rechtsprechung des Reichsgerichts sagt: „religiöse und sittliche Anschauungen" — mehrfach ausdrücklich erwähnt wurde, rundet das Bild ab. Er bestätigt erneut, daß der Wille der Gemeinschaft, eine Norm zu verwirklichen, gegeben ist.

Demnach bedeutet das erörterte Recht eine Realität [239]). Es gestattet, dies sei noch einmal zusammengefaßt, den Leichnam und etwa abgetrennte Teile in Besitz zu nehmen bzw. herauszuverlangen, Einwirkungen Dritter zu verhindern bzw. zu unterbinden und für eine angemessene Bestattung zu sorgen. Ferner wird die Befugnis gewährt, darüber zu befinden, ob eine Leichenöffnung erfolgen und — im Zusammenhang mit ihr — das eine oder andere Organ für eine Konservierung zurückbehalten werden darf. Das gleiche gilt für die Frage, ob ein Bildnis des Verstorbenen angefertigt werden soll und für verschiedene andere den Leichnam bzw. abgetrennte Teile betreffende Vorgänge. Die Personen, welche das Recht innehaben, sind die Hinterbliebenen. Der Wille des Verstorbenen bindet sie, wenn er erkennbar gehegt wurde und Gültigkeit besitzt. Auch Geschäftsfähigkeit muß vorhanden gewesen sein.

Für dieses, die Pietät schützende Recht bietet sich der Name „Totenfürsorgerecht" an. Er wird in der Literatur [240]) mehrfach ge-

---

[237]) Vgl. dazu bes. Josef in Gruch. Beitr., Bd. 65 (1921), S. 305 f.

[238]) Vgl. Weiser, a. a. O. S. 42.

[239]) Ein Recht der Hinterbliebenen wird insbesondere angenommen von Walter G. Becker, a. a. O. S. 331; Berger, a. a. O. S. 25 ff.; v. Blume, a. a. O. S. 379 ff.; Bode, a. a. O. S. 371; Bohne, a. a. O. S. 149 ff.; Erman-Bartholomeyczik, a. a. O. § 1922 Bem. 6; H. R. Hoffmann, a. a. O. S. 23 ff.; Josef, a. a. O. S. 304 ff.; RGRK (BGB), a. a. O. § 1 Bem. 1 und v. Staudinger-Boehmer, a. a. O. § 1922 Bem. 150 mit weiteren Angaben. Vgl. auch Crusen, Der strafrechtl. Schutz des Rechtsgutes der Pietät, 1890, S. 42; Peterssen-Schmitz in Die Med. Welt, 11. Jahrg. 1937, S. 1791; Ponsold-Schmidt, a. a. O. S. 58; Rössle in Virch. Arch., Bd. 296 (1936), S. 535; Schläger in Med. Klinik, 27. Jahrg. 1931, S. 793; Schorn, a. a. O. S. 365 f.; Schumacher in Münch. Med. Wschr., 77. Jahrg. 1930, S. 1786; Seesemann in Ärztl. Vereinsbl. f. Dtschl., Bd. 25 (1928), Sp. 721 und Walcher in Dtsch. Med. Wschr., 58. Jahrg. 1932, S. 1038.

Im römischen Recht stand den Angehörigen eines Verstorbenen ein ius sepulcri zu, das sich auf die Leiche erstreckte. Es gab hauptsächlich die Befugnis, die Bestattung vorzunehmen. Vgl. dazu OLG Hamburg, Rechtspr. Bd. 2 (1901), S. 426 und Kemmer, a. a. O. S. 432 mit Nachweisen.

[240]) Vgl. bes. v. Blume a. a. O. und Bohne a. a. O.

braucht. Zugleich erscheint der Hinweis, daß das fragliche Recht an die familienrechtliche Beziehung, welche zu Lebzeiten des Verstorbenen bestanden hat, anknüpfe. Dies ist sicher richtig. Eben deshalb und weil das meist entsprechende Verhältnis, das unter Lebenden vorkommt, die Personensorge [241]) ist, sollte das beschriebene Recht jedoch als Totensorgerecht bezeichnet werden. Die fehlende Silbe ergibt ein Mehr, ohne daß der Eindruck entstände, die Leiche sei aktiv beteiligt. Dagegen untersagt der vorgeschlagene Ausdruck, die allgemeine Fürsorge in Vergleich zu bringen, ein Umstand, der vielleicht wertvoll ist.

Das Recht, das die Hinterbliebenen innehaben, ist ein sonstiges Recht i.S. des § 823 Abs. 1 BGB [242]). Seine Natur ergibt nämlich, daß es andere ausschließt. Jedermann hat es zu wahren, für jedermann ist es verletzbar. Es verkörpert also ein absolutes Recht. Dessen Eigenart wird noch verstärkt durch die Tatsache, daß eine Abtretung nicht möglich ist. Hier zeigt sich auch in besonderer Weise das Gut, das durch die gegebene Regelung geschützt wird: Die Pietät.

Weiter charakterisiert, stellt das Totensorgerecht ein Familienrecht dar [243]); denn es ist hauptsächlich Korrelat für eine Aufgabe, welche durch die zu Lebzeiten des Verstorbenen bestandene Familienzugehörigkeit bedingt wird. Dementsprechend sind auch die Personen, die das Recht innehaben, in erster Linie der Ehegatte, Verwandte und Verschwägerte. Weitere Gründe finden sich, wenn noch einmal das geschützte Gut betrachtet wird. Dieses, die Pietät, verkörpert vornehmlich ein Interesse, das die Hinterbliebenen haben und das durch die besondere, fast immer auf Grund Familienbeziehung entstandene Teilnahme ausgelöst wird [244]). Aber auch soweit ein Interesse der Allgemeinheit geschützt wird, ist eine derartige Verbindung gegeben. Sie erscheint bezüglich der Pflege der Erinnerung, welche durch die Tatsache wertvoll wird, daß sie die sittliche Ordnung befestigt. Auch hier ist das familienrechtliche Verhältnis, das zu Lebzeiten des Verstorbenen bestand, der Ansatz. Dies zeigt erneut auf die Personensorge, wo sich für das Neben-

---

[241]) Vgl. v. Blume, a. a. O. S. 391, der neben dem Elternamt zutr. auch das Amt des Vormundes nennt. Ebenso Bohne a. a. O.

[242]) So bes. LG Bonn in JW 1928, S. 2296; Walter G. Becker, a. a. O. S. 331 f.; Bohne, a. a. O. S. 150 f.; Enneccerus-Nipperdey, Lehrb. d. Bürgerl. Rechts, 14. Aufl. (1. Halbb., 1952), S. 496 und H. R. Hoffmann, a. a. O. S. 24.

[243]) So bes. v. Blume, a. a. O. S. 381; Bohne a. a. O. und Josef, a. a. O. S. 312. A. A. Walter G. Becker, a. a. O. S. 331, der neben einem fortwirkenden Persönlichkeitsrecht des Verstorbenen ein „sekundäres und suppletives Persönlichkeitsrecht der Hinterbliebenen" annimmt, aber auch von einem „familienrechtlichen Persönlichkeitsrecht" der letzteren spricht. Hierzu vgl. unten Fußn. 250 auf S. 100. Vgl. ferner Philipsborn in Zschr. f. d. ges. Krankenhauswesen, 25. Jahrg. 1929, S. 610.

[244]) Vgl. oben S. 25 u. 90 f.

einander Interesse der Einzelperson — Interesse der Allgemeinheit eine Parallele ergibt.

Ein Persönlichkeitsrecht verkörpert das Totensorgerecht nicht; denn solches Recht setze voraus, daß ein Persönlichkeitsinteresse geschützt würde. Dies ist aber nicht der Fall. Ein Persönlichkeitsinteresse des Verstorbenen käme auch gar nicht in Betracht; denn solches Interesse gibt es nicht [245]). Zudem müßte, wenn es bestände, das fragliche Recht ein Recht des Verstorbenen sein. Dies ist aber ebenso unmöglich, weil — wie mehrfach betont [246]) — die Fähigkeit des Menschen, ein Recht zu haben, mit dem Tode endet. Auch ein Übergang auf die Hinterbliebenen schiede aus, weil ein Persönlichkeitsrecht, das sagt seine Natur, mit dem Tode erlischt [247]). Eine Fortdauer gibt es also nicht. Freilich wäre eine Fortwirkung möglich [248]). Sie liegt hier auch tatsächlich vor. Ihr Ausgang ist aber nicht eine persönlichkeits-, sondern eine familienrechtliche Beziehung und zwar jene, die zu Lebzeiten des Verstorbenen bestanden hat. Sie, nur sie gibt die Grundlage für das Totensorgerecht, das die Hinterbliebenen innehaben [249]). Dabei ist der Hinweis erforderlich, daß auch das Persönlichkeitsinteresse letzterer keine Rolle spielt; denn geschützt wird die Pietät. Soweit sie ein Interesse umfaßt, das die Hinterbliebenen haben, liegt ein Familieninteresse vor. Freilich ist manchmal auch ein Freund des Verstorbenen berufen. Eine Familienbeziehung war also nicht gegeben. Es lag aber eine innere Verbindung vor. Dies gestattet die Konsequenz, daß die Ausnahme die Regel bestätigt. Demnach bleibt es dabei, daß, soweit die Pietät ein Interesse umfaßt, das die Hinterbliebenen haben, dieses ein Familieninteresse ist. Entsprechend ist auch das Totensorgerecht kein Persönlichkeits-, sondern ein Familienrecht [250]).

Das Gewohnheitsrecht, das das Totensorgerecht begründet, stellt sich als Zivilrecht dar. Gewiß, bei der Abfassung des Bürgerlichen Gesetzbuches bestand der Glaube, daß Pflicht und Recht, die Bestattung vorzunehmen, ihre Regelung durch öffentliches Recht erhielten [251]). Dies wurde in der Literatur verschiedentlich zu der Ansicht erweitert, daß alle Befugnisse, die bezüglich der Leiche des

---

[245]) Vgl. oben S. 42 u. 73.

[246]) Vgl. oben S. 42 ff. u. 60.

[247]) Vgl. oben S. 45.

[248]) Vgl. oben S. 44 u. 45 f.

[249]) Vgl. v. Blume, a. a. O. S. 381, der zutr. feststellt, daß die Hinterbliebenen zu Hütern der Leiche berufen sind „auf Grund der Beziehung, die sie mit dem Lebenden verband". Vgl. ferner Bode, a. a. O. S. 371, der ebenfalls Fortwirkung eines familienrechtlichen Sorgeverhältnisses annimmt; Bohne a. a. O.; RGRK (BGB) a. a. O. und v. Staudinger-Boehmer a. a. O.

[250]) Walter G. Becker, a. a. O. S. 331; Bode, a. a. O. S. 371 und Eberh. Schmidt, a. a. O. S. 211 sprechen von einem „familienrechtlichen Persönlichkeitsrecht".

[251]) Vgl. oben S. 54 f. mit Nachweisen und Weiser, a. a. O. S. 11 ff.

Menschen gegeben sind, auf öffentliches Recht zurückfänden [252]. Indes war der Glaube, der bei Abfassung des Bürgerlichen Gesetzbuches gehegt wurde, nur teilweise richtig. Zwar existieren sanitätspolizeiliche und andere Bestimmungen, welche die Befugnisse, die die Hinterbliebenen haben, einschränken und mit Sicherheit als öffentliches Recht zu kennzeichnen sind [253]. Dies bedeutet aber nicht, daß das Gewohnheitsrecht, das das Totensorgerecht statuiert, nicht vorhanden bzw. daß es ebenfalls öffentliches Recht wäre. Namentlich das letztere ist es nicht. Vielmehr ergeben Inhalt und Zweck, daß es sich als Zivilrecht darstellt. Die fragliche Regelung betrifft nämlich die Verhältnisse einzelner. Auch für die Zuerkennung der Befugnisse ist — wie mehrfach erwähnt — in erster Linie ein Individualinteresse maßgebend und zwar dasjenige, das die Hinterbliebenen haben. Beide Momente sind aber bezeichnend für Zivilrecht [254].

Das beschriebene Gewohnheitsrecht war Reichsrecht [255]; denn die Übung, welche ihm zu Grunde liegt, bestand in ganz Deutschland. Auch der Wille der Gemeinschaft, eine bindende Norm zu verwirklichen, galt einheitlich. Jetzt verkörpert das fragliche Recht gemäß Art. 125 Ziff. 1 GG Bundesrecht, weil es generell in Kraft ist und unter die sog. konkurrierende Gesetzgebung des Bundes fällt. Das letztere ergibt Art. 74 Ziff. 1 GG, der u. a. vom bürgerlichen Recht spricht. Hierzu zu rechnen ist aber jede privatrechtliche Norm, die nicht besondere Personen- oder Güterkreise betrifft, sondern für alle gemeinsam gilt und die Materie des Bürgerlichen Gesetzbuches und der Nebengesetze materiell ergänzen will [256]. Dies trifft, wie das bisher Gesagte zeigt, für das erörterte Gewohnheitsrecht zu.

In der Ostzone ist das fragliche Recht ebenfalls aufrechterhalten. Weil es einheitlich gilt, gehört es zu dem sog. gesamtdeutschen Recht, das gemäß Art. 114 der Verfassung der DDR dem Recht der Länder vorgeht.

Auf das Totensorgerecht, wie es hier geschildert wurde, sind einige Einwände zu übernehmen, die sich in der Literatur verstreut finden:

---

[252] Vgl. dazu Weiser a. a. O. mit weiteren Angaben.

[253] Vgl. dazu oben S. 12 ff.; Bohne, a. a. O. S. 155 f. und Weiser, a. a. O. S. 13; beide mit weiteren Angaben.

[254] Vgl. dazu Lehman, Allg. T. d. BGB, 8. Aufl. (1954), S. 1 und Palandt-Danckelmann, BGB, Kurzkomm., 14. Aufl. (1955), Einl. III, 1. Zu der ganzen Frage vgl. ferner RGZ 71, 21 f.; 100, 170; 108, 217 ff.; RG in DJZ, 6. Jahrg. 1901, Sp. 163; RG in JW 1912, S. 540 f. u. 1913, S. 652 f.; v. Blume, a. a. O. S. 390; Bode a. a. O.; Palandt-Danckelmann, a. a. O. Vorbem. 4b vor § 90 und RGRK (BGB) a. a. O.

[255] Vgl. Eberh. Schmidt, a. a. O. S. 212 f. u. 215 und Weise in DJZ, 17. Jahrg. 1912, Sp. 1292 f.

[256] Vgl. Lehmann, a. a. O. S. 1 ff., bes. S. 4.

Relativ einfach macht es sich Oertmann[257]. Er trägt vor, der Leichnam des Menschen sei eine Sache. Dementsprechend stelle sich ein ausschließliches Recht der Hinterbliebenen als dingliches dar. Der Gesetzgeber habe die Zahl derartiger Rechte aber erschöpfend festgelegt. Weil das Recht der Hinterbliebenen nicht mitgenannt werde, sei es zumindest sehr fragwürdig.

Daß der Leichnam des Menschen Sache i. S. des Zivilrechts wie überhaupt Sache im Rechtssinne ist, trifft zu[258]. Hiermit ist aber noch nicht gesagt, daß ein ausschließliches Recht, wie es das Totensorgerecht der Hinterbliebenen darstellt, ein dingliches wäre. Dies erforderte nämlich zusätzlich, daß das fragliche Recht eine rein sachenrechtliche Wurzel hätte[259]. Das Totensorgerecht der Hinterbliebenen hat aber eine familienrechtliche Grundlage. Zudem stände, wäre es wirklich ein dingliches Recht, dennoch nicht fest, daß es nicht existieren könnte. Zwar umfaßt die Regelung des Bürgerlichen Gesetzbuches nur eine beschränkte Zahl derartiger Rechte; auch ist das Totensorgerecht der Hinterbliebenen nicht genannt. Aber die fragliche Regelung ist nicht erschöpfend[260]. Zumindest wäre sie nicht stärker als das erörterte Gewohnheitsrecht. Sie könnte dieses also weder in Fortfall bringen noch hindern, daß es sich neu bildete.

Das bedenkt offenbar auch Weiser[261], der weitere Gründe sucht. Hierbei wendet er sich gegen die Hinterbliebenen und verweist auf die §§ 1968, 1615 Abs. 2 und 1713 Abs. 2 BGB, wo die Verwandten bzw. der uneheliche Vater ausdrücklich erst nach den Erben genannt seien. Dies bedeute, daß der Gesetzgeber letztere vorangestellt habe. Darüber hinaus, fährt Weiser fort, komme ein Recht der Hinterbliebenen auch deshalb nicht in Betracht, weil die Personen, welche im Einzelfall berufen, nicht genau zu kennzeichnen seien. Solches müsse man aber verlangen. Im übrigen, so schließt Weiser, zeitige die Annahme, es bestehe ein Recht der Hinterbliebenen, auch wenig befriedigende Resultate. Sie führe nämlich dazu, daß eine etwaige Enterbung keine Rolle spiele, falls nicht eine weitere Bestimmung vorliege, welche das Recht der Hinterbliebenen entziehe. Dies erscheine aber sehr unerfreulich, weil eine Enterbung meist auf Feindschaft zurückgehe und an die genannte weitere Bestimmung nur selten gedacht werde.

Die §§ 1968, 1615 Abs. 2 und 1713 Abs. 2 BGB, die gegen die Hinterbliebenen angeführt sind, verhalten sich lediglich über die

---

257) In Leipz. Zschr., 19. Jahrg. 1925, Sp. 514.
258) Vgl. die Ausführungen oben S. 37 ff.
259) v. Gierke, Sachenrecht, 3. Aufl. (1949), S. 2. Vgl. auch Josef, a. a. O. S. 312.
260) Vgl. v. Gierke a. a. O.
261) a. a. O., S. 43 ff. Vgl. auch Oertmann, Komm. z. BGB, 3. Aufl. (1926), Vorbem. 6e vor § 90.

Kosten der Bestattung. Dies geschieht mit Absicht, da — wie schon gesagt [262]) — bei Abfassung des Bürgerlichen Gesetzbuches der Glaube bestand, daß Recht und Pflicht, die Bestattung vorzunehmen, durch das öffentliche Recht festgelegt seien. Wenn nun bezüglich der Kosten der Bestattung die Verwandten, die eine Unterhaltspflicht trifft, und der uneheliche Vater erst nach den Erben genannt sind, hat dies seine Ursache nur in der Tatsache, daß letztere durch die Erbschaft regelmäßig Vermögensvorteile erhalten. Damit sind sie in die Lage versetzt, die Kosten der Bestattung leichter aufzubringen. Der etwaige Hinweis, der Erblasser könne überschuldet gestorben sein, ginge fehl. Wäre solches der Fall, bestände nach § 1942 Abs. 1 BGB nämlich die Möglichkeit, die Erbschaft auszuschlagen und die Pflicht, die Kosten der Bestattung zu übernehmen, entfiele. Dies ergibt § 1953 Abs. 1 BGB, wo gesagt ist, daß, wenn die Erbschaft ausgeschlagen wird, der Anfall als nicht erfolgt gilt.

Auch die Ansicht, ein Recht der Hinterbliebenen könne nicht existieren,da seine Träger nicht genau zu kennzeichnen seien, ist leicht widerlegbar; denn sie übersieht, daß es mancherlei Tatbestände gibt, die nur schwer unter eine Norm zu bringen sind. Oft besteht sogar eine Lücke, d. h. ein Tatbestand, der schutzbedürftig ist, hat durch eine Norm keine oder keine angemessene Behandlung erfahren [263]). Dies liegt an der Vielfalt der Vorgänge, die das Leben bietet. Es stellt nicht die Norm in Frage, sondern ist Veranlassung für Auslegung bzw. Analogie. Aber beide Wege macht das Gewohnheitsrecht, das das Totensorgerecht der Hinterbliebenen begründet, zumindest in der Regel entbehrlich; denn es sagt in Wahrheit sehr klar, wer zu den Angehörigen des Verstorbenen zu rechnen ist und wessen Wille bei Uneinigkeit vorgeht. Dabei erscheint wesentlich, daß die Regelung gerade auch gleichnahe Verwandte, Verschwägerte und andere in Betracht kommende Personen umfaßt und die Üblichkeit der Entscheidung begünstigt. Freilich hat die aufgestellte Folgeordnung nur grundsätzliche Bedeutung; denn letztlich kommt es auf die innere Beziehung an, die zu Lebzeiten des Verstorbenen gegeben war. Erst dessen Verhältnisse offenbaren also endgültig, welche Personen im Einzelfall berufen sind. Doch gerade damit entsteht die Möglichkeit, genannte Personen genau zu kennzeichnen. Unsicherheit gibt höchstens der Umstand, daß man sie als die Hinterbliebenen bezeichnet. Der Name spielt aber wohl keine erhebliche Rolle. Würde dennoch einmal eine Auslegung erforderlich, leistete wertvolle Hilfe die Besinnung auf das Schutzobjekt. Dieses — die Pietät — steht fest. Im übrigen ist der Kreis der Hinterbliebenen sicherlich leichter zu klären als der der Erben [264]); denn be-

[262]) Vgl. oben S. 54 f. u. 100.

[263]) Definition im Anschluß an Lehmann, a. a. O. S. 56.

[264]) Zu der ganzen Frage vgl. auch Josef in Gruch. Beitr., Bd. 65 (1921), S. 306 und Striemer, a. a. O. S. 1374.

kanntlich hat die seelische Verbindung, die zu Lebzeiten des Verstorbenen bestand, große Bedeutung. Ihre Nähe wird aber regelmäßig durch die örtliche Entfernung bedingt, eine Tatsache, die für die Erbenqualität nicht zutrifft.

Der dritte Einwand — ein Recht der Hinterbliebenen zeitige wenig befriedigende Ergebnisse — ist ebenfalls nicht zu halten. Zwar sind der Ehegatte des Verstorbenen, Verwandte, Verschwägerte und andere in Betracht kommende Personen in eine Rangordnung gestellt. Dies hat aber nur grundsätzliche Bedeutung. Die beschriebene Regelung gilt z. B. nicht für Personen, die zu Lebzeiten des Verstorbenen dessen Feinde gewesen sind. Umgekehrt kann ein Freund vorab berufen sein, wenn eine sehr enge seelische Verbindung bestand. Genannte Verbindung ist — wie schon gesagt — das wesentliche. Sie schließt Personen, gegen die eine Enterbung ausgesprochen ist, regelmäßig aus, es sei denn, daß die Enterbung in wohlwollender Absicht geschah. Eine besondere Bestimmung, welche das Totensorgerecht entzöge, ist demnach nicht erforderlich.

Das Ergebnis, das ein absolutes Recht der Hinterbliebenen hat, rügt — der Sache nach — auch Schorn [265]). Er vermißt offenbar eine Befugnis für die Personen, welche bei Aufbewahrung und Transport der Leiche — berechtigt — die tatsächliche Obhut übernehmen; denn er meint, mit Rücksicht auf derartige Vorgänge bezeichnete man als Berechtigte besser die Personen, „von deren Ortsbereich aus die Bestattung zu erfolgen habe".

Daß das Totensorgerecht, wie es hier abgeleitet wurde, der Sachlage entspricht, zeigt schon der Umstand, daß das zu schützende Interesse hauptsächlich ein solches der Hinterbliebenen ist. Sicherlich muß es auch für die Aufbewahrung der Leiche, mit der wohl die in einer Krankenanstalt, Leichenhalle oder ähnlichem gemeint ist, und für ihre Überführung eine Befugnis geben. Die Zustimmung der Hinterbliebenen kann nicht immer notwendig sein. Doch dem steht ein absolutes Recht letzterer nicht entgegen; denn ein Krankenhaus z. B. kann — und muß — die vorübergehende Aufbewahrung auf Grund der Übernahme der Behandlung vornehmen. Auch Geschäftsführung ohne Auftrag — §§ 677 ff. BGB — kommt in Frage. Sie kann auch bei Überführung der Leiche gegeben sein, doch greift hier meist schon die vertragliche Einwilligung der Hinterbliebenen Platz. Auf derartiger Grundlage könnte im übrigen ein Dritter sogar mit der Ausübung aller Befugnisse der Hinterbliebenen betraut werden. Nur eine Abtretung käme nicht in Betracht.

Bezeichnete man dagegen, Schorn entsprechend, als Berechtigte die Personen, „von deren Ortsbereich aus die Bestattung zu erfolgen hat", bestände eine Befugnis der Hinterbliebenen gegebenenfalls

[265]) In Dtsch. Zschr. f. d. ges. Gerichtl. Med., Bd. 14 (1930), S. 366.

nicht. Dies dürfte aber im Hinblick auf das zu schützende Gut, das — wie mehrfach ausgeführt — in erster Linie ein solches der Hinterbliebenen ist, nicht angängig sein.

Weitere Einwände erhebt Eberhard Schmidt [266]). Sein Vorbringen verdient besondere Beachtung, da es jüngster Zeit entstammt und speziell die Entscheidung über die Vornahme klinischer Sektionen betrifft. Es stellt ein gewohnheitsrechtlich fundiertes Recht der Hinterbliebenen nicht sofort in Abrede, betont aber, daß es sich um Reichsrecht handeln müsse. Dies zu Grunde gelegt, falle auf, daß das Recht der Hinterbliebenen landesgesetzlich und durch Vorschriften der Verwaltung Abstriche erfahren habe. Auf reichsrechtliche Vorbehalte fänden derartige Bestimmungen nicht zurück. Da sie dennoch allgemein unbedenklich hingenommen seien, müsse das Recht der Hinterbliebenen eine „bemerkenswerte Schwäche" mitbringen.

Es stimmt: Das Gewohnheitsrecht, das das Totensorgerecht begründet, ist ehemaliges Reichsrecht [267]). Vorbehalte für eine landesgesetzliche oder ähnlich anderweitige Regelung kennt es nicht. Doch es gibt derartige Bestimmungen. In der Tat merkwürdig ist schon, daß der Hamburger Senat am 10. Februar 1928 die Gesundheitsbehörde angewiesen hat, eine Leichenöffnung gegen den Einspruch der Angehörigen nur dann vorzunehmen, wenn Gefahren für die Volksgesundheit, namentlich Seuchengefahr, dies notwendig erscheinen ließen [268]), daß er also für letztgenannte Fälle das Recht der Hinterbliebenen nicht anerkennt [269]). Noch auffälliger sind § 5 des sog. Sächsischen Anatomiegesetzes vom 5. Oktober 1912 [270]) und jene, hauptsächlich in kommunalen Vorschriften, die den Betrieb in Krankenhäusern regeln, enthaltenen Bestimmungen, die wie er das Recht der Hinterbliebenen überhaupt ausschalten [271]). Sie alle haben jedoch keinerlei Einfluß auf das Gewohnheitsrecht, das dieses Recht begründet. Höchstens ihre eigene Gültigkeit ist zweifelhaft. Auch die Tatsache, daß gegen sie bisher keinerlei Bedenken geäußert

[266]) In der Krankenhausarzt, 25. Jahrg. 1952, S. 212 f. u. 215.

[267]) Vgl. oben S. 101.

[268]) Vgl. oben S. 18 f. u. Fußn. 78 auf S. 19 mit Fundstelle.

[269]) Immerhin zeigt aber der Wortlaut der Anweisung, daß eine Ergänzung des § 7 des Reichsgesetzes betr. die Bekämpfung gemeingefährlicher Krankheiten v. 30. Juni 1900 (RGBl. 1900, S. 306 ff.) angestrebt ist. Genannte Vorschrift sah eine Leichenöffnung nur bei Cholera-, Gelbfieber- und Pestverdacht vor. Reichsrechtlich wurde sie erst durch Art. 11 Abs. 1 der VO. des Reichsministers des Innern zur Bekämpfung der Papageienkrankheit (Psittacosis) v. 14. Aug. 1934 (RGBl. I 1934, S. 774 ff.) und durch § 6 der VO. des Reichsministers des Innern betr. die Bekämpfung übertragbarer Krankheiten v. 1. Dez. 1938 (RGBl. I 1938, S. 1721 ff.) erweitert. Vgl. dazu oben S. 13 f.

[270]) Ges. u. VOBl. f. d. Königr. Sachsen, 1912, S. 465. Vgl. oben S. 19.

[271]) Vgl. oben S. 19.

sind, ergibt keine andere Annahme. Sie bedeutet lediglich, daß die Wissenschaft das Problem nicht erkannt hat. Der Rechtsprechung war eine Untersuchung gar nicht möglich, da die Tatbestände, die eine Entscheidung erfuhren, das fragliche Problem nicht enthielten. Wäre es aufgetaucht, besteht kaum ein Zweifel, welche Lösung es gefunden hätte. Namentlich das bekannte Urteil des Reichsgerichts — II. Strafsenat — vom 25. September 1930[272]) hat das Gewohnheitsrecht, das das Totensorgerecht der Hinterbliebenen begründet, jedensfalls in ziemlicher Breite erfaßt und bestätigt.

Aber Eberhard Schmidt hatte ein absolutes Recht der Hinterbliebenen nur unterstellt. Bei weiterer Betrachtung hält er es — immer bezüglich der Entscheidung über die Durchführung klinischer Obduktionen — nicht für gegeben. Dazu verweist er u. a. auf das gerade in Erinnerung gebrachte Urteil des Reichsgerichts vom 25. September 1930 und sagt, das hier und anderweit behauptete Recht umfasse offensichtlich die Befugnis, jede Maßnahme, die im Sinne pietätvoller Bestattung Brauch sei, vorzunehmen und jede, die sich als Mißbrauch darstelle, zu verhindern[273]). Ebenso wie das Bräuchliche werde auch das Mißbräuchliche wesentlich durch religiöse und sittliche Anschauungen festgelegt. Das bedeute aber, daß die Durchführung klinischer Sektionen für die Hinterbliebenen nicht zu verhindern sei; denn sie verkörpere weder in religiöser noch in sittlicher Beziehung irgendwie eine unangemessene, wertewidrige Handlung.

Die Gründe, die Eberhard Schmidt hier gegen ein Recht der Hinterbliebenen geltend macht, finden ihre Stütze hauptsächlich in der Definition, die solches Recht in der Literatur erfahren hat. Die fragliche Definition besagt, daß die Hinterbliebenen berechtigt seien, „über den Leichnam zum Zwecke angemessener Bestattung zu verfügen und Einwirkungen Unberechtigter auszuschalten"[274]). Dabei wird betont, das letztere Recht umfasse auch die Befugnis, die Vornahme einer Obduktion zu verhindern. In die Definition eingefügt ist dies aber selten[275]). Leider! Denn die Befugnis, Einwirkungen

---

[272]) RGSt 64, 313 ff.; vgl. oben S. 53 u. 96.

[273]) Als Vorgänge, die nicht zu verhindern seien, nennt Eberh. Schmidt, a. a. O. S. 215 die Desinfektion der Leiche und ihre Überführung in den Leichenkeller des pathologischen Instituts. Erstere Maßnahme dürfte indes durch seuchenpolizeiliche Vorschriften gerechtfertigt sein. Die Befugnis für letztere aber ist, sofern nicht der Leichenkeller des pathologischen Instituts im Einzelfall gem. § 2 Abs. 4 der Polizeiverordnung über das Leichenwesen v. 18. April 1933 (Preuß. Ges. Samml. 1933, S. 149 ff.) i. d. Fassung der VO. v. 6. Febr. 1934 (Preuß. Ges. Samml. 1934, S. 60) an die Stelle der öffentl. Leichenhalle tritt, höchst zweifelhaft.

[274]) Vgl. bes. v. Blume, a. a. O. S. 379; weitere Angaben bei Eberh. Schmidt a. a. O. Vgl. auch Enneccerus-Nipperdey, a. a. O. S. 496.

[275]) Eberh. Schmidt a. a. O. glaubt in diesem Zusammenhang, in dem Urt. des LG Bonn v. 16. Mai 1928 in JW 1928, S. 2294 ff. einen „Kurzschluß" zu finden.

Unberechtigter auszuschalten, ergreift es in Wahrheit nur halb. Ihr fehlt der Zusatz, daß die Durchführung einer Obduktion, die ohne Einverständnis der Hinterbliebenen geschieht, unter die Einwirkungen Unberechtigter fällt. Der gleiche Mangel entsteht für die Herstellung einer Totenmaske und verschiedene andere den Leichnam betreffende Vorgänge [276]). Das zum Beweis genannte Urteil des Reichsgerichts vom 25. September 1930 erwähnt sie ebenfalls nicht. Aber das fragliche Urteil hat — der Problemstellung entsprechend — das Recht der Hinterbliebenen auch nur skizziert. Soweit es einzelne Befugnisse, namentlich die, Einwirkungen Unberechtigter zu verhindern, aufzählt, sind Beispiele gegeben. Sie enthalten keine ausreichende Grundlage für die zusammenfassende Definition, die Eberhard Schmidt mitteilt. Dies befriedigt; denn das Totensorgerecht, das die Hinterbliebenen innehaben, geht über die fragliche Definition hinaus. Es gewährt — und hier liegt seine Eigenart — manche Befugnisse mehr mit Rücksicht auf eine besondere Lage. Dabei ist die Befugnis zu der Entscheidung über die Durchführung einer Obduktion namentlich aufgeführt. Dies geschähe, wie zuzugeben ist, wohl nicht, wenn genannte Maßnahme in religiöser oder sittlicher Beziehung irgendwie unangemessen wäre. Aber der Umstand, daß sie es nicht ist — in sittlicher Beziehung wurde die Angemessenheit oben eingehend erörtert [277]) —, spielt eine andere Rolle als die, welche Eberhard Schmidt ihr zuerkennt.

Nach alledem ist daran festzuhalten, daß das beschriebene Recht besteht. Es erlaubt, dies sei abschließend wiederholt, den Leichnam und etwa abgetrennte Teile in Besitz zu nehmen bzw. — sofern andere den Besitz vorher haben — herauszuverlangen, Einwirkungen Dritter zu verhindern bzw. — wenn eine eingetretene Störung weiterbesteht — zu unterbinden und für eine angemessene Bestattung zu sorgen. Ferner wird die Befugnis gewährt, darüber zu befinden, ob eine Leichenöffnung erfolgen und — im Zusammenhang mit ihr — das eine oder andere Organ für eine Konservierung zurückbehalten werden darf. Das gleiche gilt für die Frage, ob ein Bildnis des Verstorbenen angefertigt werden soll und für verschiedene andere den Leichnam bzw. abgetrennte Teile betreffende Vorgänge. Die Personen, welche das Recht innehaben, sind die Hinterbliebenen. Der Wille des Verstorbenen, der geschäftsfähig gewesen sein muß, bindet sie, wenn er erkennbar gehegt wurde und Gültigkeit besitzt. Das Totensorgerecht, das er beschränkt, ist ein sonstiges Recht i. S. des § 823 Abs. 1 BGB.

Die Möglichkeit, daß die Vornahme klinischer Sektionen im Einzelfall eine Beeinträchtigung darstellt, ist gegeben. Sie wird verwirk-

---

[276]) Vgl. dazu oben Fußn. 161 auf S. 86.
[277]) Vgl. oben S. 72 f.

licht, wenn die Hinterbliebenen die Leichenöffnung nicht gestattet haben und auch das — zu Lebzeiten erteilte — Einverständnis des Verstorbenen fehlt. Das gleiche gilt, wenn die Hinterbliebenen zwar die Leichenöffnung erlaubt haben, im Zusammenhang mit ihr aber Organe für eine Konservierung zurückbehalten werden und dies der Zustimmung ermangelt. Jedoch ist auch hier erforderlich, daß das Einverständnis des Verstorbenen fehlt; denn die Hinterbliebenen sind nicht berechtigt, eine Bestimmung zu geben, welche eine Anordnung des Verstorbenen verletzt. Eine die Leichenöffnung betreffende Erlaubnis bedeutet noch nicht, daß ein Organ für eine Konservierung zurückbehalten werden darf. Hierfür ist eine besondere Zustimmung zu verlangen. Dagegen umfaßt die Erlaubnis für beide Vorgänge regelmäßig die Mitwirkung der Studenten, die im Rahmen der Sektionskurse unter Aufsicht ihrer Lehrer tätig werden. Auch das Überlassen der Instandsetzung an sog. Leichendiener, die darin oft geschickter sind als Ärzte, ist regelmäßig mitgebilligt.

Das Vorstehende ergibt, daß der objektive Tatbestand des § 823 Abs. 1 BGB — sonstiges Recht — durch Vornahme klinischer Sektionen erfüllbar ist. Ehe jedoch die Konsequenz, die seine Verwirklichung auslöst, erörtert wird, sind noch einige andere Punkte zu klären:

Wie sich gezeigt hat, spielt der — zu Lebzeiten vorhanden gewesene — Wille des Verstorbenen eine sehr wichtige Rolle. Ist er auf die Durchführung einer Obduktion gerichtet, bedeutet dies eine Vorausverfügung über eine künftige Sache [278]). Das gleiche gilt, wenn er außer der Obduktion billigt, daß im Zusammenhang mit ihr Organe für eine Konservierung zurückbehalten werden.

Die Frage, wie der Wille des Verstorbenen gegen die Hinterbliebenen zu erzwingen ist, taucht bei Vornahme klinischer Sektionen nicht auf; denn hierbei hat die Universitätsklinik oder das Krankenhaus, das die Durchführung der Obduktion übernimmt oder in die Wege leitet, den Leichnam in Besitz. Die gewünschte Maßnahme wäre daher für die Hinterbliebenen nur zu verhindern, wenn die Möglichkeit bestände, die Leiche vor Durchführung der Obduktion herauszuverlangen. Besagte Möglichkeit gibt es aber nicht; denn der Wille des Verstorbenen bindet die Hinterbliebenen. Das Recht, das sie innehaben, wird beschränkt [279]).

---

[278]) Vgl. dazu die Angaben bei Bohne, a. a. O. Fußn. 97 auf S. 140 f. Vgl. ferner Berger, a. a. O. S. 14 ff. und Kemmer, a. a. O. S. 435.

[279]) Aber die Frage, wie der Wille des Verstorbenen gegen die Hinterbliebenen zu erzwingen ist, könnte, wäre sie gegeben, eine Lösung finden. Sie könnte es freilich nur durch den Verstorbenen selbst und nur dann, wenn die Hinterbliebenen gleichzeitig Erben sind. Außerdem müßte der Wille des Verstorbenen eine formgerechte Erklärung erfahren. Geschähe dies, könnte er zur Bedingung der Zuwendung gemacht werden. Auch könnte eine Auflage erteilt oder ein Testamentsvollstrecker eingesetzt

Das bedeutsamste Merkmal besitzt der Wille des Verstorbenen darin, daß er keine formgerechte Erklärung benötigt. Eine letztwillige Verfügung ist also nicht erforderlich. Sie, die übrigens kein Vermächtnis darstellte [280]), wird bei Vornahme klinischer Sektionen nur selten errichtet. Häufiger ist ein gewöhnlicher Vertrag unter Lebenden. Als Partner denkbar sind Universitätskliniken, namentlich aber Krankenhäuser, welche sich nicht wie erstere im Eigentum oder in der Verwaltung eines Muttergemeinwesens befinden [281]), sowie die Obduzenten, welche der Wille des Verstorbenen unmittelbar angeht. Als Partner denkbar sind ferner Versicherungsgesellschaften, die im Rahmen des Unfall- und Lebensversicherungsgeschäftes ein Interesse daran haben, daß die Todesursache einwandfrei ermittelt wird [282]). Der Vertrag ist in der Regel ein reiner Erlaubnisvertrag [283]). Setzt er auch eine Verpflichtung zur Durchführung der Obduktion, was mit Rücksicht auf die Feststellung erblicher oder ansteckender Krankheiten denkbar ist, kann es sich um Auftrag i. S. der §§ 662 ff. BGB handeln [284]). Für beide Fälle ist freie Widerruflichkeit anzunehmen und zwar für den Erlaubnisvertrag aus § 157 BGB [285]), für den Auftrag aus § 671 Abs. 1 BGB.

Die Universitätskliniken und größeren Krankenhäuser, sowie die Obduzenten, welche mit der Vornahme klinischer Sektionen unmittelbar befaßt sind, berufen sich in der Regel auf die Aufnahmebedingungen oder die Hausordnung. Genannte Institute enthalten dann eine sog. Sektionsklausel [286]) welche besagt, daß eine Leichenöffnung erfolgen darf, wenn der Patient zu Lebzeiten nicht widersprochen hat und auch die Hinterbliebenen innerhalb einer bestimmten Frist — meist vierundzwanzig Stunden — nach dem Tode

---

werden. Vgl. dazu oben S. 54. Jedoch bedeutete die letztwillige Anordnung der Sektion kein Vermächtnis an die Klinik oder das pathologische Institut. Vgl. dazu unten Fußn. 280 auf S. 109. Vgl. ferner Josef in Gruch. Beitr., Bd. 65 (1921), S. 310 ff. und in Leipz. Zschr., 23. Jahrg. 1929, Sp. 176.

[280]) So bes. Berger, a. a. O. S. 24. Vgl. auch Hegemann, a. a. O. S. 46 und Striemer in Die Med. Welt, 3. Jahrg. 1929, S. 1375. A. A. bezüglich der Bestimmung, daß der Leichnam einer Anatomie zu übergeben sei, Josef in Gruch. Beitr., Bd. 65 (1921), Fußn. 18 auf S. 311; v. Schwerin in Seuff. Bl., Bd. 70 (1905), S. 668 und Weiser, a. a. O. S. 62 ff. Vgl. auch Schorn, a. a. O. S. 378, der den Charakter der Bestimmung nicht ausdrücklich benennt, die Ansicht, daß ein Vermächtnis gegeben sei, aber dadurch äußert, daß er der Anatomie einen klagbaren Anspruch zubilligt.

[281]) Vgl. Becker, a. a. O. S. 332; Jellinek, Verwaltungsrecht, 3. Aufl. (1948), S. 513 und Peters, Lehrb. d. Verwaltung, 1949, S. 427.

[282]) Vgl. oben S. 9.

[283]) Vgl. Berger, Das Recht des Arztes zur Leichenobduktion, Hall. jur. Diss. 1932, S. 18 ff.

[284]) Vgl. Berger, a. a. O. S. 18.

[285]) Vgl. Berger a. a. O. Zu der ganzen Frage vgl. ferner Enneccerus-Nipperdey, a. a. O. Fußn. 18 auf S. 497 und Josef, a. a. O. S. 311 f.

[286]) Vgl. oben S. 10 u. Fußn. 44 ebd. mit Nachweisen.

keinen Einspruch einlegen. Unter der Voraussetzung, daß an der Durchführung der Obduktion besonderes Interesse besteht, wird einem erhobenen Einspruch aber manchmal die Wirkung versagt. Im Ergebnis ähnlich verhalten sich auch die Versicherungsgesellschaften, welche eine Sektionsklausel in die sog. Versicherungsbedingungen aufnehmen. In ihnen steht dann der Satz, daß eine nicht völlige Aufklärung der Todesursache zur Durchführung der Obduktion berechtigt [287]).

Eine Sektionsklausel vermag große Wichtigkeit zu erlangen. Ist der Verstorbene zu Lebzeiten durch sie auf die Möglichkeit der Obduktion aufmerksam geworden und hat er die fragliche Maßnahme ausdrücklich oder konkludent [288]) gebilligt, ist die Sache klar; es liegt eine Erklärung des Verstorbenen vor. Das gleiche gilt, wenn die Durchführung der Obduktion ausdrücklich oder konkludent untersagt worden ist. Auch hier ist eine Erklärung des Verstorbenen gegeben, welche die Hinterbliebenen bindet. Daß eine Sektionsklausel sie nicht übergehen kann, ist praktisch anerkannt [289]) und der Untersuchung, welche folgt, ohne Schwierigkeit a fortiori zu entnehmen.

Liegt keine ausdrückliche oder durch konkludente Handlung herbeigeführte Erklärung vor, kommt es darauf an:

Hat der Verstorbene die Sektionsklausel gekannt, muß sein Schweigen als Zustimmung gedeutet werden, wenn es schlüssig ist. Dies ist es, wenn Anlaß bestand, eine Erklärung abzugeben und auf Grund der Umstände oder nach Treu und Glauben anzunehmen ist, der Verstorbene hätte sich geäußert, wenn der fragliche Geschäftswille gefehlt hätte [290]). Genannte Merkmale sind hier gegeben. Besonders der Anlaß zur Erklärung ist nicht zu leugnen. Er, die

---

[287]) Vgl. oben S. 9 u. Fußn. 41 ebd. mit Nachweisen.

[288]) Vgl. dazu Lehmann, Allg. T. d. BGB, 8. Aufl. (1954), S. 188 ff. Vgl. ferner Berger, a. a. O. S. 20, der eine ausdrückliche Erklärung verlangt; Peterssen-Schmitz in Die Med. Welt, 11. Jahrg. 1937, S. 1791 und Eberh. Schmidt, a. a. O. S. 212.

[289]) Vgl. bes. Berger a. a. O.; Philipsborn in Zschr. f. d. ges. Krankenhauswesen, 25. Jahrg. 1929, S. 610 und in JW 1930, S. 1552 und Eberh. Schmidt a. a. O. Vgl. ferner RGSt 64, 314; OLG Breslau in HRR, 17. Jahrg. 1941, Nr. 478; Albrecht in Saarl. Ärztebl. 1949, S. 76; zit. nach Bode, a. a. O. S. 369; Bohne, a. a. O. S. 166 ff.; Ebermayer in Dtsch. Med. Wschr., 56. Jahrg. 1930, S. 1536 und Ponsold-Schmidt, Lehrb. d. gerichtl. Med., 1950, Fußn. 1 auf S. 60.
In der Ostzone bemerkt die Entscheidung der Abtlg. Recht des Ministeriums für Gesundheitswesen der DDR betr. die Leichenöffnung in Krankenhäusern, abgedruckt in Das Dtsch. Gesundheitswesen, 7. Jahrg. 1952, Heft 2, Amtl. Teil, S. 21 (die Seitenzahl wird in Heft 3 in „73" berichtigt) ausdrücklich, daß „die Hausordnungen der Krankenhäuser . . . insofern unrichtig sind, als sie nicht dahingehend lauten, daß die Zustimmung zur Sektion durch den Patienten gegeben wird, soweit nicht ohnehin eine Leichenöffnung kraft gesetzlicher Vorschrift erfolgen kann". Vgl. dazu oben S. 15 f.

[290]) Lehmann, a. a. O. S. 191. Vgl. zu der Frage auch Bode, a. a. O. S. 372 f. und Liertz-Paffrath, Handb. d. Arztrechts, 1938, S. 166.

Sektionsklausel, sagte, was auf dem Spiele stand und gab darüber Aufschluß, welche Bedeutung ein Schweigen hatte. Dies gilt selbst dann, wenn die Sektionsklausel, wie die für Versicherungsgesellschaften angeführte, die Möglichkeit, zu widersprechen, nicht besonders mitteilte. Der Verstorbene wußte natürlich, daß er Einspruch einlegen, d. h. die vorgesehene Maßnahme als unerwünscht charakterisieren konnte. Daher ist auf Grund der Umstände anzunehmen, er hätte sich geäußert, wenn er die Durchführung der Obduktion wirklich nicht gebilligt hätte. Dies ergibt sich auch nach Treu und Glauben. Zwar besteht die Möglichkeit, daß der Verstorbene den Hinterbliebenen die Bestimmung geben wollte. Sie besteht selbst dann, wenn er sich nicht bewußt gewesen sein sollte, daß seine Anordnung das Recht der Hinterbliebenen beschränkte; aber der Verstorbene hatte nicht nur die Wahl zwischen Einverständnis und Ablehnung, sondern konnte die Anordnung auch offen halten. Lediglich schweigen durfte er nicht; denn dies muß — wie gesagt — als Zustimmung gedeutet werden, als eine Erklärung, welche die Hinterbliebenen bindet.

Hat der Verstorbene die Sektionsklausel nicht gekannt, ist die Sache schwieriger. Fest steht jedoch, daß die Sektionsklausel — wenn überhaupt — nur dann eine Wirkung erbringen kann, wenn Aufnahme- oder Versicherungsbedingungen sie schriftlich enthalten. Eine Sektionsklausel, die in der Hausordnung steht oder lediglich „stillschweigend" vorhanden ist, genügt nicht; denn eine Hausordnung betrifft gewöhnlich das äußere Verhalten, das der Patient zu beobachten hat [291]). Mit der Tatsache, daß in ihr eine Sektionsklausel steht, braucht niemand zu rechnen. Das gleiche gilt für eine Sektionsklausel, die lediglich „stillschweigend" vorhanden ist. Hier fehlt eventuell sogar die Möglichkeit, sie zu prüfen.

Wesentlich ist ferner, was eine Sektionsklausel eigentlich darstellt. Zweierlei kommt in Betracht:

Die Universitätskliniken und größeren Krankenhäuser sind meist unselbständige Anstalten des öffentlichen Rechts, d. h. Anstalten ohne eigene Rechtspersönlichkeit, die sich im Eigentum oder in der Verwaltung eines Muttergemeinwesens befinden [292]). Dementspre-

---

[291]) Vgl. zu der Frage auch OLG Breslau a. a. O.; Berger, a. a. O. S. 20; Bohne, a. a. O. S. 167; Ebermayer a. a. O.; G. B. Gruber in Der Krankenhausarzt, 25. Jahrg. 1952, S. 160; Peterssen-Schmitz a. a. O.; Philipsborn a. a. O.; Ponsold-Schmidt a. a. O. und Schläger in Dtsch. Ärztebl., 71. Jahrg. 1941, S. 419.

In der Ostzone geht die Entscheidung der Abtlg. Recht des Ministeriums für Gesundheitswesen der DDR betr. die Leichenöffnung in Krankenhäusern a. a. O. stillschweigend davon aus, daß eine Sektionsklausel in die Hausordnung gehört. Dies dürfte indes aus den im Text angeführten Gründen auch für die Ostzone nicht zutr. sein.

[292]) Vgl. dazu die Angaben oben Fußn. 281 auf S. 109 und Schläger, a. a. O. S. 417.

chend sind sie in der Lage, die Beziehung zwischen sich und dem Benutzer durch eine Anstaltsordnung zu regeln und zwar in dem Rahmen, der durch den Zweck der Anstalt und das heteronome Recht, aus dem die Anstaltsordnung als autonome Satzung sich herleitet, begrenzt wird[293]). Für Eingriffe in die Rechte der Benutzer ist also eine Ermächtigung erforderlich. Sie kann durch Unterwerfung ersetzt werden[294]). Dabei muß sich der Benutzer aber freiwillig in das Gewaltverhältnis begeben, das durch die Anstaltsordnung errichtet werden soll. Dies tut er, wenn er aus eigenem Antrieb die Anstalt aufsucht. Wird er unter Zwang in sie eingeliefert, was hauptsächlich bei Gefangenen, die ärztlicher Behandlung bedürftig sind, vorkommt, kann eine fehlende Ermächtigung nur dadurch ersetzt werden, daß das den Gefangenenstatus beherrschende Recht auch die Beziehung, welche durch die Anstaltsordnung hergestellt werden soll, erzwingen läßt[295]).

Aber die ohne ausdrückliche oder durch konkludente Handlung herbeigeführte Erklärung freiwillig nachgesuchte Aufnahme in die Universitätskliniken und größeren Krankenhäuser kann nicht unbegrenzt als Unterwerfung gedeutet werden; denn auch hier besteht die Notwendigkeit, daß das Schweigen schlüssig ist. Zwar muß der Patient, der die Aufnahme erbittet, mit einer Anstaltsordnung rechnen. Dementsprechend ist auf Grund der Umstände sowie nach Treu und Glauben anzunehmen, daß er, wenn er sich nicht äußert, sich ihr nicht widersetzen will. Dies gilt aber nur grundsätzlich, nämlich nur in dem Maße, wie die Anstaltsordnung inhaltlich als eventuell zur Anwendung kommend in Erwägung zu bringen ist. Der Umfang, in dem solches zu geschehen hat, muß objektiv aus dem Inhalt der Anstaltsordnung ermittelt werden und zwar unter Berücksichtigung der typischen Lage, in der ein Patient die Aufnahme erstrebt. Eine darüber hinausgehende, ganz auf den Zweck der Anstalt abgestellte, meist aber auch objektiv-typisch genannte Auslegung[296]) erscheint nicht gerechtfertigt. Sie übersieht, daß das Gewaltverhältnis, das durch die Anstaltsordnung begründet werden soll, nicht dem Prinzip der Gesetzmäßigkeit der Verwaltung unterliegt[297]), daß auf dieses Prinzip aber nur dann verzichtet werden kann, wenn zwi-

---

293) Vgl. Walter G. Becker, a. a. O. S. 332 f. und Jellinek, a. a. O. S. 516.

294) Vgl. Walter G. Becker a. a. O.

295) Vgl. Jellinek, a. a. O. S. 122.

296) Eine derartige Auslegung versucht Walter G. Becker in JR 1951, S. 332 f. Für die Richtigkeit verweist er u. a. auf Wesen und Bedeutung sog. Allg. Geschäftsbedingungen. Dieser Vergleich ist jedoch nicht überzeugend; denn auch bei Allg. Geschäftsbedingungen besteht die Notwendigkeit, daß das Schweigen schlüssig ist. Vgl. dazu unten S. 116 ff.

297) Vgl. Jellinek a. a. O. u. S. 514. Irrig daher Walter G. Becker a. a. O., nach dessen Ansicht eine objektiv-typische Interpretation immer dann in Betracht kommt, wenn sie nicht ausdrücklich untersagt ist.

schen dem Träger der Gewalt und der Einzelperson auf andere Weise eine Schranke errichtet ist, eine Schranke, wie sie die hier erläuterte Notwendigkeit der Unterwerfung darstellt.

Eine ordnungsgemäß in die Aufnahmebedingungen eingefügte Sektionsklausel muß als Teil der Anstaltsordnung betrachtet werden. Was für letztere gesagt ist, betrifft also auch sie. Damit ist ersichtlich:

Ist weder eine ausdrückliche noch durch konkludente Handlung herbeigeführte Erklärung gegeben und hat der Verstorbene in Unkenntnis der Sektionsklausel eine der Universitätskliniken und größeren Krankenhäuser, welche unselbständige Anstalten des öffentlichen Rechts sind, aufgesucht, kann sein Schweigen nicht als Unterwerfung unter die Sektionsklausel gedeutet werden [298]); denn normalerweise erstrebt ein Patient die Aufnahme, um seine Gesundheit zurückzuerlangen. Sterben will er nicht [299]). Dementsprechend setzt er auch die Sektionsklausel inhaltlich nicht als eventuell zur Anwendung kommend voraus. Objektiv und unter Berücksichtigung der typischen Lage, in der ein Patient die Aufnahme erbittet, ist es also nicht gerechtfertigt, anzunehmen, daß der Verstorbene, wenn er sich nicht geäußert hat, sich der Sektionsklausel nicht widersetzen wollte. Dies steht übrigens im Gegensatz zu der Lösung, die sich für eine in der Anstaltsordnung etwa vorgesehene Operation ergäbe [300]). Hier müßte Schweigen bei objektiv-typisch angestellter Auslegung als Unterwerfung gedeutet werden, was natürlich nicht ausschließt, daß es im Hinblick auf die §§ 223, 223a StGB, 823 Abs. 1 u. 2 BGB vielleicht dennoch nicht genügt [301]).

Ausgang der Untersuchung war die Tatsache, daß für durch eine Anstaltsordnung vorgesehene Eingriffe in Rechte eine Ermächtigung notwendig, daß die Ermächtigung aber durch Unterwerfung ersetzbar ist. Darf nun — wie festgestellt — Schweigen nicht als Unter-

---

[298]) Vgl. dazu bes. Berger a. a. O.; Bode, a. a. O. S. 369 ff.; Liertz-Paffrath a. a. O. und Eberh. Schmidt, a. a. O. S. 212. A. A. Walter G. Becker, a. a. O. S. 332 f. und Peterssen-Schmitz a. a. O.

In der Ostzone spricht die Entscheidung der Abtlg. Recht des Ministeriums für Gesundheitswesen der DDR betr. die Leichenöffnung in Krankenhäusern a. a. O. ausdrücklich von einer „Zustimmung zur Sektion", geht also offensichtlich davon aus, daß Schweigen nicht als Unterwerfung unter die Sektionsklausel gedeutet werden kann. Vgl. dazu oben Fußn. 289 auf S. 110.

[299]) Dies bedenkt offenbar auch Walter G. Becker a. a. O., wenn er einräumt, daß zwar keine Unterwerfung unter die Sektionsklausel, wohl aber eine Unterwerfung unter die Anstaltsordnung als Ganzes gegeben sei. Vgl. zu der Frage auch Peterssen-Schmitz a. a. O., die im Ergebnis aber abweichen; Schläger, a. a. O. S. 419 und Wollenweber in Der Öffentl. Gesundheitsdienst, 13. Jahrg. 1951/52, S. 67 f.

[300]) Walter G. Becker a. a. O. setzt beide Vorgänge insoweit gleich.

[301]) Vgl. zu der Frage Schönke-Schröder, StGB, Komm., 7. Aufl. (1954), § 223 Bem. V, 2 mit weiteren Angaben.

werfung unter die als Teil der Anstaltsordnung zu betrachtende Sektionsklausel gedeutet werden, bekommt die Ermächtigung ihre ursprüngliche Bedeutung zurück; denn daß ein Recht besteht, kraft dessen der Mensch zu Lebzeiten darüber befinden kann, ob sein Leichnam einer Obduktion unterzogen und hierbei das eine oder andere Organ der Konservierung überantwortet werden darf und daß dieses Recht ein absolutes Persönlichkeitsrecht verkörpert, ist relativ sicher [302]). Wie eine getroffene Bestimmung sich darstellt, nämlich als Vorausverfügung über eine künftige Sache, wurde bereits erwähnt [303]). Aber gerade das ist für manche [304]) der Anlaß, die Zulässigkeit der Anordnung zu leugnen. Die Begründung besagt, eine Verfügung über eine künftige Sache sei nicht möglich. Namentlich der eigene Leichnam komme als Gegenstand nicht in Betracht. Dies habe auch der Gesetzgeber anerkannt; § 2225 der Reichstagsvorlage zum Bürgerlichen Gesetzbuch, der für eine Anordnung über das Begräbnis Formfreiheit vorgesehen habe, sei nämlich ausdrücklich gestrichen worden.

Sämtliche Gesichtspunkte sind nicht überzeugend. Gewiß, die Vorausverfügung über eine künftige Sache hat nirgendwo eine Regelung erfahren. Das ergibt aber nicht, daß sie nicht möglich wäre; denn es besteht z. B. auch kein Hindernis, eine bewegliche Sache, an der der Besitz noch zu erlangen ist, durch Einigung und antizipiertes Besitzkonstitut in das Eigentum Dritter zu bringen. Daß die Sache bereits hergestellt sei, ist nicht erforderlich [305]). Freilich geht das Eigentum erst über, wenn der Veräußerer den Besitz bekommt. Entsprechend ist es aber auch bei Vorausverfügung über die eigene Leiche. Hier tritt die Wirkung mit dem Tode ein. § 2295 der Reichstagsvorlage stellt dies nicht in Zweifel. Er wurde nämlich nur deshalb gestrichen, weil das eigenhändige Testament eingeführt werden sollte [306]). Sein Inhalt war auch nicht neu; denn bereits § 169, Teil I, Titel 12 ALR hatte für eine Anordnung über das Begräbnis Formfreiheit vorgesehen. Heute sind die §§ 2 Abs. 1 und 4

[302]) Vgl. dazu Berger, a. a. O. S. 14 ff.; Walter G. Becker, a. a. O. S. 330 ff.; Josef, a. a. O. S. 304 f., 309 f. u. 312; Schorn, a. a. O. S. 377 und Weiser, a. a. O. S. 56 ff. Vgl. ferner v. Dassel in Das Recht, 12. Jahrg. 1908, Sp. 411; Palandt-Danckelmann, a. a. O. § 90 Bem. 2; Peterssen-Schmitz, a. a. O. S. 1792; Philipsborn in Zschr. f. d. ges. Krankenhauswesen, 25. Jahrg. 1929, S. 610; RGRK (BGB), 9. Aufl. (1939), § 90 Bem. 1; Schläger in Med. Klinik, 27. Jahrg. 1931, S. 793; Eberh. Schmidt, a. a. O. S. 211; Soergel-Siebert, a. a. O. § 90 Bem. 3; Striemer in Die Med. Welt, 3. Jahrg. 1929, S. 1374 und Weise in DJZ, 17. Jahrg. 1912, Sp. 1293. A. A. Brunner in NJW 1953, S. 1173 f., der annimmt, daß der lebende Mensch an seinem Körper Eigentum hat.

[303]) Vgl. oben S. 108.

[304]) Vgl. dazu den Überblick bei Berger a. a. .O. und Weiser a. a. O.

[305]) Vgl. dazu v. Gierke, Sachenrecht, 3. Aufl. (1948), S. 83.

[306]) RG in JW 1912, S. 541 = Gruch. Beitr., 56. Jahrg. 1912, S. 1009 f. mit Nachweisen. Ebenso Josef, a. a. O. S. 309.

des Gesetzes über die Feuerbestattung vom 15. Mai 1934[307]) sehr wesentlich. Sie, die sich über die Anordnung der Einäscherung verhalten, erbringen zwar keine Formfreiheit, ergeben aber einwandfrei, daß der Mensch zu Lebzeiten die Bestimmung geben kann und daß diese die Hinterbliebenen bindet. Letztere Regelung entspricht der Rechtsprechung, die — wie erwähnt[308]) — seit längerer Zeit eine zu Lebzeiten getroffene Anordnung über die Art der Bestattung, gleichgültig, ob sie in eine formgerechte Erklärung gekleidet ist oder nicht, für zulässig erachtet und ausgeführt hat, daß eine derartige Anordnung das Recht der Hinterbliebenen beschränkt. Wie nun dennoch behauptet werden kann, eine Vorausverfügung über die eigene Leiche sei nicht möglich, ist nicht ersichtlich. Dies gilt namentlich auch bezüglich der Resultate; denn es ist nicht zu erklären, wieso der Mensch über das Schicksal, das sein Vermögen nach dem Tode erleidet, eine Regelung zu geben vermag, während er auf die Behandlung seiner Leiche, die ihm gewiß erheblich näher steht, keinerlei Einfluß finden soll.

Eine ordnungsgemäß in die Aufnahmebedingungen der Universitätskliniken und größeren Krankenhäuser, welche unselbständige Anstalten des öffentlichen Rechts sind, eingestellte, als Teil der Anstaltsordnung zu wertende Sektionsklausel beschneidet das Persönlichkeitsrecht, kraft dessen der Patient darüber befinden kann, ob sein Leichnam einer Obduktion unterzogen und hierbei ein Organ zurückbehalten werden darf. Dies gilt sogar, wenn die Sektionsklausel die Leichenöffnung lediglich erfolgen läßt, wenn der Patient zu Lebzeiten nicht widersprochen hat und auch die Hinterbliebenen innerhalb einer Frist keinen Einspruch einlegen. Daß einem erhobenen Einspruch die Wirkung versagt wird, ist nicht notwendig. Das Recht, um das es geht, ist nämlich nicht nur negativ auf Untersagung, sondern positiv auf Billigung der Obduktion gerichtet. Der Umstand, daß die fehlende Anordnung sich nicht auswirkt, wenn die Hinterbliebenen der Leichenöffnung widersprechen, bleibt demgegenüber ohne Gewicht. Freilich ist zu erwägen, daß nicht die Durchführung der Obduktion es ist, welche das Recht, das der Patient hat, einengt, sondern die Sektionsklausel, die sie zu regeln versucht. Die Leichenöffnung selbst ist nicht relevant, schon deshalb nicht, weil das fragliche Recht als Persönlichkeitsrecht mit dem Tode erlischt[309]). Die Möglichkeit, daß sie eine Beeinträchtigung darstellt, ist auf das Recht der Hinterbliebenen beschränkt[310]).

Die für eine als Teil der Anstaltsordnung zu wertende Sektionsklausel erforderliche Ermächtigung gibt es nicht. Zwar haben die

---

307) RGBl. I 1934, S. 380 f. Vgl. oben S. 13 u. 92 f.
308) Vgl. oben S. 95 ff.
309) Vgl. oben S. 45 u. Fußn. 92 ebd. mit weiteren Angaben.
310) Vgl. oben S. 85.

Länder vereinzelt Bestimmungen herausgebracht. § 5 des sog. Sächsischen Anatomiegesetzes vom 5. Oktober 1912 [311]), der den öffentlichen Kranken- und dem Ministerium des Innern unterstellten Landesanstalten erlaubt, in ihren Hausordnungen Bestimmungen über die Sektion der in den Anstalten Versterbenden zu treffen, ist sogar besonders auf die Erteilung der Ermächtigung abgestellt. Das gleiche gilt für die in kommunalen Vorschriften, welche den Betrieb in städtischen Krankenhäusern regeln, enthaltenen Bestimmungen [312]). Aber sie alle haben, obschon seit Jahrzehnten sehr häufig angewandt, keine Gültigkeit. Hierauf wird an anderer Stelle [313]) noch eingegangen.

Soweit eine ohne ausdrückliche oder durch konkludente Handlung herbeigeführte Erklärung betriebene Aufnahme in die Universitätskliniken und größeren Krankenhäuser unter Zwang geschieht, was hauptsächlich bei Gefangenen vorkommt, wäre die fehlende Ermächtigung dadurch ersetzbar, daß das den Gefangenenstatus beherrschende Recht auch die Beziehung, welche durch die Sektionsklausel hergestellt werden soll, erzwingen ließe. Entsprechende Vorschriften gibt es aber nicht. Namentlich in der Strafvollzugsordnung vom 22. Juli 1940 [314]), für das Land Nordrhein-Westfalen in der Fassung der AV des Justizministers vom 11. August 1948 [315]), sind sie nicht enthalten.

Damit sind alle Punkte berührt. Es zeigt sich:

Ist weder eine ausdrückliche noch durch konkludente Handlung herbeigeführte Erklärung gegeben und hat der Verstorbene in Unkenntnis der Sektionsklausel eine der Universitätskliniken und größeren Krankenhäuser, welche unselbständige Anstalten des öffentlichen Rechts sind, aufgesucht, vermag die Sektionsklausel eine Wirkung nicht zu erbringen. Dies gilt auch dann, wenn sie schriftlich in den Aufnahmebedingungen enthalten und deshalb als Teil der Anstaltsordnung zu werten ist. Insbesondere darf das Schweigen, das der Verstorbene beobachtet hat, nicht als Unterwerfung unter die Sektionsklausel gedeutet werden.

Bei privaten Krankenhäusern und bei Versicherungsgesellschaften trägt die Sektionsklausel den Charakter sog. Allgemeiner Geschäftsbedingungen [316]). Derartige Bedingungen verfolgen den Zweck,

---

311) Ges. u. VOBl. f. d. Königr. Sachsen, 1912, S. 465. Vgl. oben S. 19.

312) Vgl. oben S. 19 f.

313) Vgl. unten S. 121.

314) Dtsch. Justiz 1940, Nr. 21 (Sonderveröffentlichung).

315) JMBl. 1948, S. 252. Eine Übersicht über das Strafvollzugsrecht der anderen Länder der Bundesrepublik findet sich bei Röhl in JZ 1954, Fußn. 9 auf S. 65 f.

316) Hierzu und zum folgenden vgl. KG (West) in SJZ 1950, Sp. 655 ff. mit Anmerkung von Raiser; OLG Freiburg in JZ 1951, S. 224 mit Anmerkung von Ballerstedt; Erman-Groepper, Handkomm. z. BGB, 1952, Vorbem. 4 vor

gleichartige Verhältnisse einheitlich zu regeln [317]). Sie sind als Normalinhalt eines Vertrages gedacht und dementsprechend — zumindest grundsätzlich — der Zustimmung bedürftig [318]). Eine Ausnahme wird gemacht, wenn die Allgemeinen Geschäftsbedingungen durch die zuständige Behörde für allgemein verbindlich erklärt worden oder wenn sie Handelsbrauch sind [319]). Beide Fälle sind hier aber nicht gegeben. Insbesondere ist eine Sektionsklausel, welche die Gestalt Allgemeiner Geschäftsbedingungen hat, nicht für allgemein verbindlich erklärt worden. Dies gilt auch bezüglich der Versicherungsgesellschaften. Eine hier anzutreffende Verordnung der Aufsichtsbehörde vom 20. November 1940 betrifft andere Bedingungen. Sie könnte übrigens, auch wenn sie die Sektionsklausel umfaßte, keine Erheblichkeit erlangen. Adressat sind nämlich nur die Versicherungsgesellschaften. Eine Beziehung zu dem Versicherungsnehmer entsteht höchstens mittelbar [320]).

Eine Ausnahme von dem Erfordernis der Zustimmung wird ferner gemacht, wenn es sich um die Allgemeinen Geschäftsbedingungen eines Großbetriebes handelt und die Bedingungen der Allgemeinheit zugänglich gemacht und seit Jahren ständig im Gebrauch sind [321]). Hier müsse, das ist die Begründung, jedermann mit dem Vorhandensein der Bedingungen rechnen. Schweigen gelte daher kraft „normierender Verkehrssitte [322]) als Zustimmung.

Die wiedergegebene Ansicht, die sich mehr und mehr durchsetzt [323]), trifft zu. Nach eigenem Inhalt ist sie aber nicht auf Bedingungen anwendbar, die nicht üblich sind und mit denen das Publikum infolgedessen auch nicht zu rechnen hat [324]). Hier kann

---

§ 145; Esser, Lehrb. d. Schuldrechts, 1949, S. 27 f. und Palandt-Danckelmann, BGB, Kurzkomm., 14. Aufl. (1955), § 157 Bem. 5a.

[317]) KG (West), a. a. O. Sp. 667 mit weiteren Angaben. Vgl. auch Enneccerus-Nipperdey, Lehrb. d. Bürgerl. Rechts, 14. Aufl. (2. Halbb., 1954), S. 693.

[318]) So bes. Lehmann, Allg. T. d. BGB, 8. Aufl. (1954), S. 25 f. und Raiser, a. a. O. Sp. 669. Zust. OLG Freiburg, a. a. O. S. 225. Vgl. auch Enneccerus-Nipperdey a. a. O.; Erman-Groepper a. a. O. und Palandt-Danckelmann a. a. O.

[319]) So bes. KG (West), a. a. O. Sp. 667 f. mit weiteren Angaben. Die Entscheidung, die sehr weit geht, betrifft die Allg. Dtsch. Spediteurbedingungen, die durch Anordnung des Reichsverkehrsministers v. 29. Dez. 1939 (DRAnz. 1940, Nr. 46) für allgemein verbindlich erklärt und als Musterbeispiel anzusehen sind. Vgl. dazu auch OLG Freiburg, a. a. O. S. 224 f. und Erman-Groepper a. a. O.

[320]) Ebenso bezüglich der Allg. Dtsch. Spediteurbedingungen KG (West), a. a. O. Sp. 666. Vgl. auch OLG Freiburg a. a. O. und Erman-Groepper a. a. O. mit weiteren Angaben. A. A. offenbar Lehmann a. a. O.

[321]) So bes. Raiser, a. a. O. Sp. 669. Zust. OLG Freiburg, a. a. O. S. 225 und Erman-Groepper a. a. O.

[322]) Raiser a. a. O.

[323]) Vgl. die Angaben bei Enneccerus-Nipperdey, a. a. O. S. 692 ff. und Erman-Groepper a. a. O.

[324]) Vgl. RGZ 103, 86 und Raiser, a. a. O. Sp. 669 f.

nämlich von „normierender Verkehrssitte" keine Rede sein. Derart eingeschränkt, hat die geschilderte Ansicht ihre Selbständigkeit aber verloren und mündet in das schon erwähnte Prinzip, daß Schweigen als Zustimmung gedeutet werden muß, wenn es schlüssig ist. Bedeutsam bleibt nur, daß im Rahmen der Umstände, auf die es bekanntlich sehr ankommt, die Verkehrssitte besondere Wichtigkeit hat.

Jetzt tritt die gesuchte Lösung zutage. Sie lautet:

Ist weder eine ausdrückliche noch durch konkludente Handlung herbeigeführte Erklärung gegeben und hat der Verstorbene in Unkenntnis der Sektionsklausel eine zu den privaten Krankenhäusern gehörende Klinik aufgesucht, vermag die Sektionsklausel eine Wirkung nicht zu erbringen. Den privaten Krankenhäusern fehlt nämlich — wie jeder Klinik — die Gestalt eines Großbetriebes. Sie sind nicht auf einheitliche Massenabfertigung eingestellt; ihr Einzugsgebiet ist stark begrenzt. Außerdem ist in Krankenhäusern die Sektionsklausel, mag sie auch in den Aufnahmebedingungen enthalten sein, meist nicht der Allgemeinheit zugänglich gemacht. Nur so ist es jedenfalls zu erklären, daß letztere über sie häufig nicht unterrichtet ist .

Hat der Verstorbene — angegebene Umstände wieder vorausgesetzt — eine Unfall- oder Lebensversicherungspolice genommen, gilt das gleiche. Zwar haben die Versicherungsgesellschaften durchweg die Natur eines Großbetriebes. Auch sind ihre Allgemeinen Geschäftsbedingungen stets dem Publikum zugänglich gemacht und seit Jahren im Gebrauch. Sie enthalten aber nicht sämtlich eine Sektionsklausel und auch dann, wenn eine derartige Klausel in die Versicherungsbedingungen eingefügt ist, sind die Gesellschaften aus psychologischen Gründen vielfach zur Nachsicht bereit. Infolgedessen kann nicht gut angenommen werden, daß die Sektionsklausel üblich sei und das Publikum hat mit dem Vorhandensein der Klausel nicht zu rechnen. Das aber macht die Umstände dergestalt, daß Schweigen nicht als Zustimmung gedeutet werden kann. Namentlich kraft „normierender Verkehrssitte" nicht; denn von einer Verkehrssitte kann eben keine Rede sein. Dasselbe Ergebnis ist übrigens auch nach Treu und Glauben zu erhalten.

Das Vorstehende schließt nicht aus, daß der Wille des Verstorbenen, der — wie mehrfach betont — keine formgerechte Erklärung benötigt, auf andere Art erkennbar gehegt wurde. Besonders gegenüber den Hinterbliebenen könnte dies geschehen sein, etwa dadurch, daß der Verstorbene zu Lebzeiten die Vornahme klinischer Sektionen überzeugt als gegen die Würde des Menschen verstoßend bezeichnet oder daß er sie für vermessen gehalten hätte.

Damit der Wille des Verstorbenen beachtlich ist, ist aber — wie ebenfalls wiederholt gesagt — Geschäftsfähigkeit erforderlich. Dies gilt gerade auch dann, wenn eine Sektionsklausel besteht und ein Fall vorliegt, in dem Schweigen als Zustimmung gedeutet werden darf.

Doch zurück zu dem Totensorgerecht der Hinterbliebenen. Fehlt eine Bestimmung des Verstorbenen oder ist die Entscheidung darüber, ob eine Leichenöffnung erfolgen und hierbei das eine oder andere Organ der Konservierung zugeführt werden darf, offengehalten, ist es nicht beschränkt. Auch den Hinterbliebenen gegenüber berufen sich die Universitätskliniken und größeren Krankenhäuser sowie die Obduzenten nun aber häufig auf eine Sektionsklausel. Ähnlich verhalten sich die Versicherungsgesellschaften, bei denen die Klausel den Hinterbliebenen jedoch eine Möglichkeit, zu widersprechen, nicht einräumt.

Sind die Hinterbliebenen durch die Sektionsklausel auf die Möglichkeit der Obduktion aufmerksam geworden und haben sie die fragliche Maßnahme ausdrücklich oder konkludent gestattet, ist ihr Einverständnis gegeben; der Zweck, dem die Sektionsklausel dient, ist erreicht. Haben die Hinterbliebenen die Durchführung der Obduktion ausdrücklich oder konkludent untersagt oder haben sie keine Erklärung abgegeben, ist der Sektionsklausel die Wirkung versagt. Namentlich darf Schweigen, das die Hinterbliebenen beobachtet haben, nicht als Einverständnis gedeutet werden, auch dann nicht, wenn die Sektionsklausel bekannt war; denn es fehlt die Beziehung, welche die bisherige Untersuchung voraussetzte und die darin bestand, daß der Verstorbene, der eine der Universitätskliniken und größeren Krankenhäuser aufgesucht oder eine Versicherungpolice genommen hatte, selbst es war, der die Entscheidung über die Durchführung einer Obduktion geben sollte. Bei Krankenhäusern fehlt die Beziehung auch dann, wenn nicht der Verstorbene, sondern — was häufig vorkommt — die Hinterbliebenen die Aufnahme erledigt haben. Hier haben sie nämlich entweder als Vertreter — ausnahmsweise vielleicht auch als Bote — gehandelt oder es liegt Geschäftsführung ohne Auftrag i. S. der §§ 677 ff. BGB vor. Ein Vertrag zugunsten Dritter kommt seiner Natur nach kaum in Betracht. Ist er aber ausnahmsweise doch gegeben, kann Schweigen gleichwohl nicht als Einverständnis gedeutet werden. Es ist nämlich nicht schlüssig. Zu Lebzeiten des Verstorbenen, d. h. zu der Zeit, in der der Vertrag zugunsten Dritter zustande kommt, fehlt für die Hinterbliebenen schon der Anlaß zur Erklärung; denn ihr Recht entsteht erst mit dem Tode. Daß die Hinterbliebenen der Durchführung der Obduktion jetzt widersprechen, kann ihnen bei der Kürze der Zeit, die dafür gegeben ist, aber nicht zugemutet werden [325]), auch dann nicht, wenn die Sektionsklausel bekannt war.

[325]) So bes. das mehrfach erwähnte Urt. des LG Bonn v. 16. Mai 1928 in JW 1928, S. 2294 ff. Vgl. auch G. B. Gruber in Der Krankenhausarzt,

Dementsprechend ist es auch nicht möglich, auf Grund der Umstände bzw. nach Treu und Glauben anzunehmen, daß eine Erklärung vorläge, wenn das fragliche Einverständnis gefehlt hätte.

Die eben stillschweigend unterstellte Tatsache, daß lediglich eine — zu Lebzeiten ergangene — Anordnung des Verstorbenen das Recht der Hinterbliebenen, die Entscheidung über die Durchführung einer Obduktion zu treffen, beschränkt, erfordert eine nähere Betrachtung. Es könnte nämlich ein Gewohnheitsrecht existieren, das die Universitätskliniken und größeren Krankenhäuser bezüglich der in ihren Mauern Versterbenden zu der Obduktion befugt machte, gleichgültig, ob genannte Personen oder — nach dem Tode — die Hinterbliebenen eine derartige Maßnahme erlaubt oder untersagt oder keine Erklärung abgegeben haben. Die Obduzenten nehmen dies jedenfalls vielfach[326]) an. Auch vor Gericht ist es schon erörtert worden[327]). Es trifft jedoch nicht zu. Gewiß, der Wille des Verstorbenen — nicht dessen Recht, das als Persönlichkeitsrecht mit dem Tode erlischt — bzw. das Recht der Hinterbliebenen werden bei Vornahme klinischer Sektionen verhältnismäßig oft nicht beachtet[328]). Dies entspricht der in den Krankenhäusern herrschenden Tendenz, genannte Maßnahme nach Möglichkeit auf alle in ihren Mauern Versterbenden auszudehnen. Das Gewohnheitsrecht, auf das die Obduzenten sich berufen, setzte aber nicht nur eine bestimmte Übung voraus, sondern erforderte auch, daß die Übung von dem Rechtsgeltungswillen der Gemeinschaft getragen würde[329]). Dies ist aber nicht der Fall; die Vornahme klinischer Sektionen wird nämlich, wenn sie ohne das zu Lebzeiten erteilte Einverständnis des Verstorbenen bzw. ohne das Einverständnis der Hinterbliebenen erfolgt, in der Bevölkerung ganz überwiegend nicht als Brauch, son-

---

25. Jahrg. 1952, S. 160 und Schläger in Dtsch. Ärztebl., 71. Jahrg. 1941, S. 421. A. A. Bohne, a. a. O. S. 168 f. und Philipsborn in Die Med. Welt, 7. Jahrg. 1933, S. 822. Vgl. auch Seesemann in Ärztl. Vereinsbl. f. Dtschl., Bd. 56 (1929), Sp. 300.

[326]) Vgl. dazu Bode, a. a. O. S. 372; Friese, in Der Öffentl. Gesundheitsdienst, 3. Jahrg. 1937/38, Teilausg. A, S. 444; H. R. Hoffmann, a. a. O. S. 27; Rössle in Virch. Arch., Bd. 296 (1936), S. 535 und Schrader in Der Öffentl. Gesundheitsdienst, 4. Jahrg. 1938/39, Teilausg. A, S. 793. Vgl. ferner Reichsgesundheitsamt in Krim. Mon. Hefte, V (1931), S. 206; zit. nach Bohne, a. a. O. Fußn. 147 auf S. 160 f., und die Angaben bei Simon in Zschr. f. Medizinalbeamte und Krankenhausärzte, 1926, S. 340. Die Ansicht des Landgerichtspräsidenten in Osnabrück, mitgeteilt von Becherer in Der Krankenhausarzt, 5. ,Jahrg. 1931/32, S. 72 f., das fragliche Gewohnheitsrecht werde „nirgends behauptet", trifft nicht zu.

[327]) Vgl. das mehrfach erwähnte Urt. des LG Bonn v. 16. Mai 1928 in JW 1928, S. 2294 ff. sowie das Urt. des OLG Breslau v. 8. Nov. 1940 in HRR, 17. Jahrg. 1941, Nr. 478.

[328]) Vgl. oben S. 9 ff. mit Nachweisen.

[329]) Vgl. oben S. 51 mit Nachweisen.

dern als Mißbrauch betrachtet [330]). Die Ansicht, daß solches Verfahren von dem Rechtsgeltungswillen der Gemeinschaft getragen werde, geht durchaus fehl [331]).

Das Totensorgerecht, das die Hinterbliebenen innehaben, ist ferner nicht dadurch beschränkt, daß landesgesetzliche, in kommunalen Vorschriften enthaltene oder Bestimmungen der Verwaltung die Vornahme klinischer Sektionen ohne Zustimmung stattfinden lassen. Das Gewohnheitsrecht, das das fragliche Recht begründet, verkörpert nämlich ehemaliges Reichsrecht [332]) und dieses ging nach Art. 2 der Verfassung des Deutschen Reichs vom 16. April 1871 bzw. Art. 13 Abs. 1 WRV dem Landesrecht vor. Daß es auch durch in kommunalen Vorschriften enthaltene und Bestimmungen der Verwaltung nicht zu übergehen war, ist a fortiori selbstverständlich. Heute ist das genannte Gewohnheitsrecht — wie oben festgestellt [333]) — Bundesrecht. Daher kommt ihm Art. 31 GG zugute, der ebenfalls besagt, daß Bundesrecht Landesrecht bricht. Auch hier ist für in kommunalen Vorschriften enthaltene sowie Bestimmungen der Verwaltung das gleiche selbstverständlich.

Aber nicht nur das Recht der Hinterbliebenen, sondern auch das — zu Lebzeiten vorhandene — Recht des Verstorbenen wird durch landesgesetzliche, in kommunalen Vorschriften enthaltene und Bestimmungen der Verwaltung auszuschalten versucht [334]). Dies geschieht dadurch, daß statt auf gegebene Zustimmung auf nicht erhobenen Einspruch abgestellt oder dem Einspruch die Wirkung versagt ist. Jedoch verkörpert das Recht des Verstorbenen, gleichgültig, ob es als Persönlichkeitsrecht § 823 Abs. 1 BGB entnommen oder auf Gewohnheitsrecht gestützt wird [335]), ebenfalls ehemaliges Reichsrecht; heute ist es Bundesrecht. Daher sind wieder Art. 2 der Verfassung vom 16. April 1871 bzw. Art. 13 Abs. 1 WRV sowie Art. 31 GG anwendbar. Die Bestimmungen, durch die das Recht des Verstorbenen zu übergehen versucht wird, haben also keine Gültigkeit.

Die schließlich zu stellende Frage, ob das Totensorgerecht, das die Hinterbliebenen innehaben, vielleicht durch § 138 BGB beschränkt

---

[330]) Vgl. oben S. 20 f. u. 25 f. Vgl. ferner LG Bonn, a. a. O. S. 2296 und Bohne, a. a. O. S. 159 f. mit weiteren Angaben.

[331]) Das fragliche Gewohnheitsrecht wird auch verneint von LG Bonn a. a. O.; Berger, a. a. O. S. 32 f.; Walter G. Becker, a. a. O. S. 332; Bohne a. a. O.; H. R. Hoffmann, a. a. O. S. 27 f.; Philipsborn in JW 1930, S. 1553; Ponsold-Schmidt, Lehrb. d. gerichtl. Med., 1950, Fußn. 1 auf S. 60; Schumacher in Münch. Med. Wschr., 77. Jahrg. 1930, S. 1786 und Wassermann in Die Med. Welt, 2. Jahrg. 1928, S. 1723 f.

[332]) Vgl. oben S. 101.

[333]) Vgl. oben S. 101.

[334]) Vgl. oben S. 19.

[335]) Vgl. dazu Josef, a. a. O. S. 309, der Gewohnheitsrecht annimmt.

ist [336]), ist — zumindest bezüglich der Entscheidung über die Durchführung einer Obduktion — mit Sicherheit zu verneinen. § 138 BGB, der über ein Rechtsgeschäft, das gegen die guten Sitten verstößt, die Nichtigkeit verhängt, wäre nach Lage der Dinge nämlich nur dann anwendbar, wenn die Durchführung der Obduktion selbst die guten Sitten berührte. Dies tut sie aber — wie oben festgestellt [337]) — nicht. Wäre sie irgendwie unangemessen, würde sich das Gewohnheitsrecht, das die Hinterbliebenen über die fragliche Maßnahme befinden läßt, auch nicht gebildet haben; denn § 138 BGB hat grundlegende Kraft. Daß das Gewohnheitsrecht sie bezwungen hätte, ist nicht anzunehmen.

Nun ist die Möglichkeit, daß der objektive Tatbestand des § 823 Abs. 1 BGB — sonstiges Recht — durch Vornahme klinischer Sektionen erfüllt wird, klar erfaßt. Sie wird — dies sei noch einmal wiederholt — verwirklicht, wenn die Hinterbliebenen die Leichenöffnung nicht gestattet haben und auch das — zu Lebzeiten erteilte — Einverständnis des Verstorbenen fehlt. Das gleiche gilt, wenn die Hinterbliebenen zwar die Leichenöffnung erlaubt haben, im Zusammenhang mit ihr aber Organe der Konservierung überantwortet werden und dies der Zustimmung ermangelt. Jedoch ist auch hier erforderlich, daß das Einverständnis des Verstorbenen fehlt. Die Verwirklichung ist rechtswidrig, es sei denn, daß ein Rechtfertigungsgrund eingreift. Dies wird demnächst erörtert.

VI.

Denkbar wäre letztlich, daß die Vornahme klinischer Sektionen im Einzelfall eine unerlaubte Handlung i. S. des § 823 Abs. 2 BGB darstellte. Der objektive Tatbestand des § 823 Abs.2 BGB, der auch wieder eine deliktische Schadensersatzpflicht begründet, erfordert, daß gegen ein den Schutz eines anderen bezweckendes Gesetz verstoßen wird. Das Gesetz muß nach Inhalt und Zweck ein Individualgesetz sein, d. h. es muß den Schutz gerade der Einzelperson oder einzelner Kreise im Auge haben [338]). Daß es, der Allgemeinheit dienend, die Einzelperson mittelbar begünstigt, genügt nicht. Jedoch ist kein Gesetz formeller Art notwendig [339]). Dies ergibt sich aus Art. 2 EGBGB, der unter Gesetz i. S. des Bürgerlichen Gesetzbuches „jede Rechtsnorm" versteht.

---

336) Vgl. dazu Bohne, a. a. O. S. 155 sowie auch Oertmann in Leipz. Zschr., 19. Jahrg. 1925, Sp. 513.

337) Vgl. die ausführliche Darstellung oben S. 73 ff.

338) RGZ 138, 168 mit weiteren Angaben. Vgl. auch RGZ 138, 229 und Palandt-Gramm, BGB, Kurzkomm., 14. Aufl. (1955), § 823 Bem. 9b.

339) So bes. Erman-Drees, Handkomm. z. BGB, 1952, § 823 Bem. 12a mit weiteren Angaben.

Das für § 823 Abs. 1 BGB aufgestellte Prinzip der Unmittelbarkeit [340]) gilt auch hier. Auch der Ersatzanspruch des § 823 Abs. 2 BGB steht also nur demjenigen zu, zu dessen Schutz das Gesetz, gegen das verstoßen wurde, erlassen ist [341]). Dies sei jedoch nur der Vollständigkeit halber erwähnt.

Die Bestimmungen, welche genannte Merkmale aufweisen und durch Vornahme klinischer Sektionen verletzbar sind, sind schon bekannt. In Betracht kommt zunächst § 223 StGB, der eine körperliche Mißhandlung oder Schädigung der Gesundheit erfordert und verwirklicht ist, wenn die Durchführung der Obduktion bei Angehörigen, die eine derartige Maßnahme für verwerflich halten, seelische Erschütterung erzeugt und eine exogene Depression oder andere Leiden im Gefolge hat [342]). In Betracht kommt ferner in Bayern Art. 60 Abs. 1 des Polizeistrafgesetzbuches vom 26. Dezember 1871 [343]), nach dem mit Strafe belegt wird, wer zu einer Leichenöffnung schreitet, ehe die vorgeschriebene erste Leichenschau stattgefunden hat und Kennzeichen des erfolgten Todes eingetreten sind. In Betracht kommt schließlich in Bremen § 27 in Verbindung mit § 53 der Medizinalordnung vom 2. Juni 1901 [344]), durch die eine Leichenöffnung, die gegen den Einspruch der nächsten Verwandten geschieht, unter Strafe gestellt ist. Die in Bayern geltende Vorschrift will in erster Linie die Obduktion Scheintoter verhindern [345]), die in Bremen in Kraft stehende gilt dem Schutz der Pietät [346]). Daß letztere hauptsächlich ein Individualinteresse, nämlich ein solches der Hinterbliebenen darstellt, wurde bereits festgestellt [347]).

Hinsichtlich der Rechtswidrigkeit stellt § 823 Abs. 2 BGB keine besondere Wertung auf, sondern übernimmt die der Bestimmungen, gegen welche verstoßen ist. Vorliegend genügt also, daß die Verwirklichung der Tatbestände, welche aufgeführt sind, rechtswidrig ist. Dies ist — wie bereits gesagt — der Fall, sofern nicht ein Rechtfertigungsgrund eingreift. Hierzu wird demnächst zurückgekehrt.

---

[340]) Vgl. Erman-Drees, a. a. O. § 823 Bem. 12b.

[341]) Der Betreffende hat aber Anspruch auf Ersatz auch des Schadens, der ihm nur mittelbar entstanden ist. Vgl. oben S. 83 und Erman-Drees a. a. O.

[342]) Vgl. oben S. 58 mit Nachweisen.

[343]) Vgl. oben S. 17 f. u. 59.

[344]) Vgl. oben S. 18 u. 59.

[345]) Vgl. oben Fußn. 166 auf S. 59.

[346]) Vgl. oben Fußn. 168 auf S. 59.

[347]) Vgl. oben S. 25 u. 91.

VIERTER TEIL

Die Rechtswidrigkeit klinischer Sektionen unter dem Gesichtspunkt sog. positiver Vertragsverletzung.

Das Zivilrecht kennt nicht nur deliktische, sondern auch rechtsgeschäftliche Unrechtstatbestände [1]. Voraussetzung für letztere ist ein Schuldverhältnis. Liegt es vor, kommt es darauf an, ob in dem Ablauf der Beziehung eine Störung eingetreten ist. Störung ist eine Handlung [2], welche die Unmöglichkeit der Leistung bewirkt, sich als Verzug darstellt oder auf andere Art dem Zweck der Beziehung abträglich ist. Derjenige, der sie verursacht, muß Partner der Beziehung oder als Gehilfe dessen, der die Leistung zu erbringen hat, mit ihr verbunden sein.

Ein Schuldverhältnis, das bei Vornahme klinischer Sektionen gegeben sein könnte, ist der sog. Krankenaufnahmevertrag [3]. Er ist ein gemischter Vertrag, der hauptsächlich miet- und dienstvertragliche Elemente in sich vereinigt. Zweifel daran, daß er besteht, sind namentlich bezüglich der Universitätskliniken und größeren Krankenhäuser, welche unselbständige Anstalten des öffentlichen Rechts sind, begründet.

Die oben [4] über die sog. Sektionsklausel und ihre Bedeutung angestellte Untersuchung hat vorgenannte Kliniken den privaten Krankenhäusern gegenübergestellt. Dabei führte sie aus, daß erstere in der Lage seien, die Beziehung zwischen sich und dem Benutzer durch eine Anstaltsordnung zu regeln. Eine ordnungsgemäß in die Aufnahmebedingungen eingestellte Sektionsklausel wurde als Teil der Anstaltsordnung betrachtet. Es wurde also davon ausgegangen, daß besagte Beziehung auf der Grundlage öffentlichen Rechts zustande kommt oder — negativ ausgedrückt — daß ein Vertrag nicht gegeben ist.

---

[1]) Vgl. dazu OLG Freiburg in JZ 1951, S. 225 und bes. Esser, Lehrb. d. Schuldrechts, 1949, S. 72 f.

[2]) Esser, a. a. O. S. 72 geht davon aus, daß es auch Unrechtstatbestände ohne Handlung im Rechtssinne gibt. Zur Begründung führt er an, daß „rechtliche Bewertung nicht nur menschliches Verhalten, sondern auch Zustände, Zwecke und Mittel betreffe. . . Das Recht gebe nicht nur Bestimmungsnormen für den menschlichen Willen, sondern zunächst allgemeine Bewertungsnormen, zu deren Einhaltung die Bestimmung von Pflichten erst diene."

[3]) Vgl. dazu Berger, Das Recht des Arztes zur Leichenobduktion, Hall. jur. Diss. 1932, S. 19.

[4]) Vgl. oben S. 109 ff.

Diese Ansicht, die vielfach bekämpft wird [5]), erfordert jetzt eine Erläuterung. Die Tatsache, daß die Universitätskliniken und größeren Krankenhäuser, welche unselbständige Anstalten des öffentlichen Rechts sind, die Möglichkeit haben, die Beziehung zwischen sich und den Patienten durch eine Anstaltsordnung zu regeln, bedeutet nämlich, daß sie über Hoheitsgewalt verfügen. Es wäre aber denkbar, daß sie diese Gewalt bei der Krankenaufnahme nicht in Anspruch nehmen; denn besagte Aufnahme vollzieht sich, abgesehen von der Unterwerfung unter die Anstaltsordnung, welche gerade fraglich ist, genau so wie bei privaten Krankenhäusern. Auch Unterbringung, Verpflegung und Behandlung sind dem Wesen nach gleich. Hinzu kommt, daß die Universitätskliniken und größeren Krankenhäuser nicht gezwungen sind, im Verhältnis zu den Patienten Hoheitsgewalt in Anwendung zu bringen. Mit Sicherheit nicht auf der Grundlage öffentlichen Rechts erfolgt z. B. eine Krankenaufnahme, die auf eine Vereinbarung zwischen dem leitenden Arzt, dem dafür eine Anzahl Betten freigehalten ist, und sog. Privatpatienten zurückgeht [6]).

Fraglich ist demnach nur, ob besagte Kliniken die Beziehung zwischen sich und dem Patienten grundsätzlich unter Einsatz der Hoheitsgewalt, über die sie verfügen, regeln. Dies zu klären erfordert die Erkenntnis, wie Hoheitsgewalt sich darstellt.

Die Form, in der Hoheitsgewalt vornehmlich in Erscheinung tritt, ist die der öffentlichen Verwaltung. Um sie geht es auch hier. Im Gegensatz zu ihr steht die fiskalische Verwaltung. Das bedeutet aber nicht, daß Hoheitsverwaltung identisch wäre mit obrigkeitlicher Verwaltung; denn nicht alle Hoheitsverwaltung erfolgt im Verhältnis der Überordnung der öffentlichen Gewalt über die Einzelperson, wie sie bei obrigkeitlicher Verwaltung immer Platz greift. Es gibt vielmehr auch eine sog. schlichte Hoheitsverwaltung [7]). Sie liegt vor, wenn der Staat, ohne daß er im Verhältnis der Überordnung tätig würde, seine Gewalt auf eine Fürsorge-, Pflege-, ganz allgemein auf eine sozial abgestimmte Aufgabe richtet.

Diese Aufgabe verfolgt auch der Betrieb der Universitätskliniken und größeren Krankenhäuser, welche unselbständige Anstalten des öffentlichen Rechts sind. Die Annahme, daß Unterbringung, Ver-

---

[5]) Vgl. bes. OLG Hamburg in JZ 1955, S. 160; Palandt-Gramm, BGB, Kurzkomm., 14. Aufl. (1955), Vorbem. 6 vor § 611 und Soergel-Erdsiek, BGB, Komm., 8. Aufl. (1952), § 611 Bem. 2c, hh, sämtlich mit weiteren Angaben.

[6]) Vgl. BGHZ 5, 321 ff.; Ebermayer, Der Arzt im Recht, 1930, S. 108 f.; Erman-Schopp, Handkomm. z. BGB, 1952, Vorbem. C, 3 vor § 535 und RGRK (BGB), 10. Aufl. (1953), Vorbem. IV, 3e vor § 611. Bei Privatpatienten liegt in der Regel ein sog. gespaltener Krankenaufnahmevertrag vor. Vgl. dazu BGHZ 5, 323 f.; OLG Hamm in MDR 1954, S. 166 und Schläger in Dtsch. Ärztebl., 71. Jahrg. 1941, S. 418.

[7]) Vgl. dazu Jellinek, Verwaltungsrecht, 3. Aufl. (1948), S. 20 ff.

pflegung und Behandlung der Patienten schlichte Hoheitsverwaltung darstellt, liegt daher nahe. Sie wird bestätigt durch die Tatsache, daß genannte Kliniken nicht auf Erwerb gerichtet sind. Bei fiskalischer Verwaltung wäre dies der Fall. Bei ihr wäre es auch nicht möglich, daß — wie es geschieht — für die dargebrachte Leistung nicht ein Entgelt, sondern Gebühren in Ansatz gelangen. Die Annahme, daß schlichte Hoheitsverwaltung vorliegt, wird ferner dadurch bestätigt, daß die Universitätskliniken und größeren Krankenhäuser — letztere freilich nicht immer — auch der Forschung und Lehre dienstbar gemacht sind. Beide Vorgänge, die mit der Behandlung der Kranken unmittelbar verbunden sind, pflegt der Staat aber unter Hoheitsverwaltung zu bringen. Sie fiskalisch wahrzunehmen, wäre im Hinblick auf ihre Ordnung auch kaum möglich.

Zusammen betrachtet geben genannte Umstände der Beziehung der Universitätskliniken und größeren Krankenhäuser, welche unselbständige Anstalten des öffentlichen Rechts sind, das Gepräge. Die Ansicht, daß diese Beziehung grundsätzlich eine Beziehung öffentlichen Rechts darstellt, ein Vertrag also nicht vorliegt, ist daher begründet [8]).

Demgegenüber hat nach der Rechtsprechung des Bundesgerichtshofes das fragliche Verhältnis gewöhnlich bürgerlich-rechtliche Natur [9]). Die mit Urteil vom 26. März 1953 [10]) gegebene ausführliche Begründung, die auch das Vorbringen in der Wissenschaft erschöpft, stellt für die erörterte Frage darauf ab, wie das „Unternehmen der öffentlichen Hand" im Verhältnis zu denen, denen es gegenübertritt, „organisiert" ist. Hierbei, so sagt die Entscheidung, komme es auf die Gesamtschau an. Diese zeige aber überwiegend zivilrechtliche Merkmale. Es bestehe kein Zwang, die öffentlichen Krankenhäuser aufzusuchen. „Abgesehen von der ... Hausordnung", die es auch bei privaten Kliniken gebe, seien die Kranken keinerlei Gewalt unterworfen. Dies gälte auch im Hinblick auf Forschung und Lehre, bezüglich derer ebenfalls keinerlei Gewaltunterworfenheit bestehe.

Diese Entscheidung hat bereits durch Wolff [11]) berechtigte Kritik erfahren. Hierbei wurde darauf hingewiesen, daß sie terminologisch ungenau ist. Der Ausdruck „Unternehmen der öffentlichen Hand" z. B. wird gewöhnlich nur für eine fiskalisch betriebene Einrichtung

---

[8]) So bes. KG in JW 1929, S. 2287 f. mit Anm. von Ebermayer. Vgl. auch Ebermayer, Der Arzt im Recht, 1930, S. 110 ff.; Hübner-Warneyer, Haftpflichtfälle aus der ärztlichen Praxis in juristischer Beleuchtung, 1939, S. 176; Jellinek, a. a. O. S. 387 f., 513 u. 515 und Liertz-Paffrath, Handb. d. Arztrechts, 1938, S. 349 f., sämtlich mit weiteren Angaben.

[9]) Vgl. BGHZ 1, 383 ff.; 2, 95; 4, 148 ff. und BGH in JZ 1953, S. 551 f.

[10]) III ZR 220/52; in JZ 1953, S. 551 f. mit Anmerkung von Wolff. Vgl. oben S. 97.

[11]) In JZ 1953, S. 552 ff.

verwandt. Er ist daher geeignet, das Ergebnis vorwegzunehmen. Dies um so mehr, als darauf abgestellt wird, wie die Einrichtung nach außen hin „organisiert" ist. Hier mitzugehen fällt schon deshalb schwer, weil der angeführte Begriff dem Wesen nach nach innen deutet [12]), das Verhältnis zu den Kranken also nicht ergreift. Zudem ist die typische Organisation gemeint. Wird sie so betrachtet, wie es das Urteil des Bundesgerichtshofes tut, genügt bezüglich der Hausordnung nicht der Hinweis, daß sie auch bei privaten Krankenhäusern bestehe. Vielmehr ist zu prüfen, welche Natur sie hat. Liegt nämlich eine Anstaltsordnung vor, ist eine bürgerlich-rechtliche Beziehung zu den Patienten, die ihr unterworfen sind, nicht gegeben. Die Frage nach der Natur der Hausordnung und die Frage nach der Art der Beziehung zu den Kranken sind insoweit voneinander abhängig.

Umgekehrt liegt die Sache bei privaten Krankenhäusern. Hier bildet ein Krankenaufnahmevertrag die Regel. Er kommt auch dann zustande, wenn die Aufnahme auf eine Einweisung der öffentlichen Verwaltung zurückgeht. Freilich muß sog. schlichte Hoheitsverwaltung gegeben, die Einweisung also etwa von der Allgemeinen Ortskrankenkasse oder dem Wohlfahrtsamt ausgesprochen sein. Liegt obrigkeitliche Verwaltung vor wie bei Gefangenen, die ärztlicher Behandlung bedürftig sind, ist das fragliche Rechtsverhältnis nicht denkbar. Vielmehr ist die den Gefangenenstatus beherrschende Beziehung maßgebend.

Soweit die Aufnahme auf eine Einweisung etwa der Allgemeinen Ortskrankenkasse zurückgeht, ist der Hinweis erforderlich, daß der Krankenaufnahmevertrag nicht mit dem Versicherungsträger, sondern mit dem Patienten zustande kommt [13]). Wesentlich ist nämlich gerade die Tatsache, daß das Aufsuchen der Klinik von dem Versicherungsträger nicht erzwungen werden kann, daß es also letztlich von dem Patienten abhängig ist. Ein Vertrag zugunsten Dritter scheidet demnach aus. Er kommt — wie bereits gesagt [14]) — auch sonst kaum in Betracht. Zwar geschieht es häufig, daß die Aufnahme des Kranken durch die Angehörigen erledigt wird; letztere sind dann aber meist Vertreter — gelegentlich vielleicht auch Bote — des Kranken oder es liegt Geschäftsführung ohne Auftrag i. S. der §§ 677 ff. BGB vor.

Kommt, wie bei privaten Krankenhäusern in der Regel, ein Aufnahmevertrag zustande, erlischt er mit dem Tode des Patienten, der

---

[12]) Wolff, a. a. O. S. 553.

[13]) Ebenso Wolff, a. a. O. S. 555. Vgl. auch Philipsborn, Kranker und Krankenhaus im Recht, 1930, S. 38. A. A. BGHZ 1, 383 ff.; Liertz-Paffrath, a. a. O. S. 350; RGRK (BGB) a. a. O. und offenbar auch Opitz, Rechte und Pflichten der Ärzte und Zahnärzte, 1926, S. 50.

[14]) Vgl. oben S. 119.

in der Klinik etwa eintritt, nicht. Jedoch greift teilweise eine Umwandlung Platz: An die Stelle der Verpflichtung der Klinik, für Unterbringung, Verpflegung und Behandlung des Patienten zu sorgen, tritt die Verpflichtung, die vorläufige Obhut über die Leiche zu übernehmen. Sie ergibt sich unmittelbar aus dem Wesen der Beziehung, welche ursprünglich bestand. Daß sie, als letztere begründet wurde, von dem Patienten bzw. den Angehörigen, wenn diese die Aufnahme als Vertreter erledigt haben, nicht bedacht war, steht nicht entgegen; denn es liegt, wie gesagt, eine Umwandlung vor. Zweifelhaft sein könnte lediglich, wer die jetzt geschuldete Leistung verlangen kann.

Damit der Anspruch bei den Erben wäre, müßte § 1922 BGB [15]) Anwendung finden. Dies ist jedoch nicht der Fall; denn der Anspruch ist beim Tode des Patienten nicht vorhanden. Auch fehlt ihm die vermögensrechtliche Natur, die nach § 1922 BGB für den Eintritt der Erbfolge Voraussetzung ist. Den Gegenstand der Beziehung, welche erörtert wird, bildet nämlich der Leichnam. Er ist kein Wirtschaftsgut; er hat nicht die Aufgabe, äußere Bedürfnisse zu befriedigen. Dies ist sehr wesentlich. Es beschränkt nämlich nicht nur die unmittelbare Herrschaft, welche das Totensorgerecht der Hinterbliebenen, das ein absolutes Recht darstellt, als solches erzeugt, sondern wirkt auch auf die mittelbare Macht, welche der schuldrechtliche Anspruch gegen die Klinik gibt. Auch die Beziehung, der er entspringt, ist keine vermögensrechtliche. Ihr Zweck geht dahin, den Leichenfrieden zu sichern. Indirekt dient die Beziehung also dem Schutz der Pietät [16]). Letztere verkörpert jedoch vornehmlich ein Interesse der Hinterbliebenen. Daher und weil der erörterte Anspruch sonst zu dem Totensorgerecht in Widerspruch stände, ist davon auszugehen, daß er den Hinterbliebenen gebührt.

Die weitere Frage ist, ob der Aufnahmevertrag, wie er bei privaten Krankenhäusern in der Regel vorliegt, bei Durchführung klinischer Sektionen eine Störung erfahren kann. In Betracht kommt eine Handlung, die, ohne daß sie die Unmöglichkeit der Leistung herbeiführte oder als Verzug anzusehen wäre, dem Zweck der Beziehung abträglich ist.

Eine derartige Störung, die als positive Vertragsverletzung bezeichnet wird, könnte zunächst in dem Ablauf der Beziehung, wie sie zu Lebzeiten des Patienten besteht, eintreten. Sie wäre denkbar, wenn die Klinik das Persönlichkeitsrecht, kraft dessen der Mensch darüber befinden kann, ob sein Leichnam der Obduktion unterzogen und hierbei das eine oder andere Organ zurückbehalten werden

---

[15]) Vgl. dazu oben S. 55 f.

[16]) Über den Leichenfrieden als Bestandteil der Pietät vgl. oben S. 25 u. 90 f.

darf, nicht berücksichtigt [17]). Solches Verhalten berührt jedoch keine durch den Aufnahmevertrag hergestellte Pflicht, wie es, damit das Verhalten dem Zweck der Beziehung abträglich ist, erforderlich wäre. Dies gilt auch bezüglich der Pflicht, aktiv das Interesse des Kranken zu wahren [18]). Auch sie wird durch den Aufnahmevertrag begründet. Jedoch geht sie nur so weit, wie das Interesse mit dem Zweck der Beziehung im Zusammenhang steht, d. h. der Klinik anvertraut ist [19]). Die Pflicht könnte daher nur dann nicht erfüllt sein, wenn das besagte Verhalten das Leiden des Kranken verschlimmert hätte. Diese Lage ist jedoch nicht denkbar. Die Klinik wird sie dadurch verhindern, daß sie, wenn innere Unruhe des Patienten es erfordert, das Unterbleiben der Obduktion zusichert. Besondere Umstände vorausgesetzt, könnte es freilich sein, daß sie sich nach dem Tode des Patienten an ihr Wort nicht gebunden fühlt. Dies wäre aber — wenn überhaupt — nur dann bedeutsam, wenn die Klinik im Rahmen der Beziehung eine neue Pflicht eingegangen wäre. Hiermit ist aber nicht zu rechnen.

In Betracht kommt ferner eine Störung der Beziehung, wie sie nach dem Tode des Patienten vorliegt. Sie könnte eintreten, wenn die Hinterbliebenen die Leichenöffnung nicht gestattet haben und auch das — zu Lebzeiten erteilte — Einverständnis des Verstorbenen fehlt. Auch hier wird aber keine durch das Schuldverhältnis hergestellte Pflicht berührt. Namentlich die Pflicht, aktiv das Interesse der Hinterbliebenen zu wahren, erleidet keine Beeinträchtigung. Sie könnte nur dann nicht erfüllt sein, wenn das Interesse, das in dem Totensorgerecht geschützt ist, der Klinik anvertraut wäre. Dies ist aber, wie schon angedeutet, nur soweit der Fall, wie der Klinik die Pflicht erwächst, die vorläufige Obhut über die Leiche zu übernehmen, eine Pflicht, welche durch das besagte Verhalten keine Beeinträchtigung erfährt. Eine Beeinträchtigung ist auch nicht denkbar, wenn ohne das — zu Lebzeiten erteilte — Einverständnis des Verstorbenen bzw. ohne das Einverständnis der Hinterbliebenen Organe zurückbehalten werden; denn auch hier bleibt die Obhut gegeben. Eine positive Vertragsverletzung liegt also nicht vor.

---

[17]) Vgl. dazu oben S. 114 ff.

[18]) Über die Pflicht zur aktiven Interessenwahrung im Rahmen einer Vertragsbeziehung vgl. bes. Esser, a. a.. O. S. 155 ff.

[19]) Vgl. Esser, a. a. O. S. 155. Das fragliche Erfordernis wird übergangen von OLG Breslau in HRR, 17. Jahrg. 1941, Nr. 478 und Bode in Zentralbl. f. Allg. Path. u. Path. Anatomie, Bd. 86 (1950), S. 371.

FÜNFTER TEIL

Ausschluß der Rechtswidrigkeit klinischer Sektionen durch Rechtfertigungsgründe.

I.

Sehr naheliegend wäre ein Berufsrecht [1]). Es könnte sich daraus ergeben, daß der Staat die Institution des ärztlichen Berufes schützt und begünstigt. Auch das Fach der pathologischen Anatomie genießt seine Protektion [2]). Sie äußert sich u. a. darin, daß der Staat Universitätskliniken und Krankenhäusern eingerichtete Institute zur Verfügung stellt. Ihre Leiter sind vielfach Hochschullehrer, zu deren Pflichten es gehört, Sektionskurse abzuhalten. Derartige Kurse sind als obligatorische Übungen in die Lehrpläne der Fakultäten eingestellt. Das Fach der pathologischen Anatomie ist nämlich Gegenstand der ärztlichen Prüfung [3]). Sollte all dies nicht ein Beweis dafür sein, daß die Durchführung klinischer Sektionen, gleichgültig, ob das zu Lebzeiten erteilte Einverständnis des Verstorbenen bzw. das Einverständnis der Hinterbliebenen gegeben ist oder nicht, gestattet ist?

Nein! Die Tatsache, daß der Staat die Institution des ärztlichen Berufes anerkennt und unterstützt, hat nur Bedeutung für die Ausübung des Berufes überhaupt [4]). Die Einzelbeziehung zwischen Arzt und Patient bleibt unberührt. Insbesondere wird kein Recht vermittelt, kraft dessen der Arzt eine Behandlung erzwingen könnte [5]). Es wäre auch nicht zu erklären, wieso gerade der im Einzelfall tätige Arzt eine derartige Gewalt hätte [6]). Aus der sog. Approbation

---

[1]) Ein ärztliches Berufsrecht als Rechtfertigungsgrund wird mehrfach insbesondere bei Heileingriffen am lebenden Menschen angenommen. Vgl. dazu die Übersicht bei Frank, StGB, Komm., 18. Aufl. (1931), Vorbem. II, 3 vor § 223; v. Liszt-Schmidt, 25. Aufl. (1927), S. 214 und Schönke-Schröder, 7. Aufl. (1954), Vorbem. III, 9 vor § 51 u. § 223 Bem. V, 2, die auch Hinweise auf das ausländische Schrifttum geben. Vgl. ferner RGSt 61, 252; Esser, Lehrb. d. Schuldrechts, 1949, S. 468 und Lehmann, Allg. T. d. BGB, 8. Aufl. (1954), S. 322, die ein ärztliches Berufsrecht sämtlich ablehnen. Über ein ärztliches Berufsrecht als Rechtfertigungsgrund bei Vornahme klinischer Sektionen insbesondere vgl. Berger, Das Recht des Arztes zur Leichenobduktion, Hall. jur. Diss. 1932, S. 31 f. und Bohne in Festg. f. Rich. Schmidt, Bd. 1 (1932), S. 161.

[2]) Vgl. oben S. 69 f. u. Fußn. 49 auf S. 70.

[3]) Dies ergibt sich aus § 4 Abs. 1 Ziff. 1 der Bestallungsordnung für Ärzte v. 15. Sept. 1953 (BGBl. I 1953, S. 1334 ff.).

[4]) Vgl. RGSt 25, 375; Bohne, a. a. O. S. 161; Gebauer, Zur Frage der Zulässigkeit ärztlicher Experimente, 1949, S. 18 und Frank a. a. O.

[5]) So bes. RGSt 25, 380. Vgl. auch Gebauer a. a. O.

[6]) RGSt 25, 380; die Entscheidung hat insoweit auch heute noch Gültigkeit.

ergibt sie sich jedenfalls nicht; denn § 2 Abs. 1 der Reichsärzteordnung vom 13. Dezember 1935 [7]), der die Kurierfreiheit beseitigt hat [8]), knüpft an die Approbation lediglich das Recht „zur Ausübung der Heilkunde unter der Bezeichnung Arzt", gestattet also auch nur die Ausübung des Berufes überhaupt. Damit ist nicht einmal gesagt, daß sie in eigener Praxis erfolgen dürfte. Dieses Recht ist an weitere Erfordernisse gebunden. Sie ergeben sich für das Land Nordrhein-Westfalen aus § 1 des Gesetzes zur Regelung der Niederlassung von Ärzten, Zahnärzten und Dentisten (Niederlassungsgesetz) vom 17. März 1949 [9]).

Aber auch die Ausübung des ärztlichen Berufes in eigener Praxis erzeugt kein Recht, eine Behandlung zu erzwingen. Insbesondere ein „Recht am eingerichteten und ausgeübten Gewerbebetrieb" [10]) kommt nicht in Betracht; denn § 1 Abs. 2 der Reichsärzteordnung schließt eine Betrachtung des ärztlichen Berufes als Gewerbe ausdrücklich aus. Er entspricht damit der Tatsache, daß der Arzt seine Tätigkeit vornehmlich auf das Vertrauen zurückführt, das er sich im Laufe der Zeit erwirbt [11]).

Daß der im Fach der pathologischen Anatomie arbeitende Arzt genannte Grundsätze gegen sich gelten lassen muß, ist selbstverständlich. Auch er hat also kein Berufsrecht, das ihm erlaubte, seine Tätigkeit im Einzelfall zu erzwingen [12]).

II.

Ein Rechtfertigungsgrund könnte sich aber unter dem Gesichtspunkt der Geschäftsführung ohne Auftrag ergeben [13]). § 677 BGB,

---

[7]) RGBl. I 1935, S. 1433 ff. Die Vorschrift lautet:
„Zur Ausübung des ärztlichen Berufes ist im Deutschen Reich nur befugt, wer von der zuständigen deutschen Behörde als Arzt bestallt ist. Die Bestallung berechtigt zur Ausübung der Heilkunde unter der Bezeichnung als Arzt."

[8]) Die sog. Kurierfreiheit bestand früher auf Grund § 29 GewO. Soweit diese Vorschrift den Beruf des Arztes i. S. der Reichsärzteordnung v. 13. Dez. 1935 betraf, ist sie durch § 85 der Reichsärzteordnung auch ausdrücklich außer Kraft gesetzt. Zu der Kurierfreiheit vgl. im übrigen auch RGSt 25, 380 und Frank a. a. O.

[9]) GVBl. NW. 1949, S. 83 f. Vgl. auch § 1 der Durchführungsverordnung v. 11. Nov. 1949 (GVBl. NW. 1949, S. 293).

[10]) Gegen die Anwendung dieses von der Rechtsprechung zu § 823 Abs. 1 BGB — sonstiges Recht — entwickelten Begriffes auf die Tätigkeit des Arztes bes. RGZ 153, 285 u. 155, 239.

[11]) RGZ 153, 285, wo die Tätigkeit des Arztes insoweit zutr. mit dem Beruf des Rechtsanwaltes verglichen wird.

[12]) Ebenso Berger a. a. O.; Bode in Zentralbl. f. Allg. Path. u. Path. Anatomie, Bd. 86 (1950), S. 374; Bohne a. a. O. und Ebermayer in Dtsch. Med. Wschr., 56. Jahrg. 1930, S. 1535. A. A. für den Fall der anatomischen Zergliederung einer Leiche Crusen, Der strafrechtl. Schutz des Rechtsgutes der Pietät, 1890, S. 37.

[13]) Daß Geschäftsführung ohne Auftrag ein Rechtfertigungsgrund sein

der sie beschreibt, setzt die Besorgung eines fremden Geschäfts voraus und zwar entweder eines objektiv fremden oder eines Geschäfts, das für ein solches gehalten wird, in Wahrheit jedoch neutral ist[14]). Derjenige, der die Besorgung vornimmt, muß das Bewußtsein haben, für einen anderen zu handeln[15]). Sein hierauf gerichteter Wille muß äußerlich erkennbar sein[16]).

Ein fremdes Geschäft ist bei Vornahme klinischer Sektionen gegeben; denn die fragliche Maßnahme gehört zum Sorgekreis der Hinterbliebenen, welche ein absolutes Recht haben, über sie zu befinden. Daß sie nicht auch zur Durchführung der Obduktion berufen sind[17]), spielt keine Rolle. Die Obduzenten haben insoweit die gleiche Stellung wie der Arzt, der eine unfallverletzte, bewußtlose Person operiert[18]). Sie haben aber nicht wie der letztere das Bewußtsein, für einen anderen zu handeln; denn die Obduzenten, welche eine Leichenöffnung vornehmen, ohne daß die Hinterbliebenen sie erlaubt haben oder das Einverständnis des Verstorbenen gegeben ist, erkennen ein Totensorgerecht entweder nicht an oder sind der Meinung, daß die Notwendigkeit der Maßnahme sie befugt mache, sich über solches Recht hinwegzusetzen[19]). Daneben besteht vielfach die Überzeugung, daß Aberglaube oder Gehässigkeit das Motiv sei, aus dem heraus die Patienten bzw. ihre Hinterbliebenen der Durchführung einer Obduktion widersprächen. Auch hier fehlt den Obduzenten, die dieses Motiv für unbeachtlich erklären, das Bewußtsein, für einen anderen zu handeln; denn die Leichenöffnung wird ausschließlich eigenem Interesse zugeordnet[20]).

Geschäftsführung ohne Auftrag ist im übrigen auch nur dann ein Rechtfertigungsgrund, wenn sie dem wirklichen oder mutmaßlichen

---

kann, ist heute weitgehend anerkannt. Vgl. dazu Erman-Hauss, Handkomm. z. BGB, 1952, Vorbem. 5a vor § 677 und Palandt-Gramm, BGB, Kurzkomm., 14. Aufl. (1955), § 677 Bem. 4g, beide mit weiteren Angaben.

[14]) Erman-Hauss, a. a. O. Vorbem. 2c vor § 677; Palandt-Gramm, a. a. O. § 677 Bem. 2b und RGRK (BGB), 10. Aufl. (1953), § 677 Bem. 2.

[15]) Erman-Hauss a. a. O.; Palandt-Gramm a. a. O. und RGRK (BGB) a. a. O.

[16]) RGRK (BGB) a. a. O. mit Hinweis auf RG in JW 1937, S. 1628. Vgl. auch Erman-Hauss a. a. O.

[17]) Wollten die Hinterbliebenen — daß sie nicht Ärzte sind, vorausgesetzt — die Leichenöffnung selbst vornehmen, bestände gem. § 14 PVG, der inhaltlich ein Bestandteil des Verwaltungsrechts aller deutschen Länder ist, für die Polizei die Pflicht zum Eingreifen; denn die öffentliche Ordnung wäre bedroht. Vgl. dazu oben Fußn. 161 auf S. 86 und 171 auf S. 88; Bohne, a. a. O. S. 144 f. mit weiteren Angaben und Jellinek, Verwaltungsrecht, 3. Aufl. (1948), S. 136.

[18]) Vgl. dazu Palandt-Gramm, a. a. O. § 677 Bem. 2a u. 4g und RGRK (BGB) a. a. O., beide mit weiteren Angaben.

[19]) Vgl. oben S. 21 ff. u. 77 f.

[20]) Dies übersieht Berger, a. a. O. S. 34, der Geschäftsführung ohne Auftrag als Rechtfertigungsgrund bei Vornahme klinischer Sektionen für möglich hält.

Willen dessen, für den sie erfolgt, entspricht [21]). Der Durchführung einer Obduktion stände der fragliche Rechtfertigungsgrund also nur zur Seite, wenn die Maßnahme mit dem wirklichen oder mutmaßlichen Willen der Hinterbliebenen übereinstimmte [22]). Daß deren Recht nicht beschränkt ist, wird hierbei unterstellt. Die Annahme, daß die Durchführung einer Obduktion sich mit dem wirklichen oder mutmaßlichen Willen der Hinterbliebenen decke, erforderte jedoch eine sichere Stütze [23]). Der Umstand, daß die Leichenöffnung objektiv für die Anerkennung von Versicherungs- oder Versorgungsansprüchen oder für gesundheitliche Überlegungen im Familienkreise wichtig ist, genügte nicht; denn ein Großteil der Bevölkerung stellt dies hinter seine ablehnende Haltung zurück [24]).

Wie das Vorstehende hat auch § 679 BGB hier nur theoretische Bedeutung. Er legt nämlich ebenfalls die Besorgung eines fremden Geschäfts und das Bewußtsein zugrunde, für einen anderen zu handeln. Nur die Notwendigkeit der Kongruenz der Besorgung mit dem wirklichen oder mutmaßlichen Willen des Geschäftsherrn gibt er auf und zwar für den Fall, daß ohne die Besorgung eine Pflicht des Geschäftsherrn, deren Erfüllung im öffentlichen Interesse liegt, keine oder keine rechtzeitige Erfüllung finden würde. Ob dies bei Vornahme klinischer Sektionen — mangelnde Kongruenz mit dem Willen der Hinterbliebenen unterstellt — in Betracht käme, ist jedoch sehr zweifelhaft [25]).

III.

Zu erwägen ist ferner ein Notstand i. S. der §§ 228 oder 904 BGB; denn die Vornahme klinischer Sektionen ist — wie mehrfach gesagt [26]) — für die medizinische Wissenschaft lebenswichtig: Sie ist das Fundament ihrer Forschung, der sie bei der Entwicklung neuer diagnostischer und therapeutischer Methoden hilft; der Arzt am

---

[21]) Das gleiche gilt bei nachträglicher Genehmigung durch den Geschäftsherrn — § 684 Satz 2 BGB — sowie im Falle des § 679 BGB. Vgl. Erman-Hauss, a. a. O. Vorbem. 5a vor § 677 und Palandt-Gramm, a. a. O. § 677 Bem. 4g.

[22]) Daß die Unmöglichkeit, den wirklichen Willen der Hinterbliebenen zu ermitteln, vorausgesetzt würde, wie Berger a. a. O. meint, trifft im Hinblick auf den Wortlaut der §§ 677 u. 678 BGB nicht zu. Auch dem „Rechtsgedanken des § 681 BGB" ist es nicht zu entnehmen. Vgl. Palandt-Gramm, a. a. O. § 677 Bem. 4c u. d.

[23]) Dies betont auch Berger a. a. O., der als Beispiel Äußerungen der Hinterbliebenen nennt.

[24]) Vgl. oben S. 20 f., 77 u. 87.

[25]) Freilich wäre es nicht deshalb zu verneinen, weil eine die Vornahme klinischer Sektionen betreffende Pflicht der Hinterbliebenen, deren Erfüllung im öffentlichen Interesse liegt, nirgendwo eine gesetzliche Regelung erfahren hat. Vgl. jedoch Berger a. a. O.

[26]) Vgl. oben S. 26 f. u. 77.

Krankenbett wird durch sie in die Lage versetzt, seine Behandlung zu überprüfen und Schlüsse für die Zukunft zu ziehen. Eine weitere bedeutsame Aufgabe hat die Vornahme klinischer Sektionen im Rahmen des Unterrichts und für die Feststellung infektionöser und seuchenhafter Erkrankungen; auch die Kenntnis gewerblicher Krankheiten geht vielfach auf sie zurück. Daß der Staat die Vornahme klinischer Sektionen für seine Gesundheitspolitik auswertet, ist nach alledem selbstverständlich. Freilich hat grundsätzlich nur die generelle Vornahme klinischer Sektionen eine derartige Bedeutung. Die einzelne Leichenöffnung bekommt ihren Wert in der Regel erst durch eine Gesamtbetrachtung, also mittelbar [27]). Dies schließt jedoch nicht aus, daß, wenn die Hinterbliebenen sie nicht gestattet haben und auch das Einverständnis des Verstorbenen fehlt, ein Notstand vorliegt; denn die Leichenöffnung förderte auf der einen Seite — wenn auch mittelbar — die medizinische Wissenschaft und die praktische Heilkunde und verwirklichte auf der anderen den Tatbestand namentlich des § 823 Abs. 1 BGB — sonstiges Recht. —

Die §§ 228 und 904 BGB, welche den Notstand regeln, verstehen unter ihm die gegen eine fremde Sache gerichtete Maßnahme, welche erforderlich ist, um eine drohende Gefahr abzuwenden [28]). Sie verlangen also zunächst eine Zwangslage. Letztere ist bei Durchführung einer Obduktion, die nicht das — zu Lebzeiten erteilte — Einverständnis des Verstorbenen bzw. das Einverständnis der Hinterbliebenen gefunden hat, gegeben [29]). Das Gut, dem die Gefahr droht, ist die Vervollkommnung der ärztlichen Kunst; es ist jene die medizinische Wissenschaft und die praktische Heilkunde begleitende Entwicklung, deren Konstanz als schutzwürdiges Interesse bereits erkannt wurde [30]). Aber die §§ 228 und 904 BGB verlangen als Objekt der Maßnahme eine fremde Sache [31]). Ein alsbald zur Bestattung gelangender Leichnam, wie er bei Vornahme klinischer Sektionen gegeben ist, ist demnach nicht tauglich; denn er steht — das wurde ebenfalls schon erkannt [32]) — in niemandes Eigentum; er ist herrenlos und der Aneignung entzogen.

---

[27]) Vgl. oben S. 27 und Fußn. 114 ebd.

[28]) Definition zugleich für beide Bestimmungen im Anschluß an Enneccerus-Nipperdey, Lehrb. d. Bürgerl. Rechts, Allg. T., 14. Aufl. (2. Halbb., 1954), S. 1040 und Lehmann, a. a. O. S. 109. Vgl. auch Palandt-Danckelmann, BGB, Kurzkomm., 14. Aufl. (1955), § 228 Bem. 1.

[29]) Vgl. oben S. 26 f. Vgl. ferner Bohne, a. a. O. S. 125 f. u. 162 ff.; Eberh. Schmidt in Der Krankenhausarzt, 25. Jahrg. 1952, S. 213 f. und Vendel, Der übergesetzliche Notstand als Rechtsfertigungsgrund im Bürgerlichen Recht, Kölner jur. Diss. 1953, S. 88 f.

[30]) Vgl. oben S. 26 f.

[31]) § 228 BGB sagt dies wörtlich; bei § 904 BGB ergibt es sich aus der Gegenüberstellung von „Eigentümer einer Sache" und „Einwirkung eines anderen auf die Sache".

[32]) Vgl. die ausführliche Darstellung oben S. 48 ff.

§ 228 BGB begreift zudem die gegen die Sache getroffene Maßnahme als Beschädigung oder Zerstörung. Es ist aber sehr fraglich, ob die Durchführung einer Obduktion eine Beschädigung — eine Zerstörung ist sie sicher nicht — darstellt [33]. Unter den Begriff der Beschädigung fällt nämlich nur diejenige Handlung, welche die Tauglichkeit der Sache zu dem ihrer Zweckbestimmung entsprechenden Gebrauch erheblich vermindert [34]. Eine bloße Herabsetzung der Ansehnlichkeit, die bei Durchführung einer Obduktion aber auch weitgehend vermieden wird, genügt also nicht [35].

§ 228 BGB kommt ferner deshalb nicht in Betracht, weil er als Ursache der Gefahr, die abzuwenden die Beschädigung oder Zerstörung verübt wird, gerade die Sache bezeichnet, welche sie betrifft. Hier müßte die Gefahr demnach von dem Leichnam ausgehen. Dies ist aber nicht der Fall; was den Fortschritt der Medizin bedroht, ist der Wegfall der Erkenntnismöglichkeit, den das Unterbleiben einer Obduktion mit sich bringt.

IV.

Für § 904 BGB wird keine Beschädigung oder Zerstörung der Sache zugrunde gelegt; das Gesetz spricht lediglich von Einwirkung. Die Ursache der Gefahr ist ebenfalls gleichgültig. Die Einwirkung darf also auch gegen eine unbeteiligte Sache gerichtet sein. Jedoch besteht die Notwendigkeit, daß die Gefahr gegenwärtig ist. Ist dies der Fall und ist der durch die Gefahr drohende Schaden unverhältnismäßig größer als der aus der Einwirkung entstehende, hat, sagt das Gesetz, der Eigentümer der Sache nicht die Befugnis, die Einwirkung zu verhindern.

Die § 228 BGB überschreitende Fassung des § 904 BGB macht es denkbar, daß letztere Bestimmung vorliegend ausdehnende Anwendung finden kann. Weil die Gefahr, welche durch das Unterbleiben einer Obduktion droht, gegenwärtig und die fragliche Maßnahme ohne Zweifel auch eine Einwirkung ist, wäre hierfür lediglich zu prüfen, ob § 904 BGB der Erstreckung auf den Leichnam fähig ist, auf eine Sache also, die zwar in niemandes Eigentum steht, die aber dem Totensorgerecht der Hinterbliebenen unterliegt.

---

[33]) Die Vornahme klinischer Sektionen erfolgt unter größtmöglicher Schonung der Leichen und vermeidet eine Entstellung fast ganz. Vgl. dazu oben S. 3 ff. Vgl. ferner Striemer in Die Med. Welt, 3. Jahrg. 1929, S. 1374 sowie auch Hauptmann in Psychiatr.-Neurol. Wschr., 32. Jahrg. 1930, S. 422.

[34]) Vgl. Schönke-Schröder, 7. Aufl. (1954), § 303 Bem. IV, 1 mit weiteren Angaben. Erman-Groepper, Handkomm. z. BGB, 1952, § 228 Bem. 3 halten demgegenüber auch eine „weniger schädigende Maßnahme" für ausreichend.

[35]) Schönke-Schröder a. a. O. mit weiteren Angaben.

Zustimmung gefunden [36]) hat die Anwendung des § 904 BGB, der sich dem Wortlaut nach nur gegen den Eigentümer einer Sache richtet, auf schwächer dinglich Berechtigte sowie auf den Besitzer. Dies ist folgerecht, weil die Bestimmung eine das Eigentum unmittelbar ergreifende Beschränkung darstellt und infolgedessen auch gegen Pfandgläubiger, Nießbraucher usw. sowie gegen den Besitzer unmittelbar wirksam ist [37]). Zudem ergibt die Entstehungsgeschichte [38]), daß eine ausdrückliche Regelung nur deshalb unterblieb, weil sie für überflüssig erachtet wurde.

Ist, um eine Gefahr abzuwenden, die Verletzung einer Verpflichtung notwendig, erscheint die Anwendung des § 904 BGB ebenfalls vertretbar [39]). Dies gilt zumindest, wenn die Verpflichtung direkte Beziehung zu einer Sache hat wie z. B. bei Miete und Verwahrung [40]). Hat nämlich der Eigentümer nicht die Befugnis, eine Einwirkung auf die Sache zu verhindern, ist erst recht die bloße Gefährdung hinzunehmen, welche die Verletzung der Verpflichtung mit sich bringt [41]).

Die hier fragliche Analogie ist schwerer zu beurteilen. Wie jede Erstreckung einer Vorschrift auf Gegebenheiten, die von ihr dem Wortsinn nach nicht mitumfaßt werden, erfordert sie eine Untersuchung nach Interessenlage und Gesetzeszweck [42]). Ergibt sich, daß die Interessenlage der Gegebenheiten, für welche die Entscheidung getroffen werden soll, „mit dem Tatbestand der Vorschrift die Stücke

---

[36]) Vgl. RGZ 156, 190; Kühlewein in Leipz. Zschr., 27. Jahrg. 1933, Sp. 622; Lehmann, a. a. O. S. 111; Palandt-Hoche, BGB, Kurzkomm., 14. Aufl. (1955), § 904 Bem. 1b; RGRK (BGB), 10. Aufl. (1954), § 904 Bem. 1 und Vendel, a. a. O. S. 76. Vgl. ferner Enneccerus-Nipperdey, a. a. O. Fußn. 4 auf S. 1040. Die allgemeine Anwendung des § 904 BGB dergestalt, daß unter den für den Eingriff in das Eigentum genannten Voraussetzungen die Einwirkung auf jede Art Recht gerechtfertigt sei, lehnt die herrsch. Lehre jedoch ab; vgl. dazu bes. RGRK (BGB), a. a. O. § 904 Bem. 2; v. Staudinger-Kober, Komm. z. BGB, 10. Aufl. (1935), § 904 Bem. 1 und Warneyer, BGB, Komm., 11. Aufl. (1950), § 904 Bem. I. Umstritten ist die Einwirkung auf sog. Immaterialgüterrechte. Näher hierzu Kühlewein, a. a. O. Sp. 622 f. und Vendel, a. a. O. S. 78 f. mit weiteren Angaben. Vgl. schließlich noch Ballerstedt in JZ 1951, S. 228 und Enneccerus-Nipperdey a. a. O.

[37]) Vendel, a. a. O. S. 76.

[38]) Vgl. die Protokolle der II. Kommission, mitgeteilt bei Mugdan, Die ges. Materialien z. Bürgerl. Gesetzbuch f. d. Dtsch. Reich, Bd. 1 (1899), S. 804.

[39]) Vgl. Enneccerus-Nipperdey a. a. O. und Kühlewein, a. a. O. Sp. 625 ff., der aber nur den Rechtsgedanken des § 904 BGB, also offenbar die Kollisionstheorie, für anwendbar hält, es sei denn, daß die fragliche Verpflichtung direkte Beziehung zu einer Sache hat. Vgl. ferner Ballerstedt a. a. O.; Biermann, Das Sachenrecht des BGB, Komm., 1898, § 904 Bem. 2 und Vendel, a. a. O. S. 77 f.

[40]) RGZ 156, 190; Kühlewein, a. a. O. Sp. 626 und Vendel a. a. O.

[41]) Kühlewein a. a. O. und Vendel, a. a. O. S. 77.

[42]) Lehmann, a. a. O. S. 57. Vgl. auch Enneccerus-Nipperdey, Lehrb. d. Bürgerl. Rechts, 14. Aufl. (1. Halbb., 1952), S. 207 ff.

gemeinsam hat, die für die Anknüpfung der Wirkung wesentlich sind" [43]), ist die Analogie zulässig.

Die §§ 228 und 904 BGB sind Ausdruck der sog. Kollisionstheorie [44]). Hiernach ist der Eingriff in ein fremdes Rechtsgut zulässig, wenn er zur Beseitigung einer Gefahr notwendig und das Rechtsgut, dem die Gefahr droht, höherwertig ist [45]). § 904 BGB, der ganz auf die Folge abstellt, fordert einengend, daß der durch die Gefahr drohende Schaden unverhältnismäßig größer sei als der aus dem Eingriff erwachsende. Auch für ihn ist jedoch charakteristisch, daß sich zwei Werte gegenüberstehen, von denen bei Gefahr der eine geopfert werden darf. Der Zweck ist klar: Wenn ein Schaden nicht zu verhindern ist, soll er möglichst gering gehalten werden [46]).

Freilich nennt § 904 BGB als Gut, dem der Eingriff zugefügt werden darf, nur das Eigentum, dem — wie gesagt — beschränkt dingliche Rechte sowie der Besitz gleichzustellen sind. Auch die Erstreckung der Vorschrift auf eine Verpflichtung ist vertretbar, zumindest, wenn direkte Beziehung zu einer Sache besteht. Die Interessenlage, die § 904 BGB zugrunde legt, ist hiermit nicht durchbrochen; denn wie das Eigentum sind auch beschränkt dingliche Rechte sowie der Besitz [47]) reine Vermögensrechte [48]). Sie haben die Aufgabe, äußere Bedürfnisse zu befriedigen. Mit der Person ihrer Träger sind sie relativ lose verbunden. Entsprechendes gilt für eine Verpflichtung der Art, wie sie vorstehend bezeichnet wurde.

Das Totensorgerecht der Hinterbliebenen trägt eine andere Gestalt. Es ist zwar ein absolutes aber — wie erörtert [49]) — kein dingliches Recht. Es stellt überhaupt kein Vermögens-, sondern ein Familienrecht dar, ein uneigennütziges Recht, dessen Innehabung in erster Linie der Erfüllung ethischer Pflichten dient [50]). Daß es mit der Person seiner Träger fest verbunden ist, zeigt die Tatsache, daß es nicht der Abtretung unterliegt [51]).

Der aufgeführte Unterschied ergibt, daß die fragliche Analogie nicht möglich ist. Maßgebend für die in § 904 BGB getroffene Ent-

---

[43]) Lehmann a. a. O.

[44]) Diese Theorie wurde im wesentlichen begründet von R. Merkel, Die Kollision rechtmäßiger Interessen und die Schadensersatzpflicht bei rechtmäßigen Handlungen, 1895, zit. nach Kühlewein, a. a. O. Sp. 621 und Vendel, a. a. O. S. 73 ff. und Fußn. 171 ebd.

[45]) Vgl. Kühlewein a. a. O.

[46]) Vgl. Lehmann, a. a. O. S. 109 und Vendel, a. a. O. S. 74.

[47]) Der Besitz, der hier als Recht betrachtet ist, hat eine Doppelnatur: Er ist tatsächlicher Zustand und Recht. Das letztere ergibt sich aus den §§ 861 u. 862 BGB.

[48]) Lehmann, a. a. O. S. 80.

[49]) Vgl. oben S. 102.

[50]) Enneccerus-Nipperdey, a. a. O. S. 294 f. und Lehmann, a. a. O. S. 81. Vgl. auch oben S. 51.

[51]) Vgl. oben S. 89.

scheidung ist nämlich der Umstand, daß die Werte, in die der Eingriff gestattet wird, der Person ihrer Träger verhältnismäßig lose zugeordnet und verschmerzbar sind [52]). Das letztere gilt sowohl für die Einzelperson als auch für die Allgemeinheit. Es beruht darauf, daß — zumindest in der Regel — Naturalrestitution stattfinden kann, ein Gesichtspunkt, dessen Berücksichtigung sich eindeutig aus §§ 904 Satz 2 und 249 BGB ergibt [53]), der aber für die Werte, die das Totensorgerecht schützt, nicht zutrifft. Wollte man auf den Eingriff in dieses Recht die Voraussetzungen des § 904 BGB anwenden — die Erstreckung des § 904 Satz 2 BGB scheiterte an § 253 BGB —, den Eingriff in Vermögensrechte und den Eingriff in das Totensorgerecht, das — wie erwähnt — ein uneigennütziges Recht darstellt, also gleich beurteilen, bedeutete dies nicht ein Weiter-, sondern ein Umdenken des Gesetzes, eine Maßnahme, welche nicht statthaft ist [54]).

Es erscheint jedoch nicht ratsam, sich hiermit zufrieden zu geben; die weitere Untersuchung des § 904 BGB nach Interessenlage und Gesetzeszweck könnte nämlich sogar ergeben, daß die enge Fassung der Vorschrift absichtlich gewählt wurde, um jene Gegebenheiten, die von ihr nicht getroffen sind, von entsprechender Behandlung auszunehmen [55]). Wäre dies der Fall, hätte der Gesetzgeber genannte Gegebenheiten also „in Kenntnis und Würdigung der Interessenlage aus dem Tatbestand der Norm hinausgewiesen" [56]), käme ein sog. Umkehrschluß in Betracht. Er enthielte hier ebenfalls die Feststellung, daß die fragliche Analogie nicht erlaubt ist.

Die Ansicht, daß die enge Fassung des § 904 BGB eine bewußte Beschränkung bedeute, ist in der Literatur mehrfach zu finden [57]). Sie wird zunächst auf den Zusammenhang der Vorschrift gestützt. Dieses Argument ist jedoch nicht überzeugend [58]). Zwar trifft es zu, daß die §§ 228 und 904 BGB als Ausdruck der Kollisionstheorie eine innere Beziehung zueinander haben. Wenn § 904 BGB gleichwohl in

---

[52]) Insoweit zutr. Kühlewein, a. a. O. Sp. 625. Vgl. auch Vendel, a. a. O. S. 79.

[53]) Daß bei Beschädigung einer Sache nach § 249 Satz 2 BGB statt der Naturalrestitution der für die Herstellung erforderliche Geldbetrag verlangt werden kann, begründet keine Ausnahme. Das gleiche gilt bezüglich der Lockerung, die § 251 BGB enthält.

[54]) Vgl. Enneccerus-Nipperdey, a. a. O. S. 207 ff.; Lehmann, a. a. O. S. 56 f. und Kühlewein, a. a. O. Sp. 626 f.

[55]) Hierzu und zum folgenden vgl. Enneccerus-Nipperdey, a. a. O. S. 211 und Lehmann, a. a. O. S. 58.

[56]) Lehmann a. a. O.

[57]) Hauptvertreter ist Kühlewein, a. a. O. Sp. 621 ff.

[58]) Es läßt sich aber nicht durch die Behauptung widerlegen, der Gesetzgeber habe § 904 BGB deshalb hinter § 903 BGB angeordnet, weil er den Eingriff in das Eigentum für besonders typisch gehalten habe; denn dies ist nicht der Fall. Vgl. zu der Frage Vendel, a. a. O. S. 76.

das Sachenrecht gestellt ist und in der Folge auf § 903 BGB auf eine Einschränkung nur der Eigentümerbefugnis hindeutet, kann dem aber keine größere Bedeutung beigelegt werden als dem Wortsinn der Bestimmung, der ebenfalls nur eine Beschränkung der Eigentümerbefugnis ergibt. Der Wortsinn verweist § 904 BGB an die Stelle, an der er steht [59]). In der Literatur [60]) wird denn auch weiter auf die Protokolle zum Bürgerlichen Gesetzbuch verwiesen. Aus ihnen [61]) ist zu entnehmen, daß die Vorschrift von der II. Kommission bei Beratung des II. Entwurfes in 2. Lesung eingefügt wurde. Voran ging eine Debatte, bei der sich u. a. die Frage ergab, in welche Rechtsgüter der Eingriff gestattet werden könne. Diesbezüglich wurde in der Kommission die Ansicht vertreten, daß „immaterielle Rechtsgüter, Leib, Leben, Gesundheit und Freiheit" auszunehmen seien [62]); denn

> „was in besonderen Fällen von einem gesteigerten Sittlichkeitsgefühl als moralische Pflicht gefordert werden könne, dürfe darum noch nicht vom Gesetz als eine Rechtspflicht hingestellt werden. Das verlange das allgemeine Rechtsbewußtsein nicht, dem es vielmehr entsprechen würde, daß gegen den Angriff eines anderen auf Leib, Leben, Gesundheit und Freiheit unter allen Umständen Notwehr stattfinden müsse ... Hindernis sei auch, daß für die Aufopferung jener Güter kein Aequivalent würde gewährt werden können."

Leib, Leben, Gesundheit und Freiheit ausdrücklich auszunehmen, fand bei der Abstimmung jedoch keine Mehrheit. Wie die Protokolle [63]) einwandfrei ergeben, wurde es von der Kommission für genügend erachtet, daß der durch die Gefahr drohende Schaden unverhältnismäßig größer sein muß als der aus der Einwirkung entstehende. Dies ist sehr aufschlußreich. Es verschafft nämlich die Gewißheit, daß das geschilderte Problem nicht immaterielle Rechtsgüter überhaupt, sondern nur eine Gruppe von ihnen betraf, die Gruppe, die genannt wurde: Leib, Leben, Gesundheit und Freiheit; denn höchstens ihnen gegenüber kommt eine Abwägung — die Ersetzbarkeit, bezüglich derer die Protokolle das Wort „Aequivalent" verwenden, nicht beleuchtet — nicht in Betracht. Die Konsequenz ist klar: Bezog sich das Problem nur auf Leib, Leben, Gesundheit und Freiheit, kann die enge Fassung des § 904 BGB auch nur inso-

---

[59]) Auch hier ist die Entstehungsgeschichte der Vorschrift sehr aufschlußreich. Sie zeigt nämlich, daß § 904 BGB anläßlich der Beratung des § 746 Abs. 2 des II. Entwurfes geschaffen wurde. Vgl. die Protokolle der II. Kommission bei Mugdan a. a. O.

[60]) Vgl. Vendel, a. a. O. S. 75 f.

[61]) Protokolle der II. Kommission, zu finden bei Mugdan, a. a. O. S. 802 ff.

[62]) Vgl. die Protokolle der II. Kommission bei Mugdan, a. a. O. S. 804.

[63]) Bei Mugdan a. a. O. Die Abstimmung erfolgte durch Stichentscheid des Vorsitzenden.

weit als bewußte Beschränkung erachtet werden. Und noch eine andere Erkennntnis ist möglich. Sie betrifft das in der Literatur [64]) letztlich vorgetragene Argument, der Gesetzgeber habe seiner Entscheidung die liberal-individualistische Ansicht zugrunde gelegt, daß die Person, ihre Erscheinungsformen, Bestandsvoraussetzungen und Rechte niemandes Interesse, auch nicht dem Interesse der Allgemeinheit geopfert zu werden brauchten. Dieses Argument, dessen Gewicht für die hier anstehende Untersuchung ohnehin zweifelhaft ist [65]), wird durch die Protokolle ebenfalls widerlegt. Persönlichkeitsrechte sind in ihnen nämlich mit keiner Silbe erwähnt. Dies entspricht der Tatsache, daß sich der Gesetzgeber auch sonst um derartige Rechte verhältnismäßig wenig bemüht hat: Ein allgemeines Persönlichkeitsrecht hat er überhaupt nicht [66]), einzelne Persönlichkeitsrechte hat er nur zögernd anerkannt [67]). Wenn bei der Beratung des § 904 BGB statt dessen daran gedacht wurde, Leib, Leben, Gesundheit und Freiheit von der Regelung auszunehmen, geschah dies lediglich mit Rücksicht auf das allgemeine Rechtsbewußtsein, das genannte Güter als unantastbar bezeichnet. Hierauf wird noch einzugehen sein.

V.

Als Rechtfertigungsgrund kommt schließlich der sog. übergesetzliche Notstand in Betracht. Er hätte seine Grundlage hier ebenfalls darin zu finden, daß die Vornahme klinischer Sektionen für die medizinische Wissenschaft und die praktische Heilkunde lebensnotwendig ist [68]).

Daß der fragliche Rechtfertigungsgrund besteht, ist allgemein anerkannt [69]). Dies gilt freilich nur für das Strafrecht und nur für das

---

[64]) Kühlewein, a. a. O. Sp. 625. Vgl. auch Vendel, a. a. O. S. 78 f.

[65]) Dies bedenkt offenbar auch Kühlewein, a. a. O. Sp. 625; denn er bemüht sich, die liberal-individualistische Ansicht, die der Gesetzgeber angeblich vertreten hat, lediglich als Erklärung für die enge Fassung des § 904 BGB zu bringen. Tatsächlich benutzt er sie aber als Stütze für den von ihm aus der Fassung des § 904 BGB gezogenen Umkehrschluß.

[66]) RGZ 51, 373; 69, 403; 113, 414. Vgl. auch Erman-Böhle-Stamschräder, Handkomm. z. BGB, 1952, Vorbem. 4 vor § 1 und Palandt-Danckelmann, a. a. O. Vorbem. 2 vor § 1.

Neuerdings wird ein allgemeines Persönlichkeitsrecht vielfach aus Art. 1 u. 2 GG entnommen. Vgl. dazu bes. BGHZ 13, 338; Enneccerus-Nipperdey, a. a. O. S. 293 u. 391 ff. und Palandt-Danckelmann a. a. O., sämtlich mit weiteren Angaben.

[67]) Enneccerus-Nipperdey, a. a. O. S. 291 f. und Palandt-Danckelmann a. a. O. Zu der ganzen Frage vgl. auch Coing in SJZ 1947, Sp. 641 ff. und Larenz in NJW 1955, S. 521.

[68]) Vgl. oben S. 26 f., 77 u. 133 f.

[69]) Vgl. bes. RGSt 61, 254; 62, 137; BGHSt 3, 7; BGH in NJW 1951, S. 769 f.; Kohlrausch-Lange, StGB, Komm., 39. u. 40. Aufl. (1950), § 218 Bem. IV; v. Ohlshausen, Komm. z. StGB, 12. Aufl. (1942), Vorbem. 41 vor

Existieren als solches. Der Inhalt ist streitig. Überwiegend wird das Prinzip der Güter- und Pflichtenabwägung zugrunde gelegt und erklärt:

> Nicht rechtswidrig handelt, wer ein geringerwertiges Rechtsgut verletzt oder gefährdet oder eine minderwichtige Pflicht außer acht läßt, wenn dies das einzige Mittel ist, um ein höherwertiges Rechtsgut zu wahren oder eine wichtigere Pflicht zu erfüllen [70]).

Das vorgenannte Prinzip zu leugnen, geht nicht an; denn das Gesetz selbst hat es sich zu eigen gemacht. Es zeigt dies u. a. durch die unterschiedliche Strafandrohung, die offensichtlich auf eine Bewertung der Rechtsgüter und Pflichten zurückgeht [71]). Gleichwohl wird der übergesetzliche Notstand aber nicht selten im Sinne der sog. Zwecktheorie verstanden [72]). Hiernach ist „der Eingriff in ein rechtlich geschütztes Interesse erlaubt, wenn er sich als ein angemessenes Mittel zur Erreichung eines staatlich anerkannten Zwecks darstellt" [73]). Dies ist jedoch abzulehnen [74]). Schon die Weite der Fassung gibt zu Bedenken Anlaß [75]). Darüber hinaus kann nicht zugegeben werden, daß der Zweck die Mittel heiligt [76]). Solches ist auch den §§ 240 Abs. 2 und 253 Abs. 2 StGB nicht zu entnehmen; hier ist die Relation des Zweckes nämlich eine begriffliche Konsequenz. Wenn dabei die Abwägung nach der Wertvorstellung der Allgemeinheit zu erfolgen hat [77]), bestätigt dies das Prinzip der

---

§ 51; Schönke-Schröder, a. a. O. Vorbem. III, 8 vor § 51 und Schwarz, StGB, Komm., 18. Aufl. (1955), Vorbem. 2d vor § 51 und § 54 Bem. 7.

[70]) Formulierung im Anschluß an RGSt 61, 254; Mezger, Strafrecht, Lehrb., 3. Aufl. (1949), S. 239; Schönke-Schröder a. a. O. und Schwarz, a. a. O. Vorbem. 2d vor § 51. Vgl. auch Bohne in Festg. f. Rich. Schmidt, Bd. 1 (1932), S. 162. Über den Pflichtennotstand insbesondere vgl. Schönke-Schröder, a. a. O. Vorbem. III, 8e vor § 51 mit weiteren Angaben.

[71]) Vgl. Schönke-Schröder, a. a. O. Vorbem. III, 8 vor § 51.

[72]) Hauptvertreter dieser Theorie sind v. Liszt-Schmidt, 25. Aufl. (1927), S. 178 u. 200 ff. mit weiteren Angaben. Vgl. neuerdings auch Vendel, a. a. O. S. 25 ff., bes. S. 38. Eine eingehende Übersicht findet sich in Leipz. Komm. (Mezger), 7. Aufl. (1954), Vorbem. III, 10k vor § 51.

[73]) Vgl. RGSt 61, 253; v. Liszt-Schmidt a. a. O. und Vendel, a. a. O. S. 38. Die fragliche Formulierung wird sinngemäß auch zu einem aus § 193 StGB abgeleiteten Rechtfertigungsgrund der Wahrnehmung berechtigter Interessen verwandt. Dabei faßt BGH in JZ 1952, S. 228 § 193 StGB als „Sonderfall der Regelung von Interessenkollisionen ... auf dem Gebiet des Ehrenschutzes" auf. Kritisch hierzu Enneccerus-Nipperdey, Lehrb. d. Bürgerl. Rechts, Allg. T., 14. Aufl. (2. Halbb., 1954), S. 922.

[74]) So bes. RGSt 61, 253 mit weiteren Angaben. Vgl. ferner Leipz. Komm. (Mezger), a. a. O. Vorbem. III, 10k vor § 51 und Mezger, a. a. O. S. 242. Vgl. schließlich Bohne, a. a. O. S. 161.

[75]) RGSt 61, 253.

[76]) Leipz. Komm. (Mezger) a. a. O. und Mezger a. a. O.

[77]) Vgl. Schönke-Schröder, a. a. O. § 253 Bem. IV und Schwarz, a. a. O. § 240 Bem. 1Bb.

Güter- und Pflichtenabwägung, nicht aber die Zwecktheorie. Beide sind im übrigen durch subjektive Elemente angenähert. Der Grundsatz der Güter- und Pflichtenabwägung erfordert nämlich — richtig verstanden —, daß ein Rettungswille gegeben ist [78]). Liegt er vor, ist es gleichgültig, ob derjenige, der den Rechtfertigungsgrund für sich in Anspruch nimmt, die Frage, ob Rechtsgüter oder Pflichten in Widerstreit stehen und der Widerstreit nur durch Eingriff in das eine Gut bzw. Verletzung der einen Pflicht gelöst werden kann, gewissenhaft geprüft hat oder nicht. Dieses Erfordernis, das das Reichsgericht [79]) als „sachliche Voraussetzung" für den Ausschluß der Rechtswidrigkeit bezeichnet hat, kommt höchstens dann in Betracht, wenn der fragliche Widerstreit oder die Notwendigkeit für den Eingriff bzw. die Verletzung objektiv nicht gegeben, aber irrtümlich angenommen worden sind und es sich um die Frage der Schuld handelt [80]).

Größere Bedeutung erlangen könnte der übergesetzliche Notstand vorliegend nur dann, wenn er auch im Zivilrecht gilt; denn die Rechtswidrigkeit klinischer Sektionen wird in der Regel dadurch indiziert, daß der objektive Tatbestand des § 823 Abs. 1 BGB — sonstiges Recht — erfüllt ist. Nach überkommener Lehre [81]) soll der übergesetzliche Notstand im Zivilrecht aber keine Anwendung finden.

Dies ist unrichtig und — ohne daß die Gründe erwogen zu sein brauchten — nur damit zu erklären, daß der fragliche Rechtfertigungsgrund in seinem Wesen verkannt wird [82]). Das Prinzip der Güter- und Pflichtenabwägung, das er sich zu eigen macht, ist in erster Linie Ausdruck der Rechtsidee selbst [83]). Zwar mag es sein, daß letztere, die eine transpositive, in sich ruhende, „selbständig wirkende Kraft" [84]) verkörpert, in keine Beziehung zu bringen und

[78]) BGHSt 2, 114; Schönke-Schröder, a. a. O. Vorbem. 8b vor § 51 und Welzel in JZ 1955, S. 143 mit weiteren Angaben.

[79]) Vgl. bes. RGSt 62, 138; 64, 104 und neuerdings BGH in NJW 1951, S. 770 und 1952, S. 312 f. Ebenso Schönke-Schröder, a. a. O. Vorbem. 8a vor § 51 und Schwarz, a. a. O. Vorbem. 2d vor § 51.

[80]) Welzel, a. a. O. S. 143 f. Gegen das fragliche Erfordernis auch Lange in JZ 1953, S. 9 ff. und Schröder in MDR 1953, S. 72.

[81]) Vgl. bes. Kühlewein, a. a. O. Sp. 627 und Lehmann, Allg. T. d. BGB, 8. Aufl. (1954), S. 112 mit weiteren Angaben.

[82]) Vgl. Vendel, a. a. O. S. 79 f.

[83]) Auf gleicher Grundlage OLG Freiburg in JZ 1951, S. 226 mit Anmerkung von Ballerstedt und Vendel, a. a. O. S. 37 f. Vgl. auch Peterssen-Schmitz in Die Med. Welt, 11. Jahrg. 1937, S. 1791.

Andere auf die Rechtsidee gegründete Institutionen sind die Gleichheit vor dem Gesetz und die Unabhängigkeit der Richter. Vgl. dazu das Urt. d. BVerfGer v. 18. Dez. 1953 in JZ 1954, S. 32 ff. Vgl. schließlich noch Radbruch, Vorschule der Rechtsphilosophie, 1947, S. 8 und dazu v. Hippel in SJZ 1950, Sp. 467 f.

[84]) Schönke, Einf. i. d. Rechtswissenschaft, 2. u. 3. Aufl. (1947), S. 1. Vgl. auch Radbruch, a. a. O. S. 26 ff., der bezüglich der Zwecke des Rechts zu einem Relativismus gelangt.

daher auch nicht zu definieren ist[85]); indem sie aber in ihrem Ursprung, nämlich der Notwendigkeit, den Frieden der Gemeinschaft zu wahren, erkannt werden kann, besteht kein Zweifel, daß sie Rechtsgüter und Pflichten in Ausgleich zu bringen versucht. Dies geschieht dadurch, daß sie zunächst eine Bewertung vorsieht, die jedoch nicht willkürlich, sondern nur auf der Grundlage der Gerechtigkeit erfolgen darf. Als Bestandteil der Rechtsidee hat freilich auch die Gerechtigkeit transpositive, absolute Natur und läßt sich nicht definieren[86]). Immerhin darf behauptet werden, daß sie sittliche und rationale Momente in sich vereinigt[87]). Dementsprechend gibt sie den Maßstab für die Bewertung der Rechtsgüter und Pflichten mittelbar, nämlich dadurch, daß sie — in Übereinstimmung mit dem Ursprung der Rechtsidee — auf die Nützlichkeit für das Gemeinwohl abstellt[88]). Dies heißt jedoch nicht, daß Gerechtigkeit und Macht gleichgesetzt werden müßten; denn erstere hat — wie gesagt — auch eine sittliche Grundlage. Sie ist in der Frage der Nützlichkeit genau so heranzuziehen wie die rationale. Demgemäß hat u. a. eine Besinnung auf den „Zusammenhang der Kultur" [89]) stattzufinden, wie er sich in Lebenshaltung und Bedürfnis, in der Stellung der Wissenschaft sowie in den Einrichtungen und Anschauungen der Gesamtheit darstellt. Auch die sozialen Verhältnisse und Überzeugungen sind erheblich, so daß die Entscheidung ihrem Charakter nach generalisierend ist[90]). Für das letztere besteht eine Notwendigkeit; es kann nämlich geschehen, daß sittliche und rationale Gebote die gesuchte Bewertung zwingend enthalten. Ist dies der Fall, teilt das Ergebnis die absolute Natur der Gerechtigkeit. Ist es nicht der Fall, werden Zweckmäßigkeit und Rechtssicherheit von Bedeutung[91]). Sie sind demnach eine Art sekundäre — nicht relative — Bestandteile der Rechtsidee.

---

[85]) Vgl. Schönke a. a. O.

[86]) So zutr. Schönke a. a. O. Vgl. auch Radbruch, a. a. O. S. 23 ff., dem die Gerechtigkeit eine formale Idee bedeutet, die aber gleichwohl Ge- und Verbote enthält und gewisse Erkenntnisse apriorisch vorbestimmt. Kritisch hierzu v. Hippel, a. a. O. Sp. 648 f.

[87]) Vgl. Enneccerus-Nipperdey, Lehrb. d. Bürgerl. Rechts, Allg. T., 14. Aufl. (1. Halbb., 1952), S. 128 ff.; Radbruch a. a. O. und Schönke a. a. O.

[88]) Vgl. Bohne, a. a. O. S. 126 f. u. 163; Mezger, a. a. O. S. 203 f.; Peterssen-Schmitz a. a. O. und Schönke a. a. O.

[89]) Mezger a. a. O. Vgl. auch Peterssen-Schmitz a. a. O. und Vendel, a. a. O. S. 38.

[90]) Vgl. Vendel a. a. O.

[91]) Grundlegend hierzu Radbruch, a. a. O. S. 26 ff. und Rechtsphilosophie, 3. Aufl. (1932), S. 97, der auch darauf hinweist, daß in der Regel alle drei Momente im Spiele sind. Vgl. auch Enneccerus-Nipperdey a. a. O.; Schönke a. a. O. sowie das mehrfach erwähnte Urt. d. BVerGer v. 18. Dez. 1953 in JZ 1954, S. 32 ff., in dem — a. a. O. S. 34 — unmißverständlich gesagt ist, daß „in äußersten Fällen die Möglichkeit gegeben sein muß, den Grundsatz der materialen Gerechtigkeit höher zu werten als den der Rechts-

Die für den Ausgleich der Rechtgüter und Pflichten weiter erforderliche Abwägung erreicht die Rechtsidee dadurch, daß sie den Schutz verschieden gestalten läßt. Auch dies darf aber nicht willkürlich, sondern nur im Einklang mit der Gerechtigkeit geschehen. Stehen wie hier Rechtsgüter oder Pflichten in Widerstreit und kann der Widerstreit nur durch Eingriff in das eine Gut bzw. Verletzung der einen Pflicht gelöst werden, ist die Entscheidung eindeutig: Sittliche wie rationale Gebote ergeben übereinstimmend, daß das höherwertige Rechtsgut zu wahren bzw. die wichtigere Pflicht zu erfüllen ist. Indem sie es zwingend ergeben, hat das Ergebnis die absolute Natur der Gerechtigkeit; Zweckmäßigkeit und Rechtssicherheit sind an ihm nicht beteiligt.

Vorstehende Untersuchung hat das Prinzip der Güter- und Pflichtenabwägung bekräftigt und es inhaltlich näher skizziert. Darüberhinaus ergibt sie, daß, hätte der Gesetzgeber dieses Prinzip positiviert, seine Tätigkeit nur Rechtserkenntnis [92]) gewesen wäre. Durch die absolute Natur, die ihm gegeben ist, stellt der Grundsatz der Güter- und Pflichtenabwägung nämlich eine vorstaatliche Norm dar, gehört also in jene Kategorie, in die auch die Grundrechte verwiesen werden [93]). Eine derartige Norm kann der Gesetzgeber zwar niederschreiben; er kann sie aber nicht ausschalten oder durchbrechen. Versuchte er dies, entzöge er sich damit den Boden, auf dem er steht; denn zu der Tätigkeit, die der Gesetzgeber ausübt, wird er durch die Rechtsidee legitimiert [94]), durch das gleiche geistige Phänomen also, aus dem der Grundsatz der Güter- und Pflichtenabwägung seine absolute Natur herleitet.

Dies weiter zu behandeln, wäre müßig; denn es gibt Beweise dafür, daß der übergesetzliche Notstand im Zivilrecht vom Gesetzgeber nicht zu leugnen versucht wurde. Wesentlich ist besonders die Bestimmung des § 823 Abs. 2 BGB, welche den Verstoß gegen ein den Schutz eines anderen bezweckendes Gesetz betrifft [95]) [96]). Die Fassung ergibt, daß auch ein solches Gesetz in Betracht kommt, daß dem Strafrecht angehört. Jedoch muß der Verstoß rechtswidrig sein. Ob er dies ist, ist — formell betrachtet — dem Gebiet zu

---

sicherheit, wie er in der Geltung des positiven Gesetzes . . . zum Ausdruck kommt." Vgl. dazu schließlich Nawiasky in JZ 1954, S. 717 ff.

[92]) Dementsprechend ist es auch nicht unbedingt richtig, wenn Vendel, a. a. O. S. 24 f. auf die Feststellung, daß eine Gesetzeslücke gegeben ist, die Ansicht folgen läßt, der übergesetzliche Notstand stelle „Rechtsergänzung" dar. In Wahrheit handelt es sich nämlich nur um eine „Gesetzesergänzung".

[93]) Vgl. oben S. 64 f. und Fußn. 25 ebd.

[94]) Vgl. Radbruch, Rechtsphilosophie, 3. Aufl. (1932), S. 182 f., der die dem Gesetzgeber gegebene Grundlage hier aber irreführend als naturrechtlich bezeichnet.

[95]) Vgl. dazu oben S. 122 f.

[96]) Hierzu und zum folgenden vgl. Vendel, a. a. O. S. 80 ff.

entnehmen, zu dem das Gesetz zählt. Handelt es sich um das Strafrecht, ist dieses maßgebend. Im Strafrecht aber ist der übergesetzliche Notstand anerkannt. Daß der Gesetzgeber den Ausschluß der Rechtswidrigkeit, den er erzeugt, im Zivilrecht, auf das er sich mit § 823 Abs. 2 BGB auswirkt, rückgängig gemacht sehen wollte, erscheint im Hinblick auf die Fassung der Vorschrift ausgeschlossen. Es wäre auch dogmatisch nicht zu halten; denn es stände im Gegensatz zu der Einheitlichkeit der Rechtswidrigkeit [97]). Letztere besagt, daß eine Handlung, die auf dem einen Rechtsgebiet rechtswidrig ist, es auch auf dem anderen sein muß. Dies wäre sie aber dann nicht, wenn ein Rechtfertigungsgrund, der auf dem einen Rechtsgebiet gilt, auf dem anderen nicht anerkannt würde; denn ein Rechtfertigungsgrund bedeutet den Ausschluß der Rechtswidrigkeit. Freilich konnte der Gesetzgeber die Einheitlichkeit der Rechtswidrigkeit auch leugnen. Dies hätte jedoch wenig Sinn gehabt; denn die Einheitlichkeit der Rechtswidrigkeit ergibt sich unmittelbar aus dem Wesen des Rechts, das eine soziale Lebensordnung verkörpert und dadurch in sich geschlossen ist [98]). Wer rechtswidrig handelt, stört dieses Gefüge, gleichgültig, ob das Ge- oder Verbot, das er verletzt, dem Straf- oder Zivilrecht angehört. Ein Unterschied besteht lediglich bezüglich der Folge, die an das Verhalten, das rechtswidrig ist, geknüpft wird. Sie entspricht dem Zweck, dem das jeweilige Rechtsgebiet im Rahmen der Gesamtordnung zu dienen bestimmt ist [99]).

Ein Argument dafür, daß der übergesetzliche Notstand im Zivilrecht vom Gesetzgeber nicht verneint wurde, sind auch die §§ 228 und 904 BGB. Beide gehen nämlich — wie schon erwähnt — auf die Kollisionstheorie zurück, welche ihrerseits das Prinzip der Güter- und Pflichtenabwägung in Anwendung bringt [100]).

Nach verbreiteter Lehre ist aus § 904 BGB ein anderer Schluß zu ziehen. Er lautet dahin, daß der Gesetzgeber mit dieser Vorschrift dem Grundsatz der Güter- und Pflichtenabwägung zwar Ausdruck verliehen, die Anwendung aber auf den Eingriff in Eigentum, beschränkt dingliche Rechte und Besitz beschränkt habe [101]).

---

[97]) Diese ist heute weitgehend anerkannt. Vgl. die Angaben bei Vendel a. a. O. Vgl. ferner Mezger, a. a. O. S. 181 f.

[98]) Vgl. Vendel, a. a. O. S. 84.

[99]) Die Einheitlichkeit der Rechtswidrigkeit hat der Gesetzgeber im übrigen auch ausdrücklich erwogen. Dies ergibt sich daraus, daß die Schaffung des § 904 BGB ihm zunächst bedenklich erschien, weil eine derartige Vorschrift sich auf das Strafrecht auswirke. Vgl. dazu die Protokolle der II. Kommission, zu finden bei Mugdan, a. a. O. S. 802.

[100]) Zum Inhalt der Kollionstheorie vgl. oben S. 137.

[101]) Vgl. Kühlewein, a. a. O. Sp. 621 ff., dessen Ergebnis zusätzlich die Feststellung enthält, daß für den übergesetzlichen Notstand im Zivilrecht kein Bedürfnis bestehe. Ebenso Ballerstedt in JZ 1951, S. 228 und v. Staudinger-Riezler, Komm. z. BGB, 10. Aufl. (1936), § 228 Bem. 25. Hiergegen zutr. Vendel, a. a. O. S. 79 f.

Dieser Schluß, der sich als Umkehrschluß darstellt, ist unrichtig; eine Prüfung des § 904 BGB nach Interessenlage und Zweck, wie sie oben [102]) angestellt ist, ergibt nämlich, daß bei der Abfassung der Vorschrift lediglich deren Erstreckung auf Leib, Leben, Gesundheit und Freiheit für bedenklich gehalten wurde. Der Lösung der Frage durch die Bestimmung, daß der durch die Gefahr drohende Schaden unverhältnismäßig größer sein muß als der aus der Einwirkung erwachsende, ist zu entnehmen, daß der Gesetzgeber, wenn er genannte Güter wirklich ausgenommen hat, der Ansicht gewesen sein muß, sie seien der Abwägung nicht zugänglich. Daneben spielte — wie oben bereits betont [103]) — offensichtlich auch das allgemeine Rechtsbewußtsein, das gegen den Angriff auf Leib, Leben, Gesundheit und Freiheit unter allen Umständen Notwehr stattfinden läßt, eine Rolle.

Aber genügte es nicht, wenn der Gesetzgeber Leib, Leben, Gesundheit und Freiheit ausgenommen hätte? Hätte er nicht auch damit das Prinzip der Güter- und Pflichtenabwägung teilweise zu leugnen versucht?

Die Antwort hängt davon ab, ob die Auffassung, Leib, Leben, Gesundheit und Freiheit seien der Abwägung nicht zugänglich, zutreffend ist. Wäre dies der Fall, wäre der übergesetzliche Notstand, der auf die Abwägung der Rechtsgüter und Pflichten aufbaut, insoweit nämlich eo ipso beschränkt; der Gesetzgeber hätte wiederum nur Rechtserkenntnis geübt, wie er es, das zeigt die Bezugnahme auf das allgemeine Rechtsbewußtsein, offensichtlich auch selbst glaubte.

Leib, Leben, Gesundheit und Freiheit sind der Abwägung tatsächlich entzogen; denn als Erscheinungsformen bzw. Bestandsvoraussetzungen der Person sind sie gerade die Güter, für die es die soziale Ordnung letztlich zu wahren gilt. Dementsprechend sind sie nicht Gegenstand, sondern, wenn auch mittelbar, Zweck der Abwägung der Güter und Pflichten. Dies ist sehr aufschlußreich; denn es zeigt, daß die Abwägung selbst dann nicht stattfinden kann, wenn Leib, Leben, Gesundheit und Freiheit als Einzelgüter einer Mehrheit von ihnen gegenüberstehen. Es ist auch gar kein Maßstab vorhanden; denn auf die Nützlichkeit für die Gesamtheit kann nicht abgestellt werden. Dies ergibt sich daraus, daß der Maßstab der Nützlichkeit nicht nur auf rationale, sondern auch auf sittliche Gebote gründet [104]). Letztere aber verlangen, daß er für Leib, Leben, Gesundheit und Freiheit ausgeschlossen bleibt [105]). Sie sind damit die eigentliche Er-

---

102) Vgl. oben S. 137 ff.
103) Vgl. oben S. 139 f.
104) Vgl. oben S. 142 f.
105) Genannte Güter sind nicht nur Erscheinungsformen bzw. Bestandsvoraussetzungen der Person, sondern auch Voraussetzungen der Entwick-

klärung dafür, daß, wenn schon der Staat nicht dem Zweck dient, der Einzelperson den Schutz dieser Güter zu garantieren, im Zusammenhang mit ihnen doch sog. vorstaatliche Rechte vorhanden sind, die selbst er nicht zu nehmen vermag. Mag bei der Beratung des § 904 BGB eine derartige Auffassung auch nicht im Spiele gewesen sein; indem der Gesetzgeber sich auf das allgemeine Rechtsbewußtsein stützte, deutete er den Grund, der Leib, Leben, Gesundheit und Freiheit der Abwägung entzieht, an. Dementsprechend hat er das Prinzip der Güter- und Pflichtenabwägung nicht teilweise verneint, sondern höchstens inhaltlich richtig erkannt [106]).

Damit steht fest, daß der übergesetzliche Notstand nicht nur im Strafrecht, sondern insbesondere auch im Zivilrecht gilt [107]). Gleichzeitig ist dieser Rechtfertigungsgrund abschließend umschrieben. Es fragt sich nunmehr, ob er bei Vornahme klinischer Sektionen tatsächlich eingreift.

Dies zu beurteilen, erfordert vorab die nochmalige Besinnung darauf, daß besagte Maßnahme für die medizinische Wissenschaft und die praktische Heilkunde lebenswichtig ist und daß die stetige Vervollkommnung der ärztlichen Kunst ein Rechtsgut darstellt, das als solches Schutzwürdigkeit besitzt [108]). Sodann ist zu unterscheiden:

Ist die Rechtswidrigkeit klinischer Sektionen im Einzelfall durch Tatbestandsmäßigkeit i. S. der §§ 223 StGB [109]), 823 Abs. 1 BGB — Schädigung der Gesundheit — [110]) oder 823 Abs. 2 BGB in Verbindung mit der zuerst angegebenen Vorschrift [111]) indiziert, tritt dem Interesse an der Fortentwicklung der ärztlichen Kunst die Gesundheit als Rechtsgut gegenüber. Auf den Eingriff in sie ist der erörterte Rechtfertigungsgrund — wie festgestellt — jedoch nicht anwendbar. Die gleiche Überlegung gilt, soweit in Bayern die Rechtswidrigkeit einer Obduktion aus der Verwirklichung der Merkmale des Art. 60 Abs. 1 des Polizeistrafgesetzbuches vom 26. Dezember

---

lung und Entfaltung der Persönlichkeit. Sie sind die Grundlage für Individualität und Sozialität und mit der Würde des Menschen untrennbar verknüpft. Vgl. dazu oben S. 71 f.

[106]) Hierzu interessiert im übrigen, daß bei Schaffung des § 904 BGB ausweislich der Protokolle — bei Mugdan a. a. O. — die Ansicht geäußert wurde, „es dürfe kein Widerspruch bestehen zwischen dem Recht und dem Sittengesetz; jedes private Recht trage die Beschränkung in sich, daß es zurücktreten müsse hinter das Interesse der Allgemeinheit. Wann ein solches höheres Interesse vorliege, entscheide das Urteil der Gesellschaft".

[107]) Ebenso OLG Freiburg in JZ 1951, S. 226; Enneccerus-Nipperdey, Lehrb. d. Bürgerl. Rechts, Allg. T., 14. Aufl. (2. Halbb., 1954), S. 1043 f.; Esser, Lehrb. d. Schuldrechts, 1949, S. 73 und Vendel, a. a. O. S. 86 f. Vgl. auch BGH in JZ 1952, S. 228; OGH in NJW 1952, S. 183 und OLG Hamm in NJW 1952, S. 838.

[108]) Vgl. oben S. 26 f. u. 133 f.

[109]) Vgl. oben S. 57 f.

[110]) Vgl. oben S. 82 ff.

[111]) Vgl. oben S. 122 f.

1871 [112]) oder des § 823 Abs. 2 BGB in Verbindung mit dieser Vorschrift [113]) folgt. Letztere, nach der mit Strafe belegt wird, wer zu einer Leichenöffnung schreitet, ehe die vorgeschriebene erste Leichenschau stattgefunden hat oder Kennzeichen des erfolgten Todes eingetreten sind, will nämlich u. a. die Sektion Scheintoter verhindern [114]), schützt insoweit also ebenfalls die Gesundheit.

Übrig bleibt die Frage, ob der übergesetzliche Notstand Platz greift, wenn die Rechtswidrigkeit einer Obduktion darauf beruht, daß das durch § 823 Abs. 1 BGB — sonstiges Recht — erfaßte Totensorgerecht der Hinterbliebenen verletzt [115]) oder — in Bremen — § 27 in Verbindung mit § 53 der Medizinalordnung vom 2. Juni 1901 [116]) oder § 823 Abs. 2 BGB in Verbindung mit ihnen [117]), durch welche eine Leichenöffnung, die gegen den Einspruch der nächsten Verwandten geschieht, unter Strafe gestellt ist, erfüllt ist. Hier tritt dem Interesse an der Vervollkommnung der ärztlichen Kunst die Pietät gegenüber, welche ebenfalls bereits als Rechtsgut erkannt ist [118]). Sie umfaßt, das darf noch einmal wiederholt werden, den Leichenfrieden, die Ehrfurcht, welche die entseelte Hülle des Menschen genießt. Hinzu kommt das Andenken des Verstorbenen, das Gefühl der Zusammengehörigkeit, das Lebenden gegenüber Verstorbenen zu eigen ist. Dabei verkörpert die Pietät hauptsächlich ein Interesse der Hinterbliebenen, welche auf Grund der — fast immer vorhandenen — Familienbeziehung besonders stark Anteil nehmen. Doch auch ein Interesse der Allgemeinheit ist gegeben. Es gründet auf die Bedeutung, welche die Achtung der Totenruhe für das Zusammenleben der Gemeinschaft hat. Bezüglich der Pflege der Erinnerung an den Verstorbenen ist der Umstand maßgebend, daß die sittliche Ordnung gefestigt wird.

Ob, wie es der erörterte Rechtfertigungsgrund erfordert, die mit der Durchführung klinischer Sektionen verknüpfte Fortentwicklung der ärztlichen Kunst gegenüber der Pietät höherwertig ist, ist jedoch sehr zweifelhaft; denn die Abwägung hat bekanntlich [119]) nach dem Grad der Nützlichkeit für die Gesamtheit zu erfolgen. Sie wird hier dadurch erschwert, daß beide Rechtsgüter, auch die Pietät, unmittelbar ein Interesse der Gesamtheit enthalten. Daß die Pietät ein solches Interesse nur teilweise verkörpert, ist, für sich betrachtet, belanglos. Weiter hilft erst der Umstand, daß für die Nützlichkeit

---

[112]) Vgl. oben S. 59.
[113]) Vgl. oben S. 122 f.
[114]) Vgl. oben Fußn. 166 auf S. 59.
[115]) Vgl. die eingehende Darstellung oben S. 84 ff.
[116]) Vgl. oben S. 59.
[117]) Vgl. oben S. 122 f.
[118]) Vgl. oben S. 25 u. 91.
[119]) Vgl. oben S. 143.

rationale und sittliche Momente entscheidend sind [120]). Sie verweisen die medizinische Wissenschaft und die praktische Heilkunde in eine Stellung, für die der Ausdruck fundamental nicht zu stark ist. Den Beweis erbringen die geschichtliche Entwicklung und der Zusammenhang der Kultur, in dem die Nützlichkeit sich ausprägt [121]). Dabei ergibt sich, daß gerade auch die Vervollkommnung der ärztlichen Kunst unverzichtbar notwendig ist. Zahlreiche der Forschung gewidmete Einrichtungen und die allseitige, zumindest ideelle Unterstützung, die sie finden, kennzeichnen ihre Nützlichkeit besonders. Die Anschauungen des Volkes sind derart auf sie eingestellt, daß es sich verbietet, noch weiter auf sie einzugehen.

Und die Pietät? Im Hinblick auf die dem Leichenfrieden beizumessende Bedeutung und durch die Wirkung, welche das Gefühl der Zusammengehörigkeit, das Verstorbenen gegenüber besteht, hat [122]), ist auch sie für die Gemeinschaft keineswegs belanglos. Dies um so weniger, als die Stellung, die der Pietät zugeteilt ist, Jahrtausende überdauert und sich als eine Grundlage der Kultur gezeigt hat. Verantwortlich hierfür sind namentlich sittliche Gebote. Ihre Natur macht es verständlich, daß die Pietät in den Überzeugungen der Gesamtheit auch heute fest gefügt ist. Auch die Erinnerung an die hinter uns liegende Zeit, in der die Ruhe und das Andenken der Toten vielfach nicht die Achtung fanden, die ihnen gebührte, spielt eine Rolle. Sie ist ein Anlaß mehr, die der Pietät zukommende Nützlichkeit als sehr erheblich zu bezeichnen.

Trotz alledem muß behauptet werden, daß die Nützlichkeit, die mit der Fortentwicklung der ärztlichen Kunst verbunden ist, die der Pietät überwiegt [123]). Gewiß, beide Rechtsgüter sind unverzichtbar. Die Pietät ist es aber nicht in dem Maße, daß sie gleichgestellt werden könnte. Dies gilt auch im Hinblick auf sittliche Gebote. Es ergibt sich aus der Folge, die ein Eingriff hat. Sie ist, in dem hier gegebenen Rahmen betrachtet, dadurch gemildert, daß die Fortentwicklung der ärztlichen Kunst sittlich hochstehend und die innere Einstellung derer, die um sie bemüht sind, lauter ist. Auch der Umstand, daß bei Durchführung klinischer Sektionen ein Aufschub der Bestattung nicht erforderlich ist und eine Entstellung der Leichen fast völlig vermieden wird, spielt eine Rolle. Er trägt mit dazu bei, daß die Folge, die mit dem Eingriff in die Pietät verbunden ist, geringer erscheint [124]). Freilich besteht auf Grund der Erfahrungen

---

[120]) Vgl. oben S. 143.

[121]) Vgl. oben S. 143 und Bohne, a. a. O. S. 163 f. Vgl. ferner Eberh. Schmidt in Der Krankenhausarzt, 25. Jahrg. 1952, S. 213.

[122]) Vgl. oben S. 25 u. 91.

[123]) So bes. Bohne, a. a. O. S. 163 f. Vgl. auch Eberh. Schmidt a. a. O. und Vendel, a. a. O. S. 88 f.

[124]) Vgl. Bohne a. a. O. Der Ansicht von Eberh. Schmidt, a. a. O. S. 214 f., daß, wenn nicht der Verstorbene selbst zu Lebzeiten die Leichenöffnung

die Möglichkeit, daß es zwischen Hinterbliebenen, die eine Leichenöffnung nicht gebilligt haben, und Angestellten der Institute, die sie vornehmen, zu Streit und Tätlichkeiten kommt [125]). Auch ist es denkbar, daß Kranke sich aus Furcht, im Falle des Ablebens obduziert zu werden, gegen eine stationäre Behandlung wehren [126]). Beide Vorgänge sind durchaus nicht erwünscht. Sie sind hier jedoch auch nicht relevant; denn sie enthalten keinerlei Schaden der Art, den der in § 823 Abs. 1 BGB — Totensorgerecht als sonstiges Recht — bzw. — in Bremen — § 27 in Verbindung mit § 53 der Medizinalordnung vom 2. Juni 1901 bzw. § 823 Abs. 2 BGB in Verbindung mit ihnen aufgestellte Schutz der Pietät verhindern möchte. Es fehlt der sog. Zusammenhang der Rechtswidrigkeit [127]). Im übrigen ist es nicht die Gesamtheit der Bevölkerung, welche einer Leichenöffnung ablehnend gegenübersteht. Manche sind auch mit ihr einverstanden. Der Kreis, der sie als verwerflich betrachtet, billigt dies zwar nicht, läßt es aber zumeist zu [128]).

Soll der übergesetzliche Notstand vorliegend Anwendung finden, ist ferner erforderlich, daß die Sektion, bezüglich derer der Ausschluß der Rechtswidrigkeit fraglich ist, das einzige Mittel darstellt, um die Fortentwicklung der ärztlichen Kunst zu wahren.

Wesentlich ist, daß es auf die einzelne Leichenöffnung ankommt. Sie empfängt ihre Bedeutung — wie mehrfach betont [129]) — in der Regel aber erst in der Gesamtschau, nämlich dadurch, daß genannte Maßnahme — generell betrachtet — für die medizinische Wissenschaft und die praktische Heilkunde lebensnotwendig ist. In der Regel! Als Ausnahme kann die einzelne Leichenöffnung auch unmittelbar erheblich sein. Freilich ist dies nur insoweit möglich, als sie der Forschung, der Überprüfung von Diagnose und Therapie, der Feststellung infektionöser und seuchenhafter oder der Erkenntnis

---

untersagt habe, ein Eingriff in das Recht der Hinterbliebenen und damit in die Pietät überhaupt nicht vorliege, da die Sektion weder in religiöser noch in sittlicher Beziehung irgendwie unangemessen oder wertewidrig sei, kann nicht gefolgt werden. Vgl. dazu oben S. 107. Vgl. ferner G. B. Gruber in Berichte über die allg. u. spez. Pathologie, Bd. 10 (1951/52), S. 292. Vgl. schließlich noch Schorn in Dtsch. Zschr. f. d. ges. Gerichtl. Med., Bd. 14 (1930), S. 376 f.

[125]) Vgl. oben Fußn. 8 auf S. 2 und 37 auf S. 35.

[126]) Vgl. oben S. 21 und Fußn. 90 ebd.

[127]) Hierüber vgl. bes. Esser, a. a. O. S. 95 u. 463.

[128]) Vgl. oben S. 20 u. 87 sowie Bohne, a. a. O. S. 163 f. Recht schief erscheint die Ansicht des Reichsgesundheitsamtes in Krim. Mon. Hefte, V (1931), S. 206, zit. nach Bohne, a. a. O. Fußn. 47 auf S. 120 f., „die Erfahrung beweise, daß sich die Hinterbliebenen über Pietätsgefühle leicht hinwegsetzten, wenn für sie durch die Leichenöffnung — im Zuge eines Versicherungs- oder Versorgungsverfahrens — ein Vermögensvorteil zu erwarten sei.“ Vgl. auch G. B. Guber in Zentralbl. f. Allg. Path. u. Path. Anatomie, Bd. 86 (1950), S. 421 f.

[129]) Vgl. oben S. 27 u. 134.

gewerblicher Krankheiten dient [130]). Denkbar ist namentlich der Fall, daß eine medikamentöse, chirurgische oder andere therapeutische Methode, welche die medizinische Wissenschaft und die praktische Heilkunde erheblich weiter und Heilung für Tausende bringen würde, in der Anwendung plötzlich und ohne daß ein Grund ersichtlich wäre, versagt [131]). Hier kann die Leichenöffnung das einzige Mittel sein, um die stetige Vervollkommnung der ärztlichen Kunst zu wahren [132]).

Doch genügt nicht der Umstand, daß die Durchführung klinischer Sektionen — generell betrachtet — sehr wichtig ist?

Nein! Zwar kommt der genannte Vorgang ohne die einzelne Leichenöffnung nicht zustande; letztere, auch soweit sie der Ausbildung des Nachwuchses dient, ist daher für die medizinische Wissenschaft und die praktische Heilkunde zumindest mittelbar bedeutsam. Dies schließt aber nicht aus, daß das eine oder andere Mal auf sie verzichtet werden kann. Während nämlich die Durchführung klinischer Obduktionen — generell betrachtet — Resultate mit Sicherheit erwarten läßt, tut die einzelne Leichenöffnung solches nicht immer. Im Gegenteil! Nicht selten ist die Prognose negativ. Freilich kann sie nur mit Wahrscheinlichkeit gegeben werden. Die dadurch entstehende Unsicherheit, mag sie auch nur gering sein, ist der innere

---

[130]) Über Aufgabe und Zweck klinischer Sektionen vgl. oben S. 8 ff. In der Literatur wird demgegenüber vielfach zwischen „Heilzweck" einerseits und „Interesse der Wissenschaft" und „Experimentierzweck" andererseits unterschieden. Vgl. dazu Bohne, a. a. O. S. 171; Mezger in Der Gerichtssaal, Bd. 89, S. 295 und Peterssen-Schmitz a. a. O. Die fragliche Unterscheidung, die offensichtlich auf die Verwertung der Erkenntnisse für die praktische Heilkunde abstellt, erscheint indes nicht berechtigt; denn alle medizinische Wissenschaft dient der Heilung Kranker, insbesondere auch die Forschung. Sie hat höchstens ein größeres „Einzugsgebiet". Ein reiner Experimentierzweck aber kommt bei klinischen Sektionen nicht vor.

[131]) Demgegenüber sieht Bohne, a. a. O. S. 164 auch hier nur die generelle Vornahme klinischer Sektionen als das einzige Mittel an; gleichwohl kommt er — a. a. O. S. 171 — jedoch zu dem Ergebnis, daß der Ausschluß der Rechtswidrigkeit im Einzelfall nur dann nicht Platz greife, wenn die Obduktion „nur einem rein wissenschaftlichen Interesse und nicht auch gleichzeitig der praktischen Heilkunde" diene. Vgl. auch Bohne, a. a. O. Fußn. 172 auf S. 171 f.

[132]) Ebenso Bode in Zentralbl. f. Allg. Path. u. Path. Anatomie, Bd. 86 (1950), S. 374; Bohne, a. a. O. S. 171 und Liertz-Paffrath, Handb. d. Arztrechts, 1938, S. 166. Vgl. auch Oberhoff, Über die Rechtswidrigkeit und Strafbarkeit klinischer Sektionen, 1935, S. 2; zit. nach Bode a. a. O.; Vendel a. a. O. und Peterssen-Schmitz a. a. O. A. A. Philipsborn in JW 1930, S. 1553 mit der Begründung, daß die einzelne Obduktion „nie das einzige Mittel zur Erhaltung der Medizin" sei. Hiergegen Bohne, a. a. O. S. 164, der zutr. darauf hinweist, daß die Fragestellung falsch ist. Es kommt darauf an, die stetige Fortentwicklung der ärztlichen Kunst zu wahren. Vgl. auch Eberh. Schmidt, a. a. O. S. 213 f. und die Stellungnahme des Landgerichtspräsidenten in Osnabrück, mitgeteilt von Becherer in Der Krankenhausarzt, 5. Jahrg. 1931/32, S. 72 f.

Grund, daß die einzelne Leichenöffnung stets bedeutsam erscheint. Er reicht aber nicht einmal aus, sie als besonders bedeutsam zu kennzeichnen [133]). Noch weniger ergibt er, daß sie das einzige Mittel darstellt, die Fortentwicklung der ärztlichen Kunst zu wahren [134]).

Der Ansicht, daß auf die einzelne Leichenöffnung hin und wieder verzichtet werden kann, ist auch die pathologische Anatomie selbst. Den Beweis liefert die Tatsache, daß besagte Maßnahme gelegentlich kein Interesse zu finden vermag und — obzwar möglich — unterbleibt [135]).

Die vorstehend erörterte Frage erinnert in Art und Umfang an das Problem, ob der übergesetzliche Notstand Anwendung finden kann, wenn — die übrigen Merkmale vorausgesetzt — das Rechtsgut, dem die Gefahr droht, der Staat, sein Bestand oder seine Ordnung, ist. Auch hier ist es denkbar, daß die einzelne Handlung, bezüglich derer der Ausschluß der Rechtswidrigkeit in Frage steht, nur mittelbar bedeutsam ist. Soweit dies der Fall ist, hat die Rechtsprechung [136]) das in Vergleich gebrachte Problem jedoch negativ beantwortet. Der leitende Gedanke war, daß der übergesetzliche Notstand, derart für anwendbar gehalten, die Ordnung nicht wahren, sondern in Auflösung bringen würde.

Soweit nach alledem der besagte Rechtfertigungsgrund hier in Betracht kommt, ist schließlich zu prüfen, ob bei den Obduzenten, die ihn in Anspruch zu nehmen gezwungen sind, der Rettungswille gegeben ist. Dies dürfte jedoch stets der Fall sein, da die Erkenntnis der Notwendigkeit klinischer Sektionen der Gedanke ist, der sie führt [137]).

---

[133]) Vgl. oben S. 78.

[134]) Vgl. aber Bohne, a. a. O. S. 171 und Fußn. 172 ebd.; Eberh. Schmidt, a. a. O. S. 213 f. und Vendel a. a. O. Eberh. Schmidt weist in diesem Zusammenhang auf das Prinzip der Güter- und Pflichtenabwägung als Rechtfertigungsgrund bei Sportverletzungen hin, schließt sich zumindest im Ergebnis aber der Zwecktheorie an. Letztere legt auch Vendel zugrunde.

[135]) Vgl. oben S. 9 ff.

[136]) Vgl. OLG Celle in HESt 1, 139 f. RGSt 63, 225 und 64, 104 enthalten sich der Stellungnahme. Sehr vorsichtig auch Schönke-Schröder, a. a. O. Vorbem. III, 8a vor § 51.

[137]) Vgl. oben S. 22 f., 77 u. 132.

SECHSTER TEIL

Ergebnis und Ausblick.

Der Wunsch, die Problematik klinischer Sektionen auf der Grundlage des geltenden Rechts zu einer Lösung zu bringen, ist nur teilweise erfüllbar [1]). Verantwortlich dafür ist der Umstand, daß, wenn die Hinterbliebenen die Leichenöffnung nicht gestattet haben und auch das — zu Lebzeiten erteilte — Einverständnis des Verstorbenen fehlt, besagte Maßnahme rechtswidrig ist, es sei denn, daß der sog. übergesetzliche Notstand Platz greift. Dies aber ist nach Lage der Dinge verhältnismäßig selten der Fall. Der Bedeutung klinischer Sektionen ist daher nicht Rechnung getragen [2]).

I.

Es erscheint aber möglich, die Zahl derer, die mit einer Obduktion einverstanden sind, erheblich zu vermehren. Hierfür zu sorgen, ist in erster Linie die medizinische Wissenschaft selbst berufen [3]). Sie hätte die Bevölkerung, namentlich aber die Patienten der Universitätskliniken und Krankenhäuser weiter als bisher darüber aufzuklären, daß die Durchführung klinischer Sektionen für sie lebensnotwendig ist. Sehr wesentlich wäre der Hinweis, daß kein Aufschub der Bestattung erforderlich ist und im Unterschied zu der Zergliederung, wie sie in anatomischen Instituten geschieht, eine Entstellung der Leichen fast völlig vermieden wird. Soweit es darum geht, daß die Patienten der Universitätskliniken und Krankenhäuser sich mit der Leichenöffnung einverstanden erklären, müßte der behandelnde Arzt die Aufgabe übernehmen [4]). Eine gute Beziehung zu dem Kranken erscheint dabei

---

[1]) Vgl. dazu Bohne in Festg. f. Rich. Schmidt, Bd. 1 (1932), S. 164 ff.

[2]) Bohne, a. a. O. S. 164 spricht in diesem Zusammenhang von einer „unverantwortlichen Einengung der wissenschaftlichen Forschungsmethoden zum Nachteil der Allgemeinheit".

[3]) Vgl. dazu Dix in Zschr. f. d. ges. Krankenhauswesen, 25. Jahrg. 1929, S. 609; G. B. Gruber in Zentralbl. f. Allg. Path. u. Path. Anatomie, Bd. 86 (1950), S. 421 f. und Hübner und Güthert in Virch. Arch., Bd. 312 (1944), S. 429. Freilich müßte die medizinische Wissenschaft selbst mit gutem Beispiel vorangehen. Dies ist aber nicht immer der Fall. Vgl. dazu G. B. Gruber, a. a. O. S. 422 f.; Hueck in Münch. Med. Wschr., 77. Jahrg. 1930, S. 1510; Mueller in Berichte über die allg. u. spez. Pathologie, Bd. 8 (1951), S. 259 f. und Wollenweber in Der Öffentl. Gesundheitsdienst, 13. Jahrg. 1951/52, S. 68.

[4]) Vgl. Reichsgesundheitsamt in Krim. Mon. Hefte, V. (1931), S. 205 ff.; zit. nach Bohne, a. a. O. S. 174 f. und Fußn. 175 ebd. Vgl. ferner G. B. Gruber in Der Krankenhausarzt, 25. Jahrg. 1952, S. 161; H. R. Hoffmann in Der

sehr wertvoll. Sie spielt auch eine Rolle, sofern die Zustimmung der Hinterbliebenen in Frage steht. Auch hier ist in erster Linie der Arzt, der am Krankenbett tätig war, berufen, sich der Sache anzunehmen. Takt und Verständnis für die besondere Lage, in der die Hinterbliebenen sich befinden, sind freilich unerläßlich [5]). Sie hindern jedoch nicht, daß, wenn eine Feststellung ansteckender oder erblicher Krankheiten in Betracht kommt, auf die Bedeutung der Obduktion für gesundheitliche Überlegungen der Familienmitglieder aufmerksam gemacht wird. Auch der Hinweis, daß die Leichenöffnung für die Durchsetzung von Versicherungs- oder Versorgungsansprüchen wichtig sein kann, braucht nicht zu unterbleiben.

Demgegenüber wird in der Literatur [6]) häufig einer sog. Sektionsklausel der Vorzug gegeben. Die Klausel soll, wie es in der Praxis bereits üblich ist, die Leichenöffnung nicht positiv an die Billigung, sondern negativ an die fehlende Untersagung durch den Patienten bzw. — nach dessen Tode — die Hinterbliebenen binden. Dabei trifft das Gewicht die Frage, ob und wie die Klausel bekanntzugeben ist. Es wird nämlich befürchtet, daß, wenn das Verfahren der Universitätskliniken und Krankenhäuser, nach Möglichkeit die Leichen aller verstorbenen Patienten der Obduktion zu unterziehen, allgemein bekannt wird, dies die Zahl derer, welche die Zustimmung verweigern, vermehren könnte [7]). Der Ausweg soll darin liegen, daß die Sektionsklausel in die Hausordnung oder die Aufnahmebedingungen eingestellt und auf letztere in ihrer Gesamtheit aufmerksam gemacht wird. Der Hinweis auf die Klausel selbst soll unterbleiben, damit der Einspruch des Patienten bzw. — nach dessen Tode — der Hinterbliebenen nicht herausgefordert wird [8]).

Der in Vorschlag gebrachte Weg ist nicht gangbar [9]). Wie oben [10]) erörtert, kann die Sektionsklausel, soweit das Einverständnis des

Öffentl. Gesundheitsdienst, 12. Jahrg. 1950/51, S. 28 und Rössle in Virch. Arch., Bd. 296 (1936), S. 536.

[5]) Vgl. dazu Bohne, a. a. O. Fußn. 158 auf S. 166 und 166 auf S. 168 mit weiteren Angaben. Vgl. ferner H. R. Hoffmann, a. a. O. S. 21 und Reichsgesundheitsamt a. a. O.

[6]) Vgl. bes. Bohne, a. a. O. S. 165 ff. mit weiteren Angaben. Vgl. ferner Becherer in Der Krankenhausarzt, 5. Jahrg. 1931/32, S. 73; Dix, a. a. O. S. 607 f.; Ebermayer in Dtsch. Med. Wschr., 58. Jahrg. 1932, S. 2009; Simon in Zschr. f. Medizinalbeamte und Krankenhausärzte, 1926, S. 341 und Wassermann in Die Med. Welt, 2. Jahrg. 1928, S. 1724.

[7]) Vgl. oben S. 79 f. Vgl. ferner Bohne, a. a. O. S. 165, 169 u. 171, der die Zustimmung der Hinterbliebenen aber nur im Hinblick auf die Beruhigung der Öffentlichkeit sowie mit Rücksicht auf die Rechtsprechung für notwendig erachtet. Vgl. schließlich Reichsgesundheitsamt a. a. O.

[8]) So bes. Bohne a. a. O. und Fußn. 158 auf S. 166.

[9]) Vgl. Philipsborn in Die Med. Welt, 7. Jahrg. 1933, S. 822 und in Zschr. f. d. ges. Krankenhauswesen, 25. Jahrg. 1929, S. 610. Vgl. ferner die Angaben bei Bohne, a. a. O. S. 169 und Fußn. 167 ebd. und Eberh. Schmidt in Der Krankenhausarzt, 25. Jahrg. 1952, S. 211 f.

[10]) Vgl. oben S. 109 ff.

Patienten in Frage steht und eine ausdrückliche oder durch konkludente Handlung herbeigeführte Erklärung nicht gegeben ist, eine Wirkung nämlich nicht erbringen, wenn sie nicht bekannt war. Dies gilt selbst dann, wenn die Klausel in den Aufnahmebedingungen steht und eine der Universitätskliniken und größeren Krankenhäuser, welche unselbständige Anstalten der öffentlichen Rechts sind, die Behandlung übernommen hat. Aber auch bezüglich der Hinterbliebenen ist der Sektionsklausel, sofern eine ausdrückliche oder durch konkludente Handlung herbeigeführte Erklärung fehlt, die Wirkung versagt. Hier ist sie es sogar dann, wenn die Klausel bekannt war und ein Vertrag zugunsten Dritter vorliegt.

In der Literatur [11]) wird ferner angeregt, die Zahl der sog. gerichtlichen Sektionen — §§ 159, 87 ff. StPO — zu vermehren und den Pathologen Gelegenheit zu geben, an der Durchführung teilzunehmen. Soweit dies möglich und die Vornahme klinischer Sektionen rechtswidrig ist, soll erstere Maßnahme Ersatz für letztere sein.

Auch dies ist kein Ausweg. Zwar legt schon das Interesse an der Fortentwicklung der gerichtlichen Medizin es nahe, die Zahl der gerichtlichen Sektionen zu vermehren. Dies gilt namentlich dann, wenn der Tod durch Vergiftung oder Elektrizität eingetreten ist [12]). Nach § 87 Abs. 1 Satz 1 StPO wäre auch die Mitwirkung der Pathologen möglich. Es ist aber zu erwägen, daß die Anordnung der gerichtlichen Sektionen mit dem Zweck, den diese Einrichtung verfolgt, vereinbar sein muß. Dementsprechend ist sie nur zulässig, soweit die Verbrechensaufklärung sie erforderlich macht. Dies vorausgesetzt, ist aber nicht anzunehmen, daß die Zahl der gerichtlichen Sektionen sich wesentlich vermehren läßt. Darüberhinaus ist die Technik, die bei Durchführung der gerichtlichen Sektionen in Anwendung kommt [13]), dem Zweck klinischer Sektionen nur teilweise angepaßt. Der gewünschte Ersatz dürfte also nicht vollwertig sein.

II.

Soweit die Vornahme klinischer Sektionen rechtswidrig ist, hat sie zu unterbleiben. Dies ist selbstverständlich [14]) und wird auch dadurch nicht geändert, daß die medizinische Wissenschaft den Verzicht für unverantwortlich hält. Einfach darüber hinwegzugehen, verbietet bereits der Umstand, daß gegen ein solches Verhalten Notwehr zulässig ist. Das letztere ergibt sich, wenn die Rechtswidrigkeit darauf beruht, daß die Hinterbliebenen die Leichenöffnung nicht gestattet haben und auch das — zu Lebzeiten erteilte — Einver-

[11]) Vgl. bes. Bohne, a. a. O. S. 172 und Reichsgesundheitsamt a. a. O.

[12]) Bohne a. a. O. Vgl. auch Heller in Vierteljahresschr. f. gerichtl. Med. und öffentl. Sanitätswesen, 3. Folge, Bd. 13 (1897), S. 387 ff.

[13]) Vgl. oben Fußn. 7 auf S. 4.

[14]) So bes. Eberh. Schmidt, a. a. O. S. 210.

ständnis des Verstorbenen fehlt, aus § 227 BGB. Hier verwirklicht die Obduktion nämlich insbesondere den Tatbestand des § 823 Abs. 1 BGB — sonstiges Recht —. Ist eine der Universitätskliniken und größeren Krankenhäuser, welche unselbständige Anstalten des öffentlichen Rechts sind, beteiligt, steht freilich eine Maßnahme des öffentlichen Rechts in Frage [15]); denn es liegt, wie oben [16]) berührt, sog. schlichte Hoheitsverwaltung vor. Dies schließt jedoch nicht aus, daß Notwehr zulässig ist [17]). Nur muß der Angriff gegenwärtig sein. Ist dies der Fall, so ist es nicht nur den Hinterbliebenen, sondern auch anderen Personen erlaubt, die Verteidigung vorzunehmen. Dabei darf diese grundsätzlich so weit gehen, wie erforderlich ist, um den Angriff abzuwehren, d. h. die Obduktion zu verhindern. Kommt es, wie nach den Erfahrungen möglich, zwischen den Hinterbliebenen eines verstorbenen Patienten, welche die Leichenöffnung nicht gstattet haben, und Angestellten der Institute, die im Begriff sind, sie vorzunehmen, zu Streit und Tätlichkeiten [18]), so sind die Hinterbliebenen also eventuell im Recht.

Steht eine derartige Lage unmittelbar bevor oder ist sie bereits eingetreten, hat nach § 14 Abs. 1 des preussischen Polizeiverwaltungsgesetzes vom 1. Juni 1931 [19]), der inhaltlich ein Bestandteil des Verwaltungsrechts aller deutschen Länder ist, die Polizei die Pflicht, einzugreifen; denn der öffentlichen Ordnung droht Gefahr [20]). Letztere wird freilich nicht durch die Leichenöffnung, sondern durch deren Auswirkung begründet. Das bedeutet aber nicht, daß das Eingreifen der Polizei darauf beschränkt wäre, die Auswirkung zu verhindern bzw. zu unterbinden. Dies wäre, wenn die Hinterbliebenen im Recht sind, nicht einmal zulässig. Vielmehr hat die Polizei auch und in erster Linie gegen die Obduktion selbst vorzugehen. Daß diese nur mittelbar erheblich ist, ist hier belanglos [21]).

---

[15]) Ebenso Walter G. Becker in JR 1951, S. 329.

[16]) Vgl. oben S. 125 ff.

[17]) Vgl. zu der Frage Jellinek, Verwaltungsrecht, 3. Aufl. (1948), S. 293 f.; Lehmann, Allg. T. d. BGB, 8. Aufl. (1954), S. 109 und Schönke-Schröder, StGB, Komm., 7. Aufl. (1954), § 53 Bem. II, 2.

[18]) Vgl. oben S. 35 f. und Fußn. 37 ebd. mit Nachweisen.

[19]) Preuß. Ges. Samml. 1931, S. 77 in der Fassung der Gesetze und Verordnungen v. 3. Sept. 1932 (Preuß. Ges. Samml. 1932, S. 283), 17. März 1933 (Preuß. Ges. Samml. 1933, S. 43), 31. Mai 1933 (Preuß. Ges. Samml. 1933, S. 197), 27. Dez. 1933 (Preuß. Ges. Samml. 1934, S. 3), 10. Jan. 1934 (Preuß. Ges. Samml. 1934, S. 45), 28. März 1934 (Preuß. Ges. Samml. 1934, S. 239) u. 8. April 1935 (Preuß. Ges. Samml. 1935, S. 53). — In Nordrhein-Westfalen gilt das PVG — für den Aufgabenbereich der Polizei — in der Fassung der Bekanntmachung v. 27. Nov. 1953 (GVBl. NW. 1953, S. 402 ff.).

[20]) Zu dem Begriff der öffentlichen Ordnung in dem hier verwandten Sinne sowie zu dem Begriff der Gefahr vgl. Drews-Wacke, Allg. Polizeirecht, 6. Aufl. (1952), S. 24 ff. und Franzen, Lehrkomm. z. PVG, 1932, S. 182 ff.

[21]) Das Problem erinnert an § 360 Ziff. 11 StGB. Die Verübung groben Unfugs, die darin unter Strafe gestellt ist, erfordert eine Handlung, „welche

Sind Streit und Tätlichkeiten gegenüber den Angestellten pathologischer Institute nicht zu besorgen, so kommt ein Eingreifen der Polizei nur dann in Betracht, wenn gerichtliche Hilfe für die Hinterbliebenen nicht rechtzeitig zu erlangen ist. Im Hinblick darauf, daß die Durchführung klinischer Sektionen in der Regel zwölf bis vierundzwanzig Stunden nach dem Tode des Patienten erfolgt, dürfte dies jedoch nicht selten sein. Freilich ist zu erwägen, daß eine einstweilige Verfügung möglich ist. Die Grundlage bildet das durch § 823 Abs. 1 BGB — sonstiges Recht — erfaßte Totensorgerecht der Hinterbliebenen, das u. a. die Befugnis enthält, Einwirkungen Dritter auf den Leichnam zu verhindern bzw. — wenn eine eingetretene Störung weiterbesteht — sie zu unterbinden. Hiermit ist den Hinterbliebenen unmittelbar ein Anspruch auf Unterlassung der Obduktion gegeben. Ist eine der Universitätskliniken und größeren Krankenhäuser, welche unselbständige Anstalten des öffentlichen Rechts sind, beteiligt, steht freilich, wie oben gesagt, eine Maßnahme des öffentlichen Rechts in Frage; denn es liegt sog. schlichte Hoheitsverwaltung vor. Für die Anfechtung der Maßnahme wäre daher nach §§ 22 ff. der Verordnung Nr. 165 der Militärregierung [22]) bzw. §§ 22 ff. des Verwaltungsgerichtsgesetzes der süddeutschen Länder [23]), das auch in Bremen gilt, der Verwaltungsrechtsweg gegeben. Dies heißt jedoch nicht, daß er auch für den Anspruch auf Unterlassung offensteht. Eine einstweilige Verfügung bzw. eine Klage auf Unterlassung ist dem deutschen Verwaltungsrecht fremd [24]). Vorliegend greift jedoch Art. 19 Abs. 4 GG ein; denn durch die Vornahme der Obduktion würde das Totensorgerecht der Hinterbliebenen eine Beeinträchtigung erfahren. Für die einstweilige Verfügung steht daher der ordentliche Rechtsweg offen [25]).

Privaten Krankenhäusern gegenüber ergibt sich das gleiche aus § 13 GVG. Hier begründet der Anspruch auf Unterlassung der Ob-

---

den äußeren Bestand der öffentlichen Ordnung stört oder gefährdet und dadurch geeignet ist, das Publikum unmittelbar erheblich zu belästigen." Das letztere ist bei Vornahme klinischer Sektionen nicht denkbar. Vgl. dazu oben S. 35 ff. mit weiteren Angaben.

[22]) Amtsbl. d. MilReg. 1948, Nr. 24, S. 799 ff.

[23]) Bayern: Gesetz Nr. 39 v. 25. Sept. 1946 (GVBl. 1946, S. 281);
Bremen: Gesetz v. 5. Aug. 1947 (GBl. 1947, S. 171);
Hessen: Gesetz v. 31. Okt. 1946 (GVBl. 1946, S. 194) in der Fassung v. 30. Juni 1949 (GVBl. 1949, S. 137);
Württemberg-Baden. Gesetz Nr. 110 v. 16. Okt. 1946 (RegBl. 1946, S. 221).

[24]) Vgl. dazu OVG Hamburg in MDR 1952, S. 186 f. und OLG Köln ebd., S. 173 ff. mit Anmerkung von Sieveking und weiteren Angaben. Vgl. ferner Klinger, Die Verordnung über die Verwaltungsgerichtsbarkeit in der britischen Zone, Komm., 2. Aufl. (1953), § 51 Bem. B, 9. A. A. offenbar Walter G. Becker, a. a. O. S. 332.

[25]) Vgl. OLG Köln a. a. O. und Sieveking a. a. O. Vgl. ferner Peterssen-Schmitz in Die Med. Welt, 11. Jahrg. 1937, S. 1792.

duktion nämlich eine bürgerliche Rechtsstreitigkeit. Das Verfahren selbst richtet sich nach den §§ 935 ff. ZPO.

Eine Klage auf Unterlassung kommt dagegen nicht in Betracht. Die Leichenöffnung wäre nämlich vorüber, bevor die Klage auch nur erhoben wäre. Immerhin sei aber bemerkt, daß es sich nicht um eine sog. quasinegatorische, sondern um die Klage aus einem auf Unterlassung gerichteten Recht handelte [26]) [27]). Oben wurde dies dadurch ausgedrückt, daß den Hinterbliebenen der Anspruch unmittelbar gegeben sei.

Ist die Durchführung der Obduktion trotz der Mittel, die gegeben sind, sie zu verhindern, nicht unterblieben, kann sie eine Schadensersatzklage im Gefolge haben. Mit Rücksicht auf die Notwendigkeit eines Schadens gilt dies freilich nur dann, wenn die Rechtswidrigkeit durch Tatbestandsmäßigkeit i. S. der §§ 823 Abs. 1 BGB — Schädigung der Gesundheit — oder 823 Abs. 2 BGB in Verbindung mit § 223 StGB indiziert ist [28]). Voraussetzung ist ferner, daß die Schädigung schuldhaft, d. h. vorsätzlich oder fahrlässig verursacht wurde. Das letztere erscheint möglich, dürfte aber selten sein. Ist Fahrlässigkeit gegeben, haftet nach § 831 Abs. 1 Satz 1 BGB neben den Obduzenten auch die Klinik, sofern sie sich nicht i. S. des § 831 Abs. 1 Satz 2 BGB exkulpieren kann.

Ist eine der Universitätskliniken und größeren Krankenhäuser, welche unselbständige Anstalten des öffentlichen Rechts sind, beteiligt, haftet nach § 839 Abs. 1 Satz 1 BGB, Art. 34 Satz 1 GG nur der Staat oder die Körperschaft, in deren Dienst die Obduzenten stehen. Hier bedeutet die erörterte Schädigung nämlich eine in Ausübung der Hoheitsgewalt begangene Amtspflichtverletzung. Die Amtspflicht bestand in der Aufgabe, dafür zu sorgen, daß die Hinterbliebenen, welche die Amtstätigkeit nicht betraf, durch sie auch keine Beeinträchtigung erfuhren [29]). Der Umstand, daß der Staat die pathologische Anatomie fördert, ist belanglos; denn er besagt nicht, daß die Obduzenten ihre Tätigkeit auch dann wahrzunehmen haben, wenn durch sie eine Schädigung verursacht wird. Für die Klage zuständig ist nach Art. 34 Satz 3 GG auch hier das ordentliche Gericht.

Ist die Rechtswidrigkeit der Obduktion durch Tatbestandsmäßigkeit i. S. des § 230 StGB indiziert [30]) und haben die Obduzenten die dort unter Strafe gestellte Körperverletzung fahrlässig verursacht, kommt auch eine strafrechtliche Haftung in Frage. Jedoch tritt nach § 232 StGB die Verfolgung nur auf Antrag der Hinterbliebenen ein,

---

[26]) Über den Unterschied vgl. Esser, Lehrb. d. Schuldrechts, 1949, S. 493 f.

[27]) Vgl. aber z. B. Walter G. Becker a. a. O. und v. Blume in Arch. civ. Prax., Bd. 112 (1914), S. 397.

[28]) Vgl. oben S. 82 ff. und 122 f.

[29]) Vgl. dazu Esser, a. a. O. S. 479 f.

[30]) Vgl. oben S. 57 f.

es sei denn, daß die Staatsanwaltschaft ein Einschreiten vom Amts wegen für geboten erachtet.

Die Obduzenten, die eine Leichenöffnung ohne das — zu Lebzeiten erteilte — Einverständnis des Verstorbenen bzw. ohne das Einverständnis der Hinterbliebenen vornehmen, haben schließlich die disziplinar- oder arbeitsrechtliche Verantwortlichkeit zu erwägen, die solches Verhalten nach sich ziehen kann [31]). Eine derartige Auswirkung kann sehr unangenehm sein, vor allem dann, wenn die Presse die Vorgänge aufgreift. Hiermit ist zu rechnen [32]).

III.

Der gegenwärtige Zustand ist unhaltbar. Er schadet dem Ansehen der ärztlichen Wissenschaft und ist schon allein dadurch der öffentlichen Gesundheitspflege abträglich. Mit einem geordneten Gemeinschaftsleben ist er nicht zu vereinbaren. Dies um so weniger, als die Fälle, in denen die Vornahme klinischer Sektionen zulässig ist, nicht ausdrücklich festgelegt sind. Die Rechtsunsicherheit, die dadurch begründet wird, ist erheblich.

Hier Abhilfe schaffen kann nur ein Gesetz. Seit Jahrzehnten wurde es immer wieder gefordert [33]). Vereinzelt wurde freilich auch die Ansicht vertreten, daß es besser sei, wenn der derzeitige Zustand unberührt bleibe; denn es sei nicht sicher, ob das gewünschte Gesetz die Praxis der Kliniken, die Leichen möglichst aller verstorbenen Patienten der Obduktion zu unterziehen, nicht beschränke [34]). Dieser Standpunkt ist jedoch nur insofern beachtlich, als er, sei es auch ungewollt, die Stelle angibt, an der die Problematik klinischer Sektionen zu einer Frage der Ehrlichkeit wird.

In den Jahren nach 1930 ist der Erlaß eines Gesetzes auch Gegenstand der Beratung im Reichsjustizministerium und im Reichsministerium des Innern gewesen [35]). Dabei wurde an die Länder die Frage gerichtet, ob Erfahrungen über Mißbräuche vorlägen. Zugleich wurde

---

[31]) Vgl. Walter G. Becker, a. a. O. S. 331; Bohne, a. a. O. S. 171 f.; Peterssen-Schmitz, a. a. O. S. 1793; Eberh. Schmidt, a. a. O. S. 210 sowie auch W. Fischer in Zentralbl. f. Allg. Path. u. Path. Anatomie, Bd. 86 (1950), S. 419.

[32]) Vgl. oben S. 35 und Fußn. 38 ebd. mit Nachweisen.

[33]) Vgl. bes. Bohne a. a. O.; Ebermayer in Dtsch. Med. Wschr., 55. Jahrg. 1929, S. 799 und 56. Jahrg. 1930, S. 1536; Friese in Der Öffentl. Gesundheitsdienst, 3. Jahrg. 1937/38, Teilausg. A, S. 448; H. R. Hoffmann, a. a. O. S. 28; Peterssen-Schmitz, a. a. O. S. 1792 f.; Eberh. Schmidt, a. a. O. S. 209 u. 217; Simon, a. a. O. S. 342 und Warneyer in Der Chirurg, 3. Jahrg. 1931, S. 501. Vgl. ferner Kemmer in Dtsch. Zschr. f. d. ges. Gerichtl. Med., Bd. 18 (1932), S. 436.

[34]) Vgl. bes. W. Fischer, a. a. O. S. 420; Frankenstein in Zschr. f. d. ges. Krankenhauswesen, 25. Jahrg. 1929, S. 611 und H. R. Hoffmann, a. a. O. S. 20 u. 27.

[35]) Hierzu und zum folgenden vgl. Bohne, a. a. O. S. 174 f.

um Stellungnahme ersucht, ob eine Änderung oder Ergänzung des geltenden Rechts erforderlich sei. Das Ergebnis der Umfrage ist leider nicht bekannt. Mit Rücksicht darauf, daß eine parlamentarische Beratung bis heute nicht stattgefunden hat, ist es jedoch möglich, daß der Vorschlag gemacht wurde, zunächst Vertreter der pathologischen Anatomie zu hören. Dies war auch die Auffassung des Reichsgesundheitsamtes [36]).

Soll das gewünschte Gesetz eine Bereinigung bringen, muß es von dem Umstand ausgehen, der die Problematik klinischer Sektionen erzeugt. Es ist also zu erwägen, daß, wenn die Hinterbliebenen die Leichenöffnung nicht gestattet haben und auch das — zu Lebzeiten erteilte — Einverständnis des Verstorbenen fehlt, besagte Maßnahme rechtswidrig ist, es sei denn, daß der übergesetzliche Notstand Platz greift. Dies aber ist, wie oben gesagt, verhältnismäßig selten der Fall.

Für den Inhalt des Gesetzes wesentlich ist ferner die Überlegung, daß in dem angeführten Fall, in dem die Rechtswidrigkeit der Obduktion darauf beruht, daß der Tatbestand vor allem des § 823 Abs. 1 BGB — sonstiges Recht — erfüllt wird, dem Interesse an der Fortentwicklung der ärztlichen Kunst die Pietät gegenübersteht. Beide Male handelt es sich um ein Rechtsgut, das als solches Schutzwürdigkeit besitzt. Jedoch ist das Interesse an der Fortentwicklung der ärztlichen Kunst höherwertig; denn die Nützlichkeit, die mit der Vervollkommnung der ärztlichen Kunst verbunden ist, überwiegt [37]). Das heißt aber nicht, daß das erörterte Gesetz die Vornahme klinischer Sektionen in das freie Ermessen der Krankenhäuser zu legen hätte. Auch hier kommt es nämlich auf die einzelne Leichenöffnung an. Diese empfängt ihre Bedeutung in der Regel aber erst in der Gesamtschau, nämlich dadurch, daß genannte Maßnahme — generell betrachtet — für die medizinische Wissenschaft und die praktische Heilkunde lebensnotwendig ist. Während die Vornahme klinischer Sektionen — generell betrachtet — Resultate mit Sicherheit erwarten läßt, tut die einzelne Leichenöffnung solches nicht immer. Freilich ist die Prognose nur mit Wahrscheinlichkeit zu geben. Die dadurch entstehende Unsicherheit reicht jedoch, wie mehrfach gesagt [38]), nicht einmal aus, die einzelne Leichenöffnung als besonders bedeutsam zu kennzeichnen. Eine derartige Wichtigkeit, die mit Rücksicht darauf, daß die Pietät ein Rechtsgut und als solches schutzwürdig ist, vorhanden sein muß, ist erst gegeben, wenn die Wahrscheinlichkeit, mit der Resultate zu erwarten sind, so groß wird, daß das Unterbleiben der Leichenöffnung unverantwortlich erscheint. Innerhalb

[36]) Die Stellungnahme ist abgedruckt in Krim. Mon. Hefte, V. (1931), S. 205 ff.; zit. nach Bohne, a. a. O. S. 174 f. und Fußn. 175 ebd.

[37]) Vgl. oben S. 148 ff.

[38]) Vgl. oben S. 78 u. 151 f.

dieser Grenze aber ist es nicht nur möglich, sondern sogar notwendig, die Vornahme klinischer Sektionen in das pflichtgemäße Ermessen der Krankenhäuser zu legen.

Soweit das Unterbleiben der Leichenöffnung im Einzelfall nicht unverantwortlich erscheint, ist es lediglich zu vertreten, daß besagte Maßnahme statt positiv an die Zustimmung negativ an die fehlende Untersagung durch den Patienten bzw. — nach dessen Tode — die Hinterbliebenen gebunden wird. Die den Hinterbliebenen einzuräumende Frist kann freilich nur vierundzwanzig Stunden betragen. Durch eine längere Frist würde das Ergebnis der Obduktion, vor allem bei septischen Erkrankungen [39]), in Frage gestellt.

Für den Inhalt des Gesetzes, das in Vorschlag gebracht wird, wesentlich ist schließlich der Wunsch, für die Fälle, in denen die Vornahme klinischer Sektionen nicht zulässig ist, ihr Unterbleiben zu garantieren. Auch er ergibt sich daraus, daß dem Interesse an der Fortentwicklung der ärztlichen Kunst die Pietät gegenübersteht und daß auch letztere ein Rechtsgut ist, das als solches Schutzwürdigkeit besitzt. Der Wunsch wäre dadurch erfüllbar, daß die Vornahme klinischer Sektionen, soweit die Hinterbliebenen sie nicht gestattet haben und auch das Einverständnis des Verstorbenen fehlt, auf die Universitätskliniken und gewisse, durch die oberste Verwaltungsbehörde zu benennende Krankenhäuser beschränkt und eine Zuwiderhandlung gegen das erörterte Gesetz unter Strafe gestellt wird. Was letztere Bestimmung betrifft, so wäre darauf Rücksicht zu nehmen, daß der Strafzweck nach Lage der Dinge nur in der Prävention liegen kann.

Für den Erlaß des Gesetzes zuständig ist in der Bundesrepublik nach Art. 72, 74 Ziff. 1, 77 Abs. 1 GG der Bundestag; denn die Änderung und Ergänzung gilt, wie oben [40]) ersichtlich gemacht, dem bürgerlichen Recht. Eine Regelung durch die Länder wäre im Hinblick auf die Auswirkung der Resultate klinischer Sektionen insbesondere für die Medizinalstatistik nicht ausreichend. Daß der Bundestag, wenn er in die Beratung eintreten sollte, die Vertreter der Krankenhäuser und der pathologischen Anatomie hören müßte, erscheint selbstverständlich, sei aber gleichwohl bemerkt [41]).

Ob der Erlaß des Gesetzes auch in der Ostzone notwendig ist, erscheint mit Rücksicht auf die dort geltende Anordnung der Deutschen Wirtschaftskommission vom 9. März 1949 [42]) zweifelhaft. Nach § 8 Abs. 4 der Anordnung können das Ministerium für Gesundheitswesen der DDR, die Ministerien für Gesundheitswesen der Länder

[39]) Vgl. dazu Bohne, a. a. O. Fußn. 168 auf S. 170.
[40]) Vgl. oben S. 101.
[41]) Vgl. dazu Eberh. Schmidt, a. a. O. S. 209.
[42]) Vgl. oben S. 15 ff. und Fußn. 66 ebd. mit Fundstelle.

und die Abteilungen Gesundheitswesen der Kreise eine Leichenöffnung auch gegen den Willen der Angehörigen des Verstorbenen verfügen, wenn die Feststellung der Todesursache es erfordert. Eine derartige Lage ist nach Auffassung der Abteilung Recht des Ministeriums für Gesundheitswesen der DDR [43]) gegeben, wenn die Diagnose unklar ist, nicht aber, wenn ein wissenschaftliches Interesse die Obduktion erwünscht macht. Jedoch soll „die Unklarheit der Diagnose oft mit dem wissenschaftlichen Interesse zusammenfallen".

Im übrigen sei der Hinweis gestattet, daß sich zur Ergänzung klinischer Sektionen die Einführung der sog. Verwaltungs- oder sanitätspolizeilichen Sektionen empfiehlt. Die Vornahme dieser Sektionen wird, wie erörtert [44]), für alle die Fälle gefordert, in denen der Tod unter unklaren äußeren und inneren Umständen eingetreten ist, ein Verdacht auf fremde Schuld aber nicht vorliegt. Dementsprechend wird den Verwaltungssektionen, die in der Ostzone durch die vorerwähnte Anordnung der Deutschen Wirtschaftskommission vom 9. März 1949 verwirklicht sind, eine Zwischenfunktion zwischen der ärztlichen Leichenschau und den sog. gerichtlichen Sektionen eingeräumt. Die Einführung der Verwaltungssektionen könnte der Anlaß sein, auch erstere Maßnahme, wie es in der Ostzone durch § 1 der Anordnung geschehen ist, in eine einheitliche bzw. überhaupt in eine Regelung zu bringen [45]).

IV.

Das für die Vornahme klinischer Sektionen in Vorschlag gebrachte Gesetz mag unter Hinweis auf die Regelung in Österreich [46]) und Frankreich [47]) abschließend folgende, als Grundlage einer Beratung gedachte Formulierung erfahren:

Gesetz betr. die Leichenöffnung in Krankenhäusern und Heilanstalten

§ 1

Todesfälle in Krankenhäusern und Heilanstalten sind unverzüglich den Hinterbliebenen bekanntzugeben.

---

[43]) Vgl. oben S. 16 und Fußn. 69 ebd. mit Fundstelle.

[44]) Vgl. oben S. 14 f. mit Nachweisen.

[45]) Zu der Frage der ärztlichen Leichenschau vgl. bes. Berg in Klin. Wschr., 5. Jahrg. 1926, S. 1806 f.; Dreising in Zschr. f. Medizinalbeamte, 33. Jahrg. 1920, S. 134 ff.; Friese in Der Öffentl. Gesundheitsdienst, 3. Jahrg. 1937/38, Teilausg. A, S. 405 ff.; Hauffe in Münch. Med. Wschr., 68. Jahrg. 1921, S. 153; Philipsborn in Die Med. Welt, 7. Jahrg. 1933, S. 821 f.; Poetter in Klin. Wschr., 9. Jahrg. 1930, S. 1879 f.; Rapmund und Dietrich, Ärztl. Rechts- und Gesetzeskunde, 2. Aufl. (1913), S. 188 ff. und Schneller in Veröffentl. aus dem Gebiete der Medizinalverwaltung, Bd. 23 (1927), S. 743 ff.

[46]) Vgl. oben Fußn. 72 auf S. 17.

[47]) Vgl. oben Fußn. 72 auf S. 17.

Zu den Hinterbliebenen im Sinne dieses Gesetzes gehören der Ehegatte, Verwandte und Verschwägerte gerader und der Seitenlinie sowie der Verlobte des Verstorbenen. Näherstehende Personen schließen entferntere aus.

§ 2

Eine Leichenöffnung darf nur erfolgen, wenn gegen sie weder von dem Verstorbenen zu dessen Lebzeiten noch von den Hinterbliebenen Widerspruch erhoben wurde.

Ein Widerspruch durch die Hinterbliebenen ist unbeachtlich, wenn er nicht binnen vierundzwanzig Stunden nach dem Todesfall erfolgt oder wenn die Leichenöffnung von dem Verstorbenen zu dessen Lebzeiten gestattet wurde.

§ 3

§ 2 Abs. 1 findet keine Anwendung, wenn ein diagnostisches, therapeutisches oder sonstiges wissenschaftliches Interesse die Leichenöffnung besonders bedeutsam macht.

Eine derartige Bedeutung ist anzunehmen, wenn das Unterbleiben der Leichenöffnung unverantwortlich erscheint. Maßgebend ist die Ansicht des leitenden Arztes, die schriftlicher Begründung bedarf.

§ 4

§§ 2 und 3 gelten sinngemäß für das Zurückbehalten und die Konservierung innerer Organe des Verstorbenen.

§ 5

Zur Durchführung einer Leichenöffnung gegen den Widerspruch des Verstorbenen oder der Hinterbliebenen sind nur Universtätskliniken befugt. Den Universitätskliniken stehen Krankenhäuser und Heilanstalten gleich, welche die oberste Verwaltungsbehörde in dieser Weise ermächtigt hat.

§ 2 Abs. 2 findet entsprechende Anwendung.

§ 6

Die vorsätzliche oder fahrlässige Übertretung dieses Gesetzes ist strafbar.

FSC
www.fsc.org
MIX
Papier | Fördert gute Waldnutzung
FSC® C083411

Kolibri 360 GmbH
Ferdinand-Jühlke-Straße 7
99095 Erfurt, Deutschland
produktsicherheit@kolibri360.de